Javier Santamarta del Pozo

Eso no estaba en mi libro de Historia de la Primera República

LIBROS
EN EL
BOLSILLO

© Javier Santamarta del Pozo, 2023
© Editorial Almuzara, S.L., 2023

Edición en Libros en el Bolsillo, enero de 2024

www.editorialalmuzara.com
info@almuzaralibros.com
Síguenos en redes sociales: @AlmuzaraLibros

Director editorial: Antonio E. Cuesta López
Libros en el bolsillo: Óscar Córdoba
Edición: Ángeles López
Impreso por BLACK PRINT

I.S.B.N: 978-84-10520-58-5
Depósito Legal: CO-2123-2023

Código IBIC: HBLL
Código THEMA: NHT; 3MNQV
Código BISAC: HIS045000

Editorial Almuzara
Parque Logístico de Córdoba. Ctra. Palma del Río, km 4
C/8, Nave L2, nº 3. 14005 - Córdoba

Impreso en España - *Printed in Spain*

A mi padre, Pepe Santamarta,
voraz lector de Historia,
que nació en una monarquía y falleció en otra,
siendo de padre republicano.

PRÓLOGO REPUBLICANO

SI ES QUE SE PUEDE SER REPUBLICANO EN ESPAÑA

«Quienes han creído, o aparentado creer, que la República era antiborbonismo, anticlericalismo, anticentralismo, son unos majaderos o unos bribones».

MANUEL AZAÑA («La velada en Benicarló»)

Soy republicano. Lo aviso para que no quede duda. Que seguramente quedará, porque escribo sobre la Historia de España de manera positiva (que no positivista), porque he alabado a la llamada Monarquía Hispánica, y a monarcas tan controvertidos (y escasamente conocidos más allá de los clichés) como Felipe II (¡como para no hacerlo habiendo escrito este opúsculo en San Lorenzo de El Escorial), y para colofón, porque voy y publico cosas en un diario de tradición tan monárquica como el ABC. ¡Cómo *pa* no dudar de mi republicanismo!, me dirán castizamente muchos de ustedes. Aunque, les explico. Yo también tengo mis dudas. Y mis dudas son conmigo mismo, ya que siento un histórico respeto por la Monarquía española. No por la monarquía en general. Ojo. Que parece que todas fueran lo mismo, lo que vendría a ser, *mutatis mutandis*, como decir que la República Popular Democrática de Corea es lo mismo que la República Francesa. Y miren, no. Pues con las monarquías es igual. Son cada una fruto de su historia, y de en qué han devenido a lo largo de los siglos. Pues a ver si se creen que las monarquías nórdicas (Suecia, Dinamarca, Noruega…), ya eran paraísos socialdemócratas con Estado del Bienestar desde hace más de mil años, con Erik Segersäll, Gorm El Viejo, y Harald Fairhair, respectivamente[1]. Me da que andaban más gustando de *hacer el vikingo*[2] que de ir vendiendo muebles prefabricados.

A fin de cuentas, la historia de lo que conocemos en general como monarquía, no es sino la del más bruto de la tribu que, además, podría ser el más inteligente (o listo, que no es lo mismo y es mucho más practico) y se convertía en rey. O bien tenía a otro aún más listo que lo era para ejercer de *valido*. De baranda oculto, vaya. Aquél que se mueve en la sombra bien situado junto al trono, limpia el cetro (lo que es una vara de toda la vida, pero molona), y se ubica en la posición que mejor le convenga para ir pasando de rey en rey, siguiendo él bien cerca del poder. Y me perdonarán la digresión (bueno, ya les aviso y les imploro tal venia para todo el libro, quedan advertidos), pero como caso más paradigmático estaría el del francés

---

1   Primeros reyes de cada uno de los países citados.
2   La palabra vikingo, según me contó el laureado escritor León Arsenal, parece ser que viene de la expresión nórdica *viking*, que es algo así como *echarse a la mar a una expedición*. Con lo que no sería correcto el hablar de vikingos como un grupo étnico o como un determinado pueblo, sino que, de vez en vez, los integrantes de aquellos pueblos nórdicos *marchaban de vikingo*, como si dijéramos que se van de *pic-nic*, pero con sus *drakar* y, ya de paso, hacer algo de comercio o de saqueo. Que tanto iba que les iba tanto.

Talleyrand. Que estuvo al servicio de los reyes de la casa de Borbón, de los dirigentes de la Revolución Francesa, que los destrona, y del emperador Napoleón, que se la termina de cargar. O sea, que le daba igual monarquía o república. Pero como dijo (o así se le atribuye) cuando se le echó en cara su veleidad política, él «*siempre había sido fiel a Francia*». Y a sí mismo, que es de lo que hablamos, añadiría yo. Pero volviendo al tema que nos compete. Monarcas son Felipe VI de España y el rey de Camboya. Monarquía es Japón y Liechtenstein. Y reyes son tanto el de Luxemburgo como el de Marruecos. O lo es el mandamás del Reino de Esuatini (antes Suazilandia), que dudo sepamos ponerlo bien en el mapa ni jugándonos quesito azul de geografía para ganar al *Trivial* (se sigue jugando al *Trivial*, ¿no?). Pero esto no es un debate sobre mi fe republicana o mi admiración por la monarquía española, que no necesariamente es pareja hacia varios de sus reyes, claramente mejorables.

Aunque, tal vez, sí lo sea y sea necesaria. Me explico. Al fin y al cabo, uno no deja de ser parte de la ciudadanía de este país llamado España. Sin pretender ser ejemplo de nada, sí creo que en cierta medida soy un reflejo de un Estado que oficialmente es reino, pero que cuenta con un número de monárquicos de los de toda la vida, ¡monárquicos monárquicos!, no especialmente numeroso. Como tampoco lo hay de republicanos. Seguramente por ese tópico, que algo de base tiene, que nos habla de un *alma* tan individualista como es la española. Tan orgullosa, enfrentada a una forma de ser optimista y derrotista a la vez. Heredera del concepto de hidalguía. De ser «hijo de alguien», que tal cosa es ser hidalgo. Y que, como vemos bien en el Quijote, hasta el más necio se cree capacitado para ser gobernador de alguna ínsula, como el más loco con el derecho a ser tratado de «don». Diminutivo latino de *dominus*, esto es, señor. Curioso país donde, paradójicamente, en sus ejércitos siempre se usa el empleo correspondiente (cabo, capitán, coronel...), y donde nunca a un oficial o mando se le llama «señor» como en las películas, pues como dice la tradición, «en el ejército español no hay señores: hay soldados». Soldados que, como escribiría Calderón de la Barca, «*Todo lo sufren en cualquier asalto; sólo no sufren que les hablen alto*».

Un país de personas orgullosas de su terruño más cercano, por encima de otras entidades superiores, que podrán ser, pero complementarias. ¡Pero el que es de Jerez, es de Jerez, no es de Cádiz! El de Reus, qué leches va a ser de Tarragona. Y de este modo acaba siendo noticia que dos pueblos quieran unirse, como don Benito y Villanueva de la Serena, en Extremadura, pues algo tan de lógica, sin embargo es sorprendente noticia. Pues la unión, y lo veremos en cuanto nos metamos en harina federal, es uno de los desiderátum más tópicamente esgrimidos para separarse. Somos de un país donde a los reyes se les elegía en varios de sus territorios tradicionales, como Aragón entre otros, con aquello que dijeron los cronistas de «*Nos, que somos tanto como vos y todos juntos más que vos, os hacemos principal entre los iguales, si juráis los fueros y si no, no*»[3]. Razón que llegará a nuestros días donde vimos que al rey Felipe VI se le proclamó como tal ante las Cortes una vez juró

---

3   Según Luis G. de Valdeavellano, es una fórmula «cuya invención se ha atribuido al jurisconsulto francés del siglo XVI Francisco Hotman», en *Curso de Historia de las Instituciones españolas*, Revista de Occidente, Madrid, 1970, p. 432.

la Constitución, sin ceremonia de coronación alguna. Un país que presumía de tener «leyes antes que reyes», tradición que se arrogan aragoneses, navarros y hasta leoneses, pues dice el himno de esta región que «*Antes que Castilla leyes, concilios, fueros y reyes dieron prestigio a León*».

Todo esto no es baladí, pues es necesario para entender el sentir sobre el debate de monarquía vs. república existente en España. No está de más recordar la figura del granadino Francisco Suárez, de la Escuela de Salamanca, cuando escribiera en 1613 su *Defensio Fidei Catholicae adversus Anglicanae sectae errores*, en donde dejaba claro que la soberanía residía en no otro lugar sino en el pueblo, siendo el pueblo el que la transmite al príncipe gobernante[4]. Líbreme Dios hacer presentismos ni cosas parecidas. Pero en el devenir de los pueblos hasta convertirse en lo que son hoy en día, después de la aparición de los Estados nación tras la Paz de Westfalia, y la implantación posterior del concepto decimonónico de nación, sí me parece oportuno el señalar que lo político acaba impregnando el bagaje social de los pueblos. España es difícil de comprenderla sin su pasado, como le ocurrirá a cualquier otra nación del mundo, obviamente. La Historia de Francia, por ejemplo, también estaría llena de *cainismo*, si queremos usar uno de los manidos términos aplicados a España; o de intolerancia, como podríamos deducir de episodios como la Noche de San

---

4   Santamarta del Pozo, Javier. *Siempre tuvimos héroes. La impagable aportación de España la humanitarismo*. EDAF, Madrid, 2017. Y me perdonen la autocita, pero es que me venía que ni pintiparada.

Bartolomé de 1572[5] o la Guerra de la Vendée de 1793[6]. Con un siglo XIX terrible y sangriento. Mucho más que el español. Episodios como el de La Comuna de 1871[7], por cierto, influirá en varios aspectos políticos y personalidades relevantes de la Primera República española.

Una república nacida de una revolución que no era especialmente republicana. Y es que, si es difícil encontrar monárquicos fetén en España, aún más complicado es encontrar republicanos de pata negra (con perdón por la expresión seguramente hoy insultante para los ofendiditos de turno). Seguramente el hándicap del republicanismo español venga porque intelectualmente está igualmente ligado a un pueblo capaz de darse de mamporros así sea el emperador más poderoso del momento contra quien haya que dárselos, como de dejar que al final, un mero duque con cien mil hijos de su madre (y de San Luis) se salga con la suya, hasta el extremo de que otros soldados franceses (quién sabe cuántos veteranos de los que entraron en la de 1808) fueran agasajados y colmados de vítores a su llegada invasora. En un pasar de un «*¡Viva la Pepa!*» por la Constitución liberal de 1812, al «*¡Vivan las caenas!*» de un encumbrado Fernando VII, que fuera el Deseado,

---

5   Matanza llevada a cabo contra los hugonotes (un tipo de protestante calvinista), donde se producirían, sólo en París, unos 3.000 asesinados. La locura seguiría por toda Francia hablándose de hasta 20.000 masacrados.

6   Rebelión en plena Revolución Francesa que duraría tres años, una auténtica guerra civil, con cifras estimadas de muertos de hasta 200.000 personas, incluyendo mujeres y niños. Toda una salvajada.

7   Movimiento insurreccional ocurrido en París tras la derrota de Francia en la guerra Franco-Prusiana, creándose una comuna (sinónimo en Francia entonces de ayuntamiento), autogestionada, creándose según autores la primera dictadura del proletariado, aunque sin olvidar la fuerte influencia anarcosocialista.

a hombros de otros franceses como los que le mantuvieron retenido despojado de su Corona. En ocasiones la Historia de los pueblos es así de veleidosa. Básicamente porque los dirigentes han mirado tantas veces por su interés propio más que por el común.

¿Hace esto el que sea mejor un sistema político que otro? No necesariamente. ¡Ya ven qué prósperos son algunos países monárquicos como los Países Bajos, Luxemburgo o Nueva Zelanda! Y los procesos republicanos no son fáciles. Francia lleva contabilizadas en los dos últimos siglos pasados cinco repúblicas, aderezadas por un par de restauraciones y un par de Imperios. ¡No está nada mal! El caso es que el concepto de republicanismo sí que caló en el país vecino, cierto que a base de poner al frente del Ejecutivo a una especie de remedo de monarca (por así decir, entiéndaseme la analogía), laico por supuesto, dotado con un gran poder y, obviamente, el refrendo de las urnas cuando corresponde. Pero su tradición siempre fue jacobina y centralista… aplicada a la fuerza. Y teniendo algo que no se le cae de la boca a un político francés del lado que sea: ¡la Francia! Su *grandeur*. La nación. Sinceramente no tengo claro qué parte tienen más de patriotas que de nacionalistas. ¡O de ambas cosas! En España, insisto, somos españoles. Que es tanto como decir que cada uno somos de nuestro padre y nuestra madre. Con un punto anarquista bastante notable. Y, claro, el concepto monárquico es más fácil de asimilar, en cuanto que, llegado el caso, es posible echar a los reyes sin necesidad de pasar por guillotina o garrote, como sería lo castizo. Así casi lo vimos con Fernando VII, y sí se vio con Isabel II y con Alfonso XIII. Y si me apuras, con Juan Carlos I.

Y todo porque en el fondo hay un cierto republicanismo que, hagamos la inevitable gracia, fue bien detectado por una casa escandinava de presuntos muebles prefabricados, en donde los felpudos daban la bienvenida a *«la república independiente de tu casa»*. Y entre bromas y veras, que diría Jhering, la cosa es que tiene su punto. Reconozcámoslo. No nos sale, pese a tan importante tradición monárquica, el disfrutar con los fastos que la misma conlleva. De hecho, pareciera que los reyes de España últimos tuvieran que aparentar ir de trapillo como para hacerse perdonar. Unos reyes herederos de una magnificencia que se puede ver en palacios y alcázares como los de Sevilla o Segovia; como los de La Granja o Madrid (bastante más grande que el sobrevaloradísimo de Buckingham en Londres, y casi el doble que el famoso de Versalles). Y eso sin hablar de la que fuera considerada la VIII Maravilla del Mundo, como es donde se asentó Felipe II gobernando un orbe que no era suficiente, desde San Lorenzo de El Escorial. Pero ahí tenemos a don Felipe (el VI) y a doña Letizia. Viviendo en el que fuera un simple pabellón de caza de época de Felipe IV en el monte de El Pardo madrileño. Don Felipe y doña Letizia que, cuando se casaron, un poco más y lo hacen con un chaqué de *Gerardo*, y alquilando un coche fardón en *Autos Alcalá*[8]. Y no me digan que exagero por mucho Rolls-Royce que se usara. Una ordinariez.

Porque, en expresión castiza de mi inolvidable Elia Rodríguez, aquí hay quien sabe «cómo mea la perrina», y que lo mismo alabamos que nos lanzamos a la crítica

---

8   Ambos establecimientos citados, unos clásicos de los bodorrios de la burguesía madrileña.

más feroz. Que, insisto, cainitas pienso que no somos, ¡pero nos gastamos una mala leche…! Y por aquello de no molestar, de no aparentar, de que no digan que vamos de prepotentes o chorradas parecidas (aunque de la crítica no te va a salvar ni el sursuncorda hagas lo que hagas), el día más solemne posible como fue el de la Proclamación del monarca ante las Cortes, ¿acaso utilizamos en este caso las carrozas reales de Patrimonio Nacional? ¿Acaso fuimos capaces de echar las diez de últimas y desplegar toda la pompa y circunstancia que la ocasión lo requería? ¡Quiá! De nuevo el Rolls, que es mono oye, y descapotado más, y la excusa de la seguridad por encima de todo (que sí, que está muy bien ponérselo difícil a los malos, pero que los malos cuando quieran hacer daño, ¡lo van a hacer!). Me dirán que el Bentley Arnage que usa la reina de Inglaterra cuesta menos de la mitad que el Phantom IV usado ese día. Ya. Pero resulta, desde el punto de vista estético (y la monarquía se nutre de la estética para afianzarse como tal, siendo como puede resultar, anacrónica en estos tiempos), de mayor empaque, por ejemplo, que un acto administrativo como es el de las presentaciones de cartas credenciales.

Para que vean qué sinsentido es el tema, les cuento: Estos actos que se realizan en la capital de España, en días laborables, a horas matutinas y de normal trabajo, son seguramente la mayor presencia del boato en las calles españolas. Sin embargo, no mucha gente las ha presenciado, pese a que transcurre principalmente por la Calle y Plaza Mayor madrileñas. Esta ceremonia viene de tiempos de Carlos I, cuando establece en 1527 el protocolo para recibir a los enviados extranjeros. Su hijo, el mencionado Felipe II, crea en 1562 las llamadas

Etiquetas de Palacio, donde queda ya detallado todo el ceremonial de la Corte. Con la natural evolución de usos y costumbres, será con Felipe V cuando se establezca el Reglamento de Ceremonial de 1717, que es el que se ha mantenido prácticamente intacto hasta nuestros días. Con lo que el día que toca tal acto, los vecinos del centro centrísimo de Madrid, y unos cuantos turistas suertudos que no se lo esperaban, verán un apabullante y deslumbrante tránsito de berlinas de época del XIX tiradas por enjaezados caballos, acompañadas de lacayos con librea y pelucón de época, y escoltadas por coraceros y lanceros de la Guardia Real. Compañía de honores y Unidad de Música, además. Y todos vestidos con uniformes de gala, de militares o de diplomáticos, o con frac. ¡Tela!

¿Por qué en España no se hacen más este tipo de ceremonias, como es evidente que se hacen en otras monarquías? Cuando se abren las Cortes, o en celebraciones de especial relevancia, como la citada de una proclamación real, que es posible que sólo se vea un par de veces en la vida. ¿Por qué los actos en la sede de la Soberanía Nacional se deja que se vulgarice el componente estético, pese a que otros actos, como las Cenas de Gala en el Palacio Real de Madrid con motivo de la visita de un mandatario extranjero, sí que se estila el mayor de los decoros (como suele decirse) y la más estricta etiqueta en el vestir? Insisto, nada es casual. Y en este Reino de España (denominación oficial), nos gusta minimizar a los propios reyes, como cuando se hace ver, o más bien se pretende, que la Princesa de Asturias, Leonor, «es una adolescente más». ¡Qué leñes va a ser una adolescente más la que será (que lo sea o no, ya el futuro nos lo dirá) nada menos que reina de España! En mi parecer, añado, que lo sería como Leonor III, haciendo así un guiño histórico a sus antecesoras de Aragón y de Navarra. Que no sé por qué no va a ser perfectamente legítimo si se permitió el que su abuelo Juan (Carlos) dejara de ser Juan III (que le hubiera tocado al padre de éste, el Conde de Barcelona, pero que no pudo ser como sabemos, ah, se siente), inventándose esa improcedente singularidad *juancarlista*. Pero no sigamos con mayores disquisiciones monárquicas en un libro dedicado a la República.

En España se puede ser republicano. Faltara o faltase. Pero uno de los grandes problemas es que serlo supone tener que comenzar a elegir entre más posibilidades que tipos de café se piden en el Café Central de Málaga. Presidencial, semipresidencial, representativa, federal, unitaria, popular... Creo que fue el conde de Romanones el que se quejaba de lo difícil que era gobernar un país donde no había dos personas que pidieran un mismo café a la mesa, ¡imaginen esto llevado a la hora de establecer la forma de gobierno y de organización del Estado! Pues eso. ¡Un caos! Y una visión ideológica que nubla también lo que debería o no ser. Pues, por ejemplo, es algo muy arraigado el correlacionar el republicanismo con el ser de izquierdas. Esto es un hecho tan absurdo como real en España. De tal manera que no se entiende que pueda haber republicanos *de derechas*. No, créanme, en nuestro imaginario político no hay tales seres mitológicos O que, si hubiera una república, el presidente de ésta fuera, un ejemplo al albur, alguien tan estimado por la gente de izquierdas (Modo Ironía ON) como José María Aznar. Alipori es poco lo que les puede producir. Si hay república, ¡ha de ser gobernada por la izquierda! Ya volveremos a incidir en este tema en el siguiente capítulo, si me lo permiten.

Un término que tuvo en su momento, durante la Transición, gran predicamento, fue el de *monarquicano*. Dicho en referencia a aquellos dirigentes de izquierda y claramente republicanos pero que, con el devenir de los acontecimientos, y especialmente tras el papel jugado por el rey Juan Carlos durante el intento de golpe de Estado del 23F en 1981, no le hacían ya ascos a la figura del entonces Jefe del Estado. Muy especialmente se le atribuía tal cosa al primer presidente de gobierno socialista de la Democracia, Felipe González, que no ocultaba su amistad y admiración por el monarca. Ni la oculta aún en estos días pese a todo. La verdad es que el palabro de marras se le ocurrió a un humorista muy popular en los 80: Pedro Ruiz. Y la referencia no era sobre Felipe González, sino hacia el referente más de izquierdas posible en aquellos días como era Santiago Carrillo. Pues, entre otras cosas, fue famosa e histórica, tras la legalización del Partido Comunista de España, del que era secretario general, su aparición con la bandera bicolor, señal de abierta aceptación del nuevo régimen monárquico. Y eso pese a la famosa puya de motejar a Juan Carlos con el sobrenombre de «el Breve». Augurio que, ¡menos mal que llega a abdicar! Pues si no, hubiera tenido a estas alturas el honor del reinado más largo de la Historia de España desde don Pelayo.

El caso es que el sentir republicano acabó diluyéndose como consecuencia de que el objetivo de la Transición fue, como su nombre indicaba, transitar hacia un nuevo régimen democrático. Afianzar, tras los debates rupturistas extremos, un Estado homologable al resto de los de la Europa occidental. Cosa que costó muchas negociaciones, pactos (¡aquel famoso *consenso* del que tanto se hablaba!), y también muchas vidas. Los años de plomo de ETA, los intentos de involución del llamado Bunker, los asesinatos de Atocha, los atentados terroristas del Grapo y del FRAP, el contradiós del GAL... Años complicados. Vamos. ¡Como para ponerse a discutir sobre si galgos o podencos! Sobre si monarquía o república. Lo importante era apuntalar una democracia como único objetivo. La forma de gobierno era lo de menos. El nuevo PSOE salido de aquel Congreso de Suresnes olvidó el marxismo, y la izquierda más extrema pronto quedó relegada a algo testimonial. Los partidos nacionalistas que ocupaban plaza en la Carrera de San Jerónimo, más estaban a ver qué había de lo suyo, y a sacar tajada a costa de la gobernabilidad del Estado. O sea, como ahora. Lo que pasa es que con menos capacidad, habida cuenta del imperante bipartidismo del momento, y de lo sencillo que resultaba el conseguir mayorías absolutas por quienes alternaban el poder a derecha e izquierda.

Resulta casi entrañable tirar de hemeroteca, y leer artículos en un medio tan de referencia como era *El País* entonces, como el titulado «*Juan Carlos I "el Republicano"*», donde se recogía el debate acerca de la posición del PCE en 1998, propugnando un Estado federal. ¡Ojo!, el Rey sí que tenía cabida dependiendo de si se iba a una forma centralizada del Estado como contrapeso a los nacionalismos catalán, vasco y gallego, pues el argumentario para los privilegios que estas regiones querían se basaba (como señalaba nada menos que Jordi Pujol), «*en los derechos históricos provenientes del pacto con la Corona*»[9]. ¡Madre

---

9   *El País*. Artículo firmado por Rodolfo Serrano y Anabel Alonso, el 7 de diciembre de 1998.

mía lo que son las cosas y lo que hemos cambiado en 25 años! Pero, en cualquier caso, parecía cosa cerrada, y sin ánimos de llevar a cabo una propuesta formal de cambio de régimen, o de realizar algún tipo de referéndum sobre la monarquía. ¿Para qué? El rey reinaba pero no gobernaba, la alternancia política era un hecho, y la gente andaba más centrada en sus propios problemas donde, desde luego, el de la Jefatura del Estado no estaba ni en la mente del más despreocupado. ¿Acaso se vio reacción alguna en la calle, un clamor como el que hubo en los tiempos de Isabel II o de Alfonso XIII?

Hasta que los hubo. Pero como reacción a una crisis económica mal gestionada. A la aparición de nuevas generaciones con nuevas inquietudes, que habían nacido cuando gobernaba Felipe González y un partido socialista con la más grande mayoría parlamentaria conocida, y a los que la Transición les sonaba tan lejana, como la Guerra de Cuba. Suárez era un futbolista, y no un prócer de Ávila, enterrado tras una lápida donde se lee la absurda leyenda «*Expresidente del Gobierno de España*» (en este país tenemos un serio problema de protocolo y ceremonial, pero esa es otra historia… más). Y nuevos partidos surgieron. La corrección política comenzó a enseñorearse de la vida social y política de España. Lo que antes se veía como una anécdota sin más trascendencia de ser un cotilleo chismoso («dicen que el rey tiene un lío con una tal Bárbara de apellido regio»), pasó a ser listón de ejemplaridad en el comportamiento. La labor de lobby ejercida por el monarca, como algo a agradecer, se convirtió en algo a tener que ser revisado por Hacienda. A causar sorpresa y estupor que el rey hiciera caza mayor, en una pasmosa caída del guindo.

Con lo que una institución que se había consolidado durante más años que el del régimen anterior del general ferrolano, comenzaría a ponerse de manera seria en entredicho.

Los nuevos dirigentes políticos salían haciendo gala de los colores de la tricolor de la Segunda República, con desprecio hacia los símbolos de lo que consideraban no una transición, sino el continuismo del mismo régimen que acabara con aquella república tras cruenta guerra. En definitiva, adiós al consenso, y agárrate, Matilde, que volcamos. Ahí aparecen figuras como las de Pablo Iglesias Turrión diciendo cosas como que «*Yo no puedo decir España. Yo no puedo utilizar la bandera rojigualda*»[10], y sacar a primera fila un republicanismo que más tenía que ver con una ideología concreta, que con el concepto de Estado. ¿Nos encontrábamos ante un serio peligro para la Monarquía? ¿Ante una puesta en entredicho de tal calibre que iba a hacer surgir un espíritu republicano que nos llevara ante el umbral de una Tercera? Para evitar tal cosa fue que se forzó, sin duda alguna, la abdicación (figura que ya se había producido antes en la Historia de España, tanto con los Austria y Carlos V, como con los Borbón y Felipe V), para dar una nueva imagen con un rey joven, atractivo, casado con una hija del pueblo, divorciada y todo, y que ya venía con el remoquete puesto por sus enemigos: «El Preparao», por aquello de ser el primer monarca con estudios universitarios, culminados con un máster internacional en Georgetown (EEUU).

Es curioso ver cómo este hecho no se había producido

---

10   Pablo Iglesias Turrión, seminario «Medios, Comunicación y Poder», Universidad de La Coruña, 19 de septiembre de 2013.

antes, aunque tiene cierta lógica habida cuenta de que las universidades eran lugares restringidos donde se hubiera visto pelín raro la presencia de un heredero al trono. Podríamos encontrar cierto precedente cuando el príncipe Alfonso, que será luego el XII reinando, le escribió a su madre, la reina Isabel II: *«Para mí es esencial estudiar y saber qué son Cortes, qué es Constitución, qué es Gobierno, etc., porque si no sería uno lo mismo que el que se quería hacer escribiente y cuando le preguntaron que si sabía escribir, contestó que no, pero que tenía muy bonita figura»*[11]. Interesante pensamiento del que era un buen mozo de 17 años, y que tal vez había aprendido la lección de su derrocada madre. Y durante esos años de destierro recibiría una esmerada educación reglada en París, Ginebra, Viena, y la militar en Londres. ¡No está nada mal para un rey decimonónico!

Pero tal vez sea esta la razón primera del republicanismo. No entender la figura de un sujeto que liga a su destino personal, el futuro de toda una nación por mor de su nacimiento. Cierto es que la implantación definitiva del régimen parlamentario dejó la capacidad de los posibles caprichos regios en nada. Pero veremos que la instauración de una república en España tal vez no se hubiera producido si quien comenzó siendo *«la enseña de los liberales frente al absolutismo y una especie de símbolo de la libertad y el progreso»*, como indica la catedrática de Historia, doña Rosa Ana Gutiérrez Lloret sobre Isabel II, con el tiempo no hubiera devenido en

---

11   Carta del príncipe Alfonso a su madre Isabel, Viena, 27 abril 1874. Documento en la Real Academia de la Historia (Madrid), 9/6952, leg. XIII, núm. 173.

«*la representación misma de la frivolidad, la lujuria y la crueldad*»[12]. Pasaría de ser «la reina castiza» a ser «la deshonra de España». Y en tiempos en que los *espadones,* los militares, no se andaban con chiquitas, y eran una parte misma del poder, aquello derivó en la que se conocerá como «la Revolución Gloriosa» de 1868.

Una revolución que no traería todavía a la república, entre otras cosas porque, volvamos con la burra al trigo, es muy complicado llevar a cabo algo tan trascendente sin aparentemente partidarios *reales,* de verdad, quiero decir, ¡no nos liemos con la homonimia! Pues un país no se gobierna sólo con buenas intenciones. Mucho menos sin ser conscientes de lo que una u otra elección puede conllevar. Es evidente que la evolución de los pueblos, de los Estados, de sus formas de gobierno, necesita de periodos de adaptación. De luchas o de prueba y error. ¡Miren a Francia! Su Segunda República acaba porque su presidente, Luis Napoleón, que había sido elegido por primera vez por sufragio universal (masculino todavía), acabó dándose un golpe de Estado y proclamando el Segundo Imperio francés. Eso sí, tras Napoleón III ya no volvería a haber más reyes ni emperadores en Francia, pero como recordábamos al principio, sí tres repúblicas más. ¡Y nos parece trepidante el siglo XIX español!

Como vemos, nada es sencillo. Y en España se buscaron fórmulas que contentaran a todos, pues la idea de soberanía nacional estaba cada vez más implantada. Tanto, que llevará a que la sede de la misma, las Cortes, el Congreso

---

12 Gutiérrez Lloret, Rosa Ana. «Isabel II, de símbolo de la libertad a deshonra de España», dentro de *La imagen del poder. Reyes y regentes en la España del siglo XIX.* Síntesis. Madrid, 2011.

de los Diputados, sea quien decida sobre la conveniencia de una decisión que iba más allá de la dualidad que presentamos entre monarquía y república. Lo que ocurre es que es más sencillo (si me apuran, hasta más práctico), *republicanizar* una monarquía, que eliminar las peores características de una monarquía aplicada a una república. Esto le costó mucho a una de nuevo cuño, como fue la de los Estados Unidos de América, y eso que podía partir casi con una *tabula rasa* tras emanciparse de un Reino Unido más pendiente de recaudar impuestos, que de establecer una soberanía fuera de sus lindes. Y estamos viendo que el camino de Francia hasta su estabilización republicana no fue sencillo.

Podemos añadir que, cuando las repúblicas son tan sólo la excusa para la toma del poder y la perpetuación en la misma de ciertas élites, aparecen las llamadas «repúblicas populares», donde lo más popular es que sus presidentes se acaben convirtiendo en auténticos reyes sin corona, en regímenes de tipo autoritario. Quedó claro con la URSS, que se cargó no una monarquía de tipo absoluto como la de los zares de Rusia, sino (¡paradojas de la Historia!) una república con visos de corte liberal, representada por los sucesivos gobiernos provisionales rusos de la nueva república que se estableció tras la abdicación del Zar Nicolás tras la revolución de febrero de 1917. El último gobierno del socialista Aleksándr Kérenski, vería como la Revolución de Octubre bolchevique se llevaría las posibilidades de un régimen homologable a una república de nuestro tiempos que, muy popular muy popular, pero donde elecciones las justas, y democracia, menos. No creo que hagan falta añadir más ejemplos, como el de China, o el de Corea del Norte, donde sus dirigentes se suceden de manera hereditaria al más puro estilo de una monarquía absoluta, siendo ya conocida como la Dinastía Kim. Para ese viaje no hacían falta esas alforjas.

En España tal vez se quiso seguir, a la postre, una frase del citado y taimado Talleyrand, cuando dijo aquello de que «La monarquía debe ser gobernada por demócratas, y una república por aristócratas». Cinismo interesante aparte, con bastante tino no obstante, es lo que parece que es la monarquía española actual. Y es lo que siempre ha querido ser la Francia republicana. El hecho es que los llamados republicanos españoles actuales no parecen herederos de los de 1873, y apenas de los de 1931. O así podía desprenderse de las declaraciones de un presidente del Gobierno, el socialista José Luis Rodríguez Zapatero, en las que afirmaba que *«Estoy muy a gusto y muy tranquilo porque tenemos un Rey bastante republicano»*. Lo que puede parecer una boutade, o una salida de pata de banco para quienes se consideren, ora republicanos, ora monárquicos, pero que está en línea con la realidad actual. Real. Y en este caso, valga en la homonimia su polisemia.

Citando de nuevo al presidente Zapatero en una entrevista en la cadena SER en un día tan señalado como el 14 de abril, éste declaró que *«Para mí un republicano es quien es defensor de las instituciones, de los valores democráticos, quien es defensor de la vida pública, quien respeta los principios de una ciudadanía libre, y en ese sentido estamos muy tranquilos y muy a gusto»*. Parcería, pues, que tendremos rey para un tiempo. Al menos mientras sigamos tranquilos y muy a gusto. Cosa que no ocurría, desde luego… en 1868.

PERO... ¿HUBO ALGUNA VEZ UNA PRIMERA REPÚBLICA?

PONGAMOS LAS COSAS EN SU SITIO, COMO LOS PANTALONES DEL CONDE

«Mi respeto y mi amor por la verdad me
obligan a reconocer que la República
española ha sido un fracaso trágico»
GREGORIO MARAÑÓN

No hace falta ser muy avispado para entender que, si tantas veces se menta a la Segunda República española, lo mismo el ordinal ya es una clara pista de que ha habido una anterior. ¡Lo mismo, eh! La tradición monárquica de numerar a los reyes, por ejemplo, tiene un par de curiosas excepciones o, cuando menos, de poca lógica numeral. Me refiero a los casos de Luis I (hijo de Felipe V, y brevísimo rey de España), y de Juan Carlos I. Ambos con ordinales que, hombre, ¡va da suyo! Pero es que no es que fueran los primeros con tales nombres. ¡Es que no hay otros homónimos que hagan necesaria tal numeración! Queda más que sobreentendida pese al superfluo *Primero* añadido a sus nombres. En nuestro caso, parece como si la Primera República, con su indispensable ordinal, se hubiera quedado desvanecida entre las brumas de la Historia, como si hubiera sido un mal sueño, o nunca hubiera ocurrido. De hecho, no es que el republicanismo patrio le haga muchas alabanzas ni recordatorios. Pocos actos o marchas se hacen el 11 de febrero, fecha de su proclamación, y poca gente habrá que no se entere de que el 14 de abril es cuando se proclamara en 1931, la Segunda[13]. Y aunque la cita inicial del capítulo, del polímata don Gregorio Marañón, uno de los padres intelectuales de ésta, no se refería a la Primera, sin embargo bien parece que sea absolutamente válida tanto para la una como para la otra, me temo.

Por eso es necesario poner las cosas en su sitio, recordando la frase dicha en el Congreso de los Diputados que, sin duda, será protagonista inevitable en este periodo histórico hasta para su sonado final. Cuentan los cronistas parlamentarios que el que fuera senador y ministro, el conde de Esteban Collantes, en pleno discurso, no le pasó cosa más ridícula y azarosa que la que se le cayeran, a plomo, sus pantalones. Por un descuido a la hora de abrocharse los tirantes, el prócer quedó en calzoncillos ante el Pleno. Las carcajadas son de imaginar. Sin embargo, con total aplomo, el señor conde se colocó parsimoniosamente sus pantalones, no sin antes reanudar su discurso con un *«Puestas las cosas en su sitio...»*[14]. Pongámoslas, pues, y veamos incluso algunos paralelismos en ambas

---

13 Para mí me resulta más interesante recordar que ese día tengo que llamar a mi lectora más joven, Irene, pero cada uno tiene sus prioridades, oiga.

14 Carandell, Luis. *El show de sus señorías*. Lunwerg. Barcelona. 1986.

repúblicas, como la dificultad que tuvieron para crear una marca. Eso que hoy en día se vende con el anglicismo de *branding*, pero que tan necesario es también para los países. Sí será así, que les recuerdo el intento de algo que se está llamando «Marca España», cuyos sus exitosos resultados no se terminan de ver.

Puede parecer frívolo decir que los símbolos nacionales puedan tener una analogía con los logos de las empresas, y con los componentes de márquetin que esto conlleva. Pero seamos prácticos. Funciona. ¿O acaso términos como el *«American way of life»* y la bandera de las barras y estrellas de Estados Unidos, no son claros exponentes de lo que estoy señalando? Esto al margen de filias o fobias, por supuesto. Los pueblos quieren también verse representados en símbolos. Y los símbolos pueden convertirse en algo poderoso. Por eso alguno, como la bandera roja, ha tenido una importancia más allá de lo meramente visual. Una bandera con un color tan ostensible, que comenzaría como un símbolo de batalla, de desafío, y que acabaría siendo la representativa de las revoluciones decimonónicas. Muy especialmente en Francia, donde podremos encontrar su origen en el uso, desde la Revolución de 1789, al que quisieron darle los socialistas en la de 1848, o la que acabaría teniendo por parte del comunismo tras la de *La Comuna* de 1871.

En España somos un país donde el uso del símbolo republicano por antonomasia de la bandera tricolor es ya claramente inclinarse por una opción ideológica concreta. Así está la cosa. Si hay quien dice que la bandera bicolor, la roja y amarilla, ha quedado estigmatizada por los casi cuarenta años del franquismo, pese a que su origen es de 1785, reinando Carlos III, como enseña naval, no es menos cierto que la tricolor, al igual que el uso del escudo nacional republicano, fueron una pésima decisión. Amén de un error histórico, vexilológico y heráldico. Y está mucho más cargada de ideología que la bicolor. Bicolor que, curiosamente, cuando pasa de enseña de la Marina, de la Armada, a ser ya un símbolo nacional, es en la Guerra contra el Francés de 1808, muy especialmente oficializada gracias a las Cortes de Cádiz, y posteriormente por la Milicia Nacional, que estuvo en casi todos los saraos del XIX, con un componente más revolucionario del que se pueda imaginar. Vamos, ¡que la bicolor nos salió revolucionaria y la izquierda sin saberlo! Sin embargo, el uso de la tricolor tuvo vocación sectaria. Quiso añadir el morado[15] como homenaje al reino de Castilla (los republicanos y las paradojas), señalando «*que la tradición admite por insignia de una región ilustre, nervio de la nacionalidad*»[16]. Dando por hecho, de este modo, que el amarillo y rojo tenían inspiración aragonesa. Pero no es ya que se equivocaran con los colores (además). Es que cambió un auténtico símbolo nacional por otro partidista.

Y no lo digo yo. Lo dijo en su momento el general republicano Vicente Rojo, el héroe de la defensa de Madrid contra las tropas nacionales o franquistas. «*El cambio de la bandera hecho por la República constituyó un grave error*». En unos escritos fechados en 1939, seguía diciendo que «*la bandera [rojigualda] que teníamos los españoles no era monárquica, sino nacional. Mientras la bandera de los*

---

15   Que ya había sido tenido por los liberales decimonónicos erróneamente como el de la bandera de los Comuneros, con esa idea prerromántica de luchadores por la libertad, a más a más.

16   Decreto de 27 de abril de 1931, Gaceta de Madrid nº 118 de 28 de abril de 1931.

Borbones fue blanca y la bandera real era un guión morado, la bicolor como enseña nacional fue creada por las Cortes españolas en plena efusión de liberalismo, el constituciona-lismo y la democracia»[17]. Ojo al pescozón, que duele. Por no hablar de que el escudo siguió manteniendo lo que era la representación de los diferentes reinos peninsulares. Con una corona mural[18] en vez de real. Pero es que dicha corona también era propia de los reyes de Castilla. ¡Que no dieron una, vamos! Francia, por ejemplo, abandonó toda referencia monárquica... ¡y hasta casi el tener un escudo! Tras el éxito de su conocida bandera tricolor[19], el emblema francés tomó las fasces republicanas de la época de Roma[20], junto con las iniciales R y F, pero no lo definió hasta que la ONU le pidiera una copia de su escudo ¡en 1953! La República Federal Alemana, sin embargo, de manera consciente sí que recogió un símbolo tradicio-nal como era el águila, originalmente bicéfala del Sacro Imperio Germánico, y que pasaría a ser (en sus diferentes diseños y matices visuales) luego sólo imperial de una cabeza, de la república de Weimar, de la Alemania nazi, y desde 1950, de nuevo como «águila federal», represen-

---

17 Documentos recuperados en el Archivo Histórico Nacional por el abo-gado Javier Nart, y recogidos por Israel Viana en el ABC, el 18 de abril de 2021.

18 En heráldica la corona mural se representa mediante un cerco de muros almenados o murallas con torreones intercalados, como si fuera un cas-tillo, vamos.

19 Símbolo también discutido en su momento, como me señala el profesor Daniel Aquillué. La de época napoleónica era una variante y entre 1815 y 1830 se volvió a la blanca. Amén de la roja de 1848 y 1871 menciona-da. Y hoy en día es discutida, aunque menos.

20 El mismo símbolo que tomará la Italia de Mussolini, pues no en vano su movimiento fascista viene etimológicamente de este símbolo de los magistrados romanos de entonces. ¡A ver si alguien se atreve a decirla a un francés que su emblema es fascista!

tando la actual república alemana que conocemos. ¡Esto es pasión por un símbolo, pardiez!

¿Pensaron durante la Primera República de 1873 el dotarse de otros símbolos representativos diferentes? La verdad es que no les dio ni tiempo. ¡Bastante tuvieron con toda la que se lio en tan escaso periodo! El Gobierno provisional previo de 1868, tras ser destronada Isabel II, encargó un dictamen donde la Real Academia de la Historia establecería un escudo muy parecido al actual. Con los cuatro cuarteles con Castilla, León, Aragón, Navarra, y en la punta, Granada. Las dos columnas de Hércules con la leyenda Plus Ultra y sin coronas sobre ellas. Quedando el conjunto rematado por el tipo de corona mural citada anteriormente. Pues se estaba a la espera de lo que pudiera ocurrir. Básicamente si se iba a elegir a otro rey, de qué casa real pudiera ser, o si se iba a optar por la vía republicana. La corona real clásica que se mantuvo en el diseño fue la que llevaba el animal heráldico más antiguo de Europa: el león del reino de León. De hecho, la primera moneda de peseta emitida en 1868 cuando se convierte en la moneda oficial de España tendrá este escudo, pues es el primero representativo de la soberanía nacional de España, siendo además adoptado a instancia del Ministerio de Hacienda[21]. ¡Que Hacienda somos todos, no se nos olvide!

Al final, se usó este escudo durante el periodo republicano (tras el breve interín del *reinadín* de Amadeo de Saboya, que fue un visto y no visto también), o incluso se usaron banderas navales simplificadas con un escudo

---

21 *Los símbolos de la Hacienda Pública*, Ministerio de Hacienda, Madrid, 2006.

ovalado con dos cuarteles sólo: los de Castilla y León. Obviamente sin corona alguna. Y que no hacía gracia a procuradores de otras regiones dejadas sin representación en el simbolismo nacional. Como al dramaturgo catalán Francisco de Asís Ubach y Vinyeta, relacionado con el movimiento de la *Renaixença*, algo amoscado por el pesado uso del morado en las banderas en presunto honor a los Comuneros de Castilla (de hecho, hubo una propuesta de una bandera similar a la de la Segunda República propuesta por el Ayuntamiento de Madrid... que tiene tal color como propio). O el político regeneracionista Joaquín Costa que, en sus *Memorias*, recordaba cómo le envió al regente entonces, el general Serrano, una carta donde le conminaba a «*que se restableciesen en el escudo de la Gaceta las armas de Navarra y Aragón*»[22]. En cuanto al cromatismo, hubo propuestas como la de una bandera con tres franjas horizontales de color rojo, blanco y el dichoso morado, que eran de uso de los federalistas antes de la proclamación de la Primera República[23]. Evidentemente nunca se oficializaron ni llegaron a nada.

El caso es que la primera gran cuestión al margen del imaginario republicano es, ¿cómo comenzó todo? Sabemos bien del acceso al poder en 1931 por parte de los *secondorepublicanos* tras las elecciones municipales convocadas, la extrapolación de los resultados a nivel

---

22   Costa, Joaquín, *Memorias*, Prensas Universitarias, Zaragoza, 2011, p. 158.
23   Sánchez Collantes, Sergio, «La construcción simbólica del republicanismo español en el Sexenio Democrático», en Investigaciones Históricas, época moderna y contemporánea, 37, Ediciones Universidad de Valladolid, 2017, pp. 132-174.

de consulta nacional y de refrendo del sistema (si bien no fuera ese el objetivo de las elecciones, y los partidos monárquicos realmente obtuvieron la mayoría, aunque no en las principales ciudades), y el abandono por parte del rey Alfonso XIII del país para evitar una confrontación, según su testimonio al diario ABC tras conocer el resultado electoral: «*Quiero apartarme de cuanto sea lanzar a un compatriota contra otro en fratricida guerra civil*». De manera lamentable tal conflicto estallaría solamente un lustro después. Su decadente reinado se había visto marcado por las cruelísimas guerras en África y las revueltas sociales que no pudieron arreglarse o ser superadas, ni mediante la dictadura de Primo de Rivera, ni mediante la dictablanda de Dámaso Berenguer, suponiendo una ruptura constitucional. irrecuperable La restauración borbónica que liderara su tocayo padre tras la *Sanguntada* del general Martínez Campos en diciembre de 1874, había tocado a su punto, aunque no final. Pues, como bien sabemos, en 1975 se viviría otra nueva en la persona de su nieto.

Imagen de la primera peseta de 1868 con el escudo de España del Gobierno Provisional, con la corona mural.

Como quedó indicado, la reina Isabel II, «*la de los tristes destinos*», como la nominara Benito Pérez Galdós[24], había pasado de ser la esperanza liberal en contraposición al pensamiento más tradicional de su tío Carlos María Isidro, pretendiente al trono de España tras la muerte de su hermano Fernando VII, a ser la «deshonra de España». Un pretendiente varón por la tontería de las costumbres de países que tanto presumen y gustan de dar lecciones, como Francia, con eso de la ley sálica que impedía a la mujer gobernar. Cuando se establece la dinastía Borbón en España con Felipe V, se intentó aplicar esta norma extranjera, a lo que las Cortes de Castilla se opusieron rotundamente. Iba en contra, no ya de la tradición, sino de normas tan fundamentales y seculares como las establecidas en las Siete Partidas de Alfonso X «el Sabio». Al final se acaba aprobando un reglamento de sucesión en 1713 en donde no se implanta la prohibición de acceder al trono a la mujer, sino que se le da preferencia al varón, tanto en hijos como en hermanos del rey, si los hubiere.

Carlos IV, con el tiempo, quiso volver a la tradición de las Partidas alfonsinas, acordándose la Pragmática Sanción, aprobada por las Cortes en 1789. Pero tate tate, que en la vecina Francia (la verdad es que, por fas o por nefás, siempre nos aparece el francés para influir en la historia patria) estalla la más que famosa y citada Revolución, y la ley que se queda sin el tonto trámite administrativo de ser publicada. Lo que la dejaba en un limbo de inaplicación. ¿Qué ocurre cuando el hijo del carolino rey, Fernando, séptimo de tal nombre, ve que

---

24 Pérez Galdós, Benito, *La de los tristes destinos. (Episodios Nacionales)*, Número 40; Cuarta Serie.

no tiene un descendiente ni de chiripa? Que ahora a toda prisa tras casarse por cuarta vez, y ante el embarazo de su mujer María Cristina, a sancionar, promulgar y publicar la dichosa Pragmática olvidada, no salga niña y la vayamos a liar. Fue niña. Y se lio. Se lio porque el hermano del rey, Carlos María Isidro, ya se veía aupado al trono según la antigua ley de 1713, y al final acabaría viendo que una mocosa de tres años llamada Isabel, sería la reina en lugar de él.

Esta tontuna nos llevó a una de las conocidas hoy como Guerras Carlistas, que merecerá tener capítulo aparte por su trascendencia. La primera, en principio, se había llamado a secas guerra civil, pues no se imaginaba que iba a tener secuelas tras el éxito de muertos y crueldades de este enfrentamiento. Una guerra de siete años y más de 200.000 caídos, que se dice pronto. A un par de décadas, además, del desastre demográfico y económico del paso peninsular de Napoleón y de Wellington, que un poco más y nos dejan la península como un solar. Y que se iba a convertir en leitmotiv para este siglo tan movidito. A los seis años de acabar tendría lugar la segunda. Y tras una serie de alzamientos frustrados, (cuatro nada menos) llegaría la tercera, para enmarcar el periodo, precisamente, de la Primera República. Insisto en recordar que el XIX fue un siglo especialmente trepidante, pero a nivel mundial. Lo hemos visto ya en Francia. Italia y Alemania pasarán por guerras y lograrán respectivamente una unificación nada sencilla ni a escaso coste. Estados Unidos tendrá una guerra civil que a punto está de dividirla en al menos dos naciones diferentes. China viviría guerras como la del opio, y rebeliones sangrientas como pocas en su historia. Los sueños de las nuevas naciones americanas secesionadas del ya casi inexistente Imperio español del que formaban parte, se iban a diluir entre lágrimas y sangre. No, no fue un siglo tranquilo en ninguna parte del planeta.

Las guerras civiles en España, la lucha por el poder, los pronunciamientos y levantamientos, los gobiernos cambiantes de los *espadones* como Leopoldo O'Donnell y Ramón María Narváez, el abandono a la especulación económica de unos pocos prebostes y el ritmo más lento de entrada en la Industrialización naciente, la represión ejercida, por ejemplo, contra universitarios[25], convirtieron al pueblo en caldo de cultivo para protestas y revoluciones. Y una bien gorda se estaba cociendo a fuego lento. En el 67 muere el *liberal* O'Donnell y en el 68 el *moderado* Narváez, ambos fallecimientos decisivos en el devenir de los acontecimientos. Entre los militares de peso, que en aquellos momentos recordemos también eran determinantes como políticos (pues ocupaban directamente la jefatura del Gobierno, además de ministerios), quedan destacados el generalísimo Espartero (que había sido incluso regente del reino), el general Serrano (que también lo será... e incluso algo más), y el más ambicioso y carismático de todos: el general Juan Prim, férreo defensor de acabar con la dinastía de los Borbón, como si de un empeño personal se tratara. Suya es la frase del famoso discurso pronunciado en las Cortes de «los tres

---

25 Fue tristemente célebre la llamada «Noche de San Daniel», también conocida como la del «Matadero», donde la Guardia Civil y el Ejército cargó contra los estudiantes de la Universidad Central de Madrid, en protesta por el tema de la destitución de Emilio Castelar de su cátedra, tras unos artículos nada favorables a la reina. Se saldó con 14 muertos y 193 heridos. Muchos fueron meros transeúntes que se toparon con las cargas de caballería efectuadas.

jamases», donde con oratoria tonante exclamaría ante el Pleno: «*No debe aplicarse la palabra jamás, pero es tal la convicción que tengo de que la dinastía de los Borbones se ha hecho imposible para España, que no vacilo en decir que no volverá ¡jamás, jamás, jamás!*». Al menos mientras él vivió así fue. Sería asesinado a menos de un año de este alocución, dejando a su protegido, el nuevo rey Amadeo de Saboya, sin su mayor valedor.

La frase, por tanto, sería pronunciada una vez fue efectivo el derrocamiento de la reina Isabel por la llamada *Revolución Gloriosa* del 68. Una vez fallecido el mayor defensor de la reina, el general Narváez, Prim lograría unir las diferentes facciones de progresistas, demócratas y liberales, en lo que se denominaría «*la gran conciliación liberal*»[26]. ¡Un megaconsenso, por así decir! El descontento popular como consecuencia de las políticas represoras llevadas a cabo por el difunto general, convertirían lo que parecía sólo otro tipo de alzamiento militar o político, en un clamor que emanaría también del pueblo. Pueblo, convenientemente movido a ello (por supuesto) en los clubes y asociaciones, tras mítines, pasquines y periódicos donde se ponía como no digan dueñas a la reina (cuyas artes casquivanas, según las maledicencias, harían de don Juan Carlos poco menos que un modoso monje franciscano), y tras varias tentativas de lo que ya no era ningún intento de cambio de gobierno, sino una transformación de régimen en toda regla. Cuando menos, de dinastía. Ya se vería en qué acabaría la cosa. Este periodo que comenzará en 1868 sería llamado *el Sexenio Democrático*.

---

26 Galindo Herrero, Santiago. *La Primera República*, Temas españoles, N.º 134, Madrid, 1954.

Que democrático sería, pero es muy posible que fueran los años más agitados de este XIX, que ya constataremos que lo es más que montarse en un coche de choques sin dirección en una verbena de las de siempre.

Siendo francos, la fase previa no le fue a la zaga. Para conseguir ese cambio hizo falta una conspiración donde hubo que unir a todo aquel que lo quisiera. Fuera del tipo que fuera. Prim ya había intentado una asonada en 1866, y sonada fue la sublevación de los artilleros del Cuartel de San Gil de Madrid, con los sargentos a la cabeza, que conducirá a tres regimientos hasta el corazón de la capital, llevando treinta piezas de artillería, montando barricadas, promoviendo a la insurrección a otros regimientos, junto con milicianos armados previamente avisados que se adhirieron. La sublevación fracasó. El general O'Donnell tuvo que aplicar el reglamento militar y fusilar a 66 de los facciosos. La reina, fuera de sí, llegaría a pedir un escarmiento salvaje: que fueran pasados por las armas todos los detenidos. ¡Casi mil personas! El general, también jefe del gobierno a la sazón, se negaría: *«¿Pues no ve esa señora que, si se fusila a todos los soldados cogidos, va a derramarse tanta sangre que llegará hasta su alcoba y se ahogará en ella?»*[27]. La reina sustituirá a O'Donnell por el más enérgico Narváez. No sabe lo que está haciendo. Los mimbres para el derrocamiento eran auténticos cestos ya elaborados. Poco faltaba para ello. ¡Desde luego la reina se lo estaba ganando a pulso!

---

27 Fontana, Josep. *La época del liberalismo*. Vol. 6 de la Historia de España, dirigida por Josep Fontana y Ramón Villares. Crítica/Marcial Pons, Barcelona, 2007.

Sería un enemigo directo de Isabel quien iba a dar el espaldarazo que toda buena revolución necesita: ¡financiación! El duque de Montpensier, su cuñado, que ambicionaba llegar al trono, iba a sufragar los costes para que los que habían sido apartados o desterrados a Canarias, como el general Serrano, pudieran llegar a la península. Por cierto, que lo de mandar generales a Canarias para evitar golpes de Estado, está claro que no termina de ser buena idea... Pero no nos vayamos a otros tiempos aún por venir. Los Comités revolucionarios se habían formado con políticos de todo tipo (como Práxedes Mateo Sagasta). La Marina y el Ejército estaban avisados para adherirse a lo que iba a ocurrir... mientras que la reina marchaba al Norte de veraneo, a tomar las aguas en Lequeitio. Con un par la buena señora. Un ojo clínico (político más bien) como para fundar ya la ONCE. El almirante Topete, jefe de la flota anclada en Cádiz, sería la clave para el éxito del alzamiento. Prim, como jefe interino del mismo (pues la responsabilidad iba a recaer en Serrano), acuciaría el pronunciamiento con el lema de «¡*Viva la soberanía nacional!*». Topete, que era más monárquico que los reyes de la baraja, sopesó todo el tiempo su apoyo para que, derrocamiento vale, pero sólo si fuera para poner en el trono a su admirado duque de Montpensier, que se las veía cada vez con más posibilidades de alcanzar su anhelo.

Se producen arengas que dejan bien claro que todo está cambiando de manera irresoluble. La más célebre la que concluía con un grito que acabaría convirtiéndose en el lema de aquel movimiento: «¡Viva España con honra!»[28].

---

28   Cádiz, 19 de septiembre de 1868. Siendo firmada por el almirante Tope-

La Junta Revolucionaria de Madrid proclama que «*La dinastía de los Borbones ha concluido. El fanatismo y la licencia fueron el signo de su vida privada. La ingratitud y la crueldad han sido el premio otorgado a los que en 1808 defendieron la Nación y el Trono y a los que en 1833 salvaron a la hija de Fernando VII. Sufra la ley de la expiación, y el pueblo, que tan generoso fue con el padre y con la hija, recobra hoy su soberanía, que no puede ser patrimonio de ninguna familia ni persona, como proclamaron las inmortales Cortes de 1812*»[29]. En Sevilla el edicto concluye con un «¡Viva la libertad! ¡Abajo la dinastía! ¡Viva la soberanía nacional!». La conclusión expresada de manera manifiesta no era otra que la incapacidad de todos (sic) los Borbones para ocupar el trono español. A la reina sólo le quedó el último cartucho de una batalla sin gloria como fue la del Puente de Alcolea, donde la derrota isabelina fue obtenida sin gran esfuerzo.

Por la frontera de Hendaya saldría aquella reina de tan tristes destinos, que fuera tan grande esperanza, y que acabó exiliada por culpa de su soberbia. Ignorante de sus propios actos. Pues es inexplicable, si no, el que su postrer comentario fuera «*Creí tener mayores raíces en España*». Se ve que ignoraba también de jardinería, pues por muchas raíces que tenga una planta, hay que saber regarla para que no se seque, o se pudra. ¡Qué hartazgo no produjo para provocar esta reacción antiborbónica! Pues hete aquí una de las curiosidades. Lo que se pretendía consolidar, desde luego, era la soberanía nacional. ¡Pero

---

te, y por los generales Serrano y Prim, entre otros muchos.

29   Manifiesto de la Junta Provincial de Gobierno de Madrid, 29 de septiembre de 1868.

40

no era un clamor el instaurar un régimen republicano! De hecho, las Cortes trabajaban en un proyecto constitucional con novedades. Pero quedó meridianamente claro que el Gobierno Provisional, como así se le denominó, todavía estaba dentro de una forma monárquica. Asumiría la regencia de ese reino sin rey el general Serrano[30].

Leopoldo O'Donnell y Jorís (Museo del Ejército, Toledo).

Los republicanos que habían apoyado esta revuelta se mostraron, no ya disconformes. ¡Se sintieron literal-

---

30 Definitivamente tenemos que hacer algo con esa manía de ser un reino, pero con un general mandando en lugar del rey en espera del rey. Y Ustedes ya saben a quién me refiero.

mente estafados! Vamos, ¿que nos hemos dado la del pulpo y hemos podido acabar pasados por las armas para que esto siga siendo un reino? ¡*Amosnomejodas!* Pues esto no se queda así. Y no se quedó. Levantamientos e insurrecciones de tipo republicano comienzan a producirse en este (recordemos) *Sexenio Democrático*. Tal vez la de mayor relevancia fue la que se produjera en Valencia en octubre de 1869. En ese momento presidía el gobierno Prim, y estaba de ministro del Interior Sagasta. El cuál había tomado, entre otras también polémicas, la decisión de disolver la milicia ciudadana, que ya vimos que no siempre era controlable. Habida cuenta del malestar social; de los altos impuestos establecidos; de los problemas económicos que aún se sufrían, como los devenidos por la pérdida de la cosecha del arroz del 64 y la posterior crisis que produjo... al final cualquier excusa podía ser esgrimida, cualquiera convertirse en una mecha posible, cualquiera otra en un detonador viable, convirtiéndose en causa de lo que ocurrió.

Y lo que ocurrió fue que «*durante nueve días de furia y de violencia, la capital vivió un episodio de enfrentamientos armados con escenas de guerra abierta, con cargas a la bayoneta, despliegue militar y bombardeo de artillería, combinada con episodios de guerrilla urbana, como la ocupación de fincas y de edificios, las barricadas o las emboscadas, hechos que dieron lugar a decenas de muertos y cientos de heridos. Millares de hombres y mujeres, denominados Voluntarios de la Libertad encuadrados en la milicia ciudadana republicana y federal, se enfrentaran a tropas del ejército español y a la Guardia Civil*»[31]. Si en

---

31   Apud Josep Vicent Boira, «República y Federalismo. 150 aniversario de

su momento fue famoso el bombardeo de Barcelona en 1842 por parte del regente Espartero[32], el que tuvo que ordenar Prim sobre Valencia para mantener el orden le superó con creces sin tanta fama, provocando al menos cincuenta veces más víctimas mortales.

Desfile militar ante el Congreso de los Diputados con motivo del triunfo de la Gloriosa (Museo del Romanticismo de Madrid).

Los carlistas del entonces pretendiente Carlos, nieto de Carlos María Isidro, tampoco estaban contentos tras la promulgación de la Constitución de 1869, protagonizando un par de alzamientos a ver si, ya que se era un reino, el rey

---

la rebelión de 1869 en València», Museo de Historia de Valencia.

32   Como consecuencia de la insurrección habida en Barcelona precisamente contra las políticas librecambistas de don Baldomero Espartero, regente en aquel momento.

era el Pretendiente. O eso es lo que *pretendieron*, valga el juego de palabras, infructuosamente. Tanto con el de 1869 (con la excusa del asunto la libertad de cultos establecida en la nueva Constitución), como con el de 1870 (aprovechando el estallido de la guerra franco-prusiana). El presidente del Consejo y general, Juan Prim, andaba teniendo que sofocar fuegos en todos los frentes posibles, tanto el republicano como el monárquico. Pero una cosa era cierta: Era absurda la situación y urgía la búsqueda de un rey.

Los candidatos fueron de lo más variado, siendo la propuesta más curiosa la de ofrecer el trono, e instalar en él, a una nueva dinastía, al que fuera ya regente, y profusamente citado por aquí: el general Baldomero Espartero. Aquel ganador de la Primera Guerra Carlista había sido tratado y siempre visto como un héroe (bueno, ya, con lo de Barcelona por esos lares algo menos... aparentemente)[33], y contaba ya con unos cuántos títulos nobiliarios ganados por él, no heredados por sangre, antepasados o matrimonios. Así vemos que era nada menos que duque de la Victoria, duque de Morella, conde de Luchana y vizconde de Banderas. Que la cosa no quedará en todo esto, llegando a tener el título de príncipe de Vergara. Cierto es que se quedó a poco de ser rey, pues otro tratamiento superior más, y la corona habría sido sobradamente suya. En la votación de las Constituyentes conseguiría ocho votos de los que le

---

33 Es curioso que se ha quedado en el imaginario catalán, y no necesariamente catalanista o *indepe*, como pude comprobar cuando vivía en la Ciudad Condal, la frase que sirve tanto al victimismo en el que se suele caer por aquella parte del Ebro. *«Por el bien de España hay que bombardear Barcelona cada cincuenta años».* Una frase que jamás pronunciara Espartero, pero que se ha quedado como cierta sin serlo. Y tenida como dogma para el independentismo torticero catalanista.

seguían teniendo como candidato válido. En cualquiera de los casos, don Baldomero rechazó, con buen seso, tal iniciativa desde el principio.

Otras casas reales seguían de cerca los acontecimientos, bien para proponer, bien para dar su veto, pues era evidente su deseo de influir a la hora de apoyar un nuevo monarca en ese trono de España, que no sería lo que fue, pero que seguía teniendo su importancia pese a todo. El duque de Montpensier, Antonio de Orleans, quedaría descartado, encontrando que de nada le sirvió su apoyo al alzamiento. Si bien no cejaría en su empeño aunque fuera de manera indirecta, como cuando tras la restauración borbónica intentaría casar a una de sus hijas con Alfonso XII. Fernando de Coburgo, viudo de la reina María Gloria de Portugal y por razón de este matrimonio, Fernando II de Portugal, fue otro candidato al trono, que contaba con la ventaja aparente de que venía en el momento de la propuesta, con amante ya tenida de manera oficial: la bailarina austríaca Fanny Essler. Cosa que dicen que no gustó a una parte de los monárquicos, razón por lo que la cosa se quedaría en nada.

La verdad es que nada es como parece, y había mucha más tela que cortar que esa razón frívola. Prim había barajado el asunto de la posible unión ibérica, aunque sabía de la complicación de hacer una propuesta para que el entonces rey de Portugal, Luis I, hijo de este Fernando, fuera el monarca de ambas coronas. A la Francia de Napoleón III el asunto, fuera Luis o Fernando, no le hacía maldita la gracia. En cualquier caso, el apoyo tampoco era unánime dentro de España, y el propio candidato Fernando pedía tantas exigencias, ora por una cosa, ora por otra, que el resultado fue el abandono de la posibilidad de que ambas coronas se unieran finalmente. Con lo que, ¡qué gracia tenía el asunto de seguir con este candidato! Una caricatura donde saldrían Prim y el mariscal portugués Saldanha preparando lo que parecía ser la «República Ibérica Unitaria Conservadora», con un Prim como hombre de fuerte de la misma, no ayudó a potenciar esa idea que, ¡quién sabe!, hubiera traído una unión peninsular siglos después de la unión con Felipe II, en forma de república.

Otros dos candidatos cogían fuerza. Por un lado Leopoldo de Hohenzollern-Sigmaringen, candidato apoyado por alguien tan de peso como el canciller prusiano Otto von Bismarck, pero que evidentemente, nada del agrado era del emperador francés. De hecho, la retirada de su candidatura fue el detonante de la Guerra Franco-Prusiana de 1870. ¡La que estábamos liando, pollito! Aunque lo realmente divertido fue el remoquete con el que se conocería a don Leopoldo en España. Que el tema de las lenguas nunca fue nuestro fuerte, especialmente a los castellanos, no lo neguemos. De este modo, el impronunciable apellido de su casa real, y habida cuenta de su posición como candidato, llevarían a llamarle «*Leopoldo Olé-Olé si me eligen*» que, francamente, tiene bastante gracia.

El otro fue el tercer hijo del rey Víctor Manuel II de Italia: Amadeo, de la casa de Saboya, y duque de Aosta. Un joven bien plantado de 26 años, católico, y progresista, que ante su candidatura y propuesta, ya dejaba claro que el proceso para su investidura como rey iba a ser peculiar: «*Aceptaré la Corona si la voluntad de las Cortes me prueba que esa es la voluntad de la nación española*». El pobre no sabía dónde se metía, y cuán de voluble es dicha voluntad. Entre otras cosas porque este procedimiento no iba a gustar ni a tirios ni a troyanos. Los monárquicos, porque qué es esto de un rey elegido por el parlamento, ¡válgame Dios y la Patria! Los republicanos, pues eso, ¡que todo esto no se ha hecho para tirar una dinastía sino un régimen! La votación de las Cortes del 16 de noviembre de 1870, sobre 344 votos posibles, dio el resultado siguiente: Amadeo de Saboya, 191 votos; la república federal, 60 votos; la república unitaria, 2 votos; el (pesado) del duque de Montpensier, 27 votos. Hubo hasta dos votos por el hijo de la destronada Isabel, Alfonso. El resultado, fue arrollador.

El discurso que hiciera Prim, está claro que fue profético: «*La práctica, señores, que es el gran libro de enseñanza para la humanidad, me ha hecho conocer lo difícil que es hacer un rey. Indudablemente que es difícil hacer un rey; pero el señor Castelar [...] no ha tenido presente que mi contestación habrá de ser muy explícita: algo más difícil es hacer la República en un país donde no hay republicanos*»[34]. Volvemos al punto de partida del problema del republicanismo patrio, como vemos. El reinado de Amadeo no sería nada sencillo, y entre pucherazos electorales, el déficit de la Hacienda pública, las metidas de palos en las ruedas que seguían haciendo carlistas y republicanos... la cosa no terminaba de cuadrar. Por más que en un momento, el que fuera Presidente de las Cortes cuando juró el nuevo rey, y que ocuparía la presidencia del Gobierno, quisiera hacer valer una curiosa fórmula: España era una «*república con rey*». No cuajó.

---

34 Íbid., Galindo Herrero.

Amadeo I, rey de España (Museo del Prado, Madrid).

Los carlistas que se levantan de nuevo para comenzar lo que será la Tercera guerra civil del siglo[35]. Los federalistas republicanos alzándose en armas en Andalucía, Valencia, Aragón y Cataluña. De nuevo la insurrección de los artilleros, cuerpo que acabaría siendo disuelto. Y el Gobierno y las cámaras confrontadas una y otra vez. Al final, el rey, por mucho intento de una monarquía parlamentaria en la que nació, o de una república monárquica como la quisieron hacer pasar, el caso es que harto de todos solicitó la abdicación ante el Congreso y el Senado. Su discurso de abdicación dice mucho de esa España de 1873:

«Dos años ha que ciñó la corona de España, y la España vive en constante lucha, viviendo cada día más lejana la era de paz y de ventura que tan ardientemente anhelo. [...] Todos los que con la espada, con la pluma, con la palabra agravan y perpetúan los males de nación son españoles. Todos invocan el dulce nombre de la patria; todos pelean y se agitan por su bien y entre el fragor del combate, entre el confuso, atronador y contradictorio clamor de los partidos; entre tantas y tan opuestas manifestaciones de la opinión pública, es imposible atinar cuál es la verdadera, y más imposible todavía hallar el remedio para tamaños males».

Era el 11 de febrero. Era el momento. Un diputado exclamó: *«No saldremos de aquí sino muertos o con la República».* ¿Cómo pasar de un régimen de la Ley a la Ley?[36] ¿Deberían de hacerse las Cortes algún tipo

---

35   ¡O el número que sea, que no hay manera de ponerse de acuerdo y numerarlas entre las que hubo!
36   Referencia a la idea de don Torcuato Fernández-Miranda para conseguir pasar del régimen franquista a la monarquía parlamentaria democrática, con una legalidad sustentada en la que sería la Ley para la Reforma Políti-

de harakiri? ¿Disolverse? ¿Abrir otro proceso constituyente? Se propone que el Congreso y el Senado se constituyan en Asamblea Nacional, y ésta asuma todo los poderes del Estado. Ya habrá tiempo de cambiar y adecuar la Constitución. ¡Es el momento de proclamar la república! No todo el mundo ve aquello muy legal. El presidente Ruiz Zorrilla protesta: «*Protesto y protestaré, aunque me quede solo, contra aquellos diputados que habiendo venido al Congreso como monárquicos constitucionales se creen autorizados a tomar una determinación que de la noche a la mañana pueda hacer pasar a la nación de monárquica a republicana*». Hay votación. El resultado es apabullante: 319 votos a favor. Hay que formar gobierno. ¿Se mantiene el actual, el último de la *monarquía democrática* de Amadeo? No hay acuerdo. Hay que nombrar uno nuevo sí o sí.

Se llega al final a un compromiso que tiene un curioso hecho absolutamente casual. Van a formar parte de este gabinete los considerados cuatro presidentes canónicos de la que será, la Primera República. Y decimos canónicos porque, como veremos en su momento, no fueron cuatro los presidentes que tuvo este periodo de la Historia española, sino cinco. ¡Y que tampoco lo fueron de la República! Pero ya llegaremos a eso. El primero en ostentar la presidencia va a ser el barcelonés Estanislao Figueras. El que será el segundo (y que no imagina que lo será dentro de tan poco), ocuparía el ministerio de la Gobernación: el también barcelonés Francisco Pi y Margall. El tercero acabará siendo el que ahora se hace

---

,   ca de 1976, logrando que en vez de ruptura, con lo que eso podía suponer, fuera una reforma pacífica, base de lo que se conoció como Transición.

responsable de la cartera de Gracia y Justicia, el almeriense Nicolás Salmerón. Y el cuarto en sucederse en su momento en la presidencia, tendrá entonces la responsabilidad del ministerio de Estado: el madrileño Emilio Castelar.

Madrid, proclamación de la república por la
Asamblea nacional, de Pellicer.

Será precisamente Castelar quien, ante el inmediato reconocimiento del nuevo régimen por parte de los pujantes Estados Unidos, hará una declaración que hoy nos parecería especialmente chocante: «*Este acto, señores representantes, es un acto verdaderamente religioso. Y debemos elevar nuestros ánimos y nuestro corazón al cielo, para pedirle al Dios de Colón y de Washington, que bendiga nuestra obra*».

¡Pongámonos, pues, a la obra!

EN LA ESQUINA DEL BULEVAR

CUANDO PASEAS ENTRE FANTASMAS DE LA HISTORIA POR LAS CALLES

> «Ah, per Bacco, io non capisco niente.
> Siamo una gabbia di pazzi»
> («No entiendo nada. Esto es una jaula de locos»).
>
> AMADEO I

Qué pensamientos iniciales tendría el nuevo rey Amadeo de Saboya cuando llegó a España, creo que es imposible saberlo a ciencia cierta. Lo que sí que sabemos es que, con cada día que pasaba en el trono, todas sus buenas intenciones se iban desvaneciendo hasta que decidió que no merecía la pena mantenerse en un sitial que en tiempos había llegado a provocar la que podemos considerar la primera guerra mundial de la Historia, es decir, la Guerra de Sucesión española de 1701. Pero España en ese 1873 necesitaba mucho más que un buen rey. Necesitaba de hombres y mujeres excepcionales. Y como mujeres no hubo (o eso tendremos que ver), es bueno saber qué tipo de prohombres de la patria (y matria, no nos olvidemos[37]), fueron protagonistas durante este periodo. Un periodo tan convulso como importante. Y que marcará, si no el devenir de los tiempos, sin duda el nomenclátor de las calles de pueblos y ciudades de España.

Me permitirán que me ponga algo *madrileñista*, por así decir, no con intenciones imperiales, de soberbia o chulería netamente madrileña. Sino por tema práctico. Y que use como ejemplo a la Villa y Corte por ser, precisamente, la capital de España. Este tópico *rompeolas* donde nadie es forastero, y cualquiera puede ser, y es, de Madrid. Como lugar común de todos. Y en cualquier caso, que nos servirá como comparador *callejeril* con relación a la correspondiente ciudad donde cada uno viva. Y que nos permitirá ver qué tratamiento (permítaseme este juego sociológicamente inútil) e importancia se le ha dado a cada protagonista. Pues en Madrid, les comento y señalo a los de fuera de la capital, un primer indicador es si la calle se encuentra dentro o fuera de la M-30, con la excepción hacia el sur de los Carabancheles, apéndice natural del casticismo madrileño. Vamos con un ejemplo. Don Amadeo, citado como inevitable prólogo del tema que nos ocupa, no es que no tenga sitio entre el lugar de enterramiento por excelencia de la Monarquía española, como es la cripta del Real Sitio sanlorentino. ¡Es que ni siquiera está enterrado en España! Y el paso por la Historia del llamado «rey caballero», sólo le ha permitido contar con una calle, y pequeñita, entre Moratalaz y

---

37   Y para que vean que tal cosa no es cosa a tomarse a coña, les recomiendo la lectura de «Matria» dentro de *Siempre estuvieron ELLAS*. Santamarta del Pozo, Javier. EDAF. Madrid. 2018.

Vallecas. Que siendo barrios muy respetables, no están precisamente dentro de la almendra central capitalina.

Abramos el callejero, aprovechemos el paseo madrileño (y el extrapolable a sus ciudades), y veamos mediante sus placas, quiénes fueron los más reconocibles, excepción, ya les indico, de los presidentes de la República, que de esos ya hablaremos aparte como corresponde a la importancia de sus respectivos papeles en este drama. Como curiosidad callejera les quito las relacionadas sobre las de Figueras, Pi y Margall, Salmerón y Castelar. La del primer presidente, ha tenido tanta suerte como en su periodo presidencial, y sí que se encuentra dentro de esos *limes* al interior del río Manzanares, no muy lejos de la Estación del Norte, aunque en una calleja corta, pequeña y de paso, perfectamente olvidable. La de Pi y Margall es toda una señora avenida, y de las grandes… pero en Sanchinarro, un barrio de nueva creación en el siglo XXI que está, ojo al dato, a 20 kilómetros de la Puerta del Sol. La de don Nicolás está cerca del final del cementerio de la Almudena y más cerca aún de la R-3 para ir a Valencia, que de Madrid Central. Y mira, con Castelar hemos tenido suerte. Porque hace doblete. Por un lado, una pequeña calle no muy lejos de la plaza de toros de las Ventas. Pero, por otra, una señora glorieta en el recorrido de la Castellana, con una requeteseñora estatua de las que son como para que pase desapercibida. ¿Qué tendría este político para merecer esta diferencia de trato? Algo parecido lo vamos a encontrar con la dedicada al general Serrano, cuya calle que abre las principales del barrio de Salamanca de Madrid, es una de las avenidas más distinguidas de la capital

Veamos otras calles y plazas, y sepamos del porqué se adjudicaron a unos y a otros.

Baldomero Espartero, príncipe de Vergara
(Congreso de los Diputados, Madrid).

Príncipe de Vergara. Es curioso que, en Madrid, las cuatro principales calles del famoso barrio de Salamanca, llamado así por el político y financiero malagueño José Salamanca y Mayor, Marqués de Salamanca (que cuenta con estatua propia en el mismo, en una plaza homónima, siendo senador durante el periodo republicano), dos sean dedicadas a los pintores más importantes de la Historia de España, y desde luego de la universal: Velázquez y Goya. Y las otras dos, lo estén a los dos militares y políticos más relevantes del siglo xix, a mi entender: al ya citado

Serrano, y a don Baldomero Espartero. Curiosamente, la de Espartero no la tiene «a su nombre», por así decir, sino al último título aristocrático que se le concediera, otorgado por el rey Amadeo. La verdad es que la figura de Espartero es de las que, como antes se decía, es de novela; y como se dice ahora, de serie de televisión en plataforma de pago. Un hombre que llegó a serlo todo, y que incluso pudo ser más aún: rey de España. Y que no quiso serlo. Un militar que alcanzaría el mayor empleo posible, el de Capitán General de los Ejércitos. Y un político que ejercería de Jefe de Estado provisional, en nombre de la legítima reina Isabel II. Más arriba, insisto, imposible.

Espartero es un personaje por reivindicar, con sus luces y sus sombras, ¡quién no las tiene!, en el presente. Durante su tiempo su popularidad fue tal, que se dice que el título principesco se lo ganaría a raíz de la visita que el mismísimo rey le hiciera en su residencia, en aquel momento en Logroño, para conseguir de algún modo el espaldarazo de don Baldomero, y así afianzar la legitimidad de su implantación en el trono. Espartero era un monárquico convencido, pero sobre todo era eso que hoy llamaríamos, un hombre de Estado. Como curiosidad, el título de príncipe no es habitual en España. Fuera de los que corresponden al heredero de la Corona, como son los principados de Asturias, Gerona y Viana. De hecho, sólo se han concedido dos a dos militares metidos en política, y que llegaron a lo más alto. Eso sí, con diferente suerte. El primero, como Príncipe de la Paz, otorgado a Manuel Godoy por Carlos IV en 1795, y que moriría con él. Y éste de Vergara, que conmemora el conocido como «Abrazo de Vergara».

El achuchón mencionado es el que se dieron el propio

Espartero con un militar contrario, Rafael Maroto. El contexto: la Primera Guerra Carlista. El lugar, las campas de una localidad guipuzcoana con tal nombre. La fecha, el 31 de agosto de 1839. La razón, la firma del convenio que ponía fin a dicha contienda en el frente Norte. Un momento curioso de nuestra Historia, ya que las negociaciones entre los representantes del bando isabelino, y los del carlista, acabaría con los bandos contendientes en un acto visualmente sin vencedores ni vencidos. Aunque la victoria se había decantado del bando liberal, intentándose la integración del bando carlista. El propio Maroto escribiría que «*Pusieron luego sus armas en pabellones, se mezclaron libre y alegremente las tropas y quedó sellada la paz con el mayor contento y armonía... ¡Soldados nunca humillados ni vencidos, depusieron sus temibles armas ante las aras de la patria; cual tributo de paz olvidaron sus rencores y el abrazo de fraternidad sublimó tan heroica acción... tan español proceder!*»[38]. «Español proceder» es el que no todos acabarán estando de acuerdo, y para muchos de los carlistas este acto será conocido como «la traición de Vergara».

Pero la personalidad de Baldomero Espartero va mucho más allá de este crucial episodio. Nacido en una pequeña localidad, Granátula de Calatrava, bachiller en Artes y Filosofía en Almagro, su vida destinada tal vez a acabar como cura o maestro rural, cambiaría con el estallido de la Guerra de 1808. Tenía 15 años cuando se alistó, y viviría batallas como la de Ocaña, o presenciaría en Cádiz la proclamación de La Pepa, la liberal

38   Calvo Poyato, José. *Momentos estelares de la Historia de España*. B de Books, Barcelona, 2017.

Constitución de 1812, que ¡cómo no le iba a marcar! Pasada la guerra, y con el empleo de teniente, marcha a América para luchar contra las rebeliones de aquellos territorios hispanos que se querían *secesionar*. Perú, Venezuela... Campaña tras campaña fue ascendiendo: coronel, brigadier... Estuvo a punto de ser fusilado tras ser apresado por Simón Bolívar (aún me negarán que todo esto no es de pedazo de serie de las gordas, ¿eh?).

Llegará a capitán general durante la citada Guerra Carlista. Adalid del liberalismo progresista[39], acaba presidiendo el Consejo de Ministros, y será el ejemplo de otros militares para acercarse a la política. ¡Lo que no le iba a traer más que disgustos! Que ya se sabe que la peor cuña es la de la misma madera. Será regente tras la renuncia de la reina madre María Cristina, pero su paso por la política fue más complicado que en la milicia. ¡Y mira que vivió cosas como soldado! Escribiría el siempre agudo conde de Romanones sobre él que «*en su larga experiencia de la guerra, había adquirido cabal conocimiento de los valores militares; pero al llegar al campo de la política su ignorancia acerca de los hombres civiles era completa*»[40]. Conocido también como el «Washington de España», que no deja de tener su aquel, una frase suya resume como ninguna otra el pensamiento de esta figura tan interesante: «*Cúmplase la voluntad nacional*»[41]. Ese fue su lema. Para lo bueno y lo malo. Los gobiernos de la Primera República no le

---

39   Apud. Luis Palacios Bañuelos, *Diccionario Biográfico*. Real Academia de la Historia.

40   Romanones, Álvaro de Figueroa y Torres. *Espartero o El general del pueblo*. Revista Literaria «Novelas y cuentos». Madrid. 1954.

41   Ibid. Palacios.

quitarían, en aras del gran respeto que imponía y se había ganado, su título de Príncipe de Vergara.

Por cierto, si tienen dudas sobre los famosos tegumentos del equino que montara Espartero, parece ser que la expresión viene por la estatua que se erigió en su honor. Dos idénticas se pueden admirar: la de Madrid, al inicio de la calle aquí nombrada, y otra en El Espolón de Logroño. Idénticas... aunque en la de Madrid va destocado, y en la de Logroño lleva el bicornio puesto. Siendo la misma y el mismo autor el responsable. En cuanto a los cacareados testículos, no son los más grandes de las estatuas equinas, pues la de Carlos III que se encuentra en la Puerta del Sol son tres centímetros más grandes. Aunque a saber dio pie a tal expresión. Si porque logró salvarse de quienes quisieron tirarla (¡y lo intentaron!) en la fiebre iconoclasta de 1931 tras la proclamación de la Segunda República, o porque como dice otro dicho que lo complementa, resulta que el caballo... era yegua. ¡Manda huevos!

Manuel Becerra. Les voy a ser francos. Todo este capítulo me vino inspirado por la curiosidad de saber el porqué del nombre de la estación de metro por la que estuve entrando y saliendo tantos años cerca de la casa de mis señores padres. Nombre que no entendía ya que la plaza en la que estaba tal parada metropolitana, tenía entonces el nombre de Plaza de Roma. Aunque original y previamente a todos tuvo el popular «de la alegría», ya que era donde los cortejos fúnebres acababan en Madrid, siendo en ese sitio donde los familiares se despedían del finado, que seguiría camino pasando por la Ventas del Espíritu Santo, hasta la sacramental de la Almudena. ¡Ya tiene guasa también el pueblo de Madrid! El corresponsal del ABC en Roma, enamorado de su destino y de la cultura clásica, propuso el homenaje a esa Roma clásica, y así acabaría siendo nominada durante un tiempo desde el año 1961. Por cierto, que es el periodista que se interpreta a sí mismo en la película *Vacaciones en Roma*, con Audrey Hepburn, dándole precisamente a ella sus credenciales diciendo: «Cortés-Cavanillas, de ABC, de Madrid».

Manuel Becerra y Bermúdez (Museo del Prado).

El caso es que convivieron durante un tiempo la nueva nominación romana con la previa de Manuel Becerra que daba nombre a la estación de metro. Pero este señor ¿quién fue para que se mereciera estar ya en boca de todos, pues no hay nada que te pueda dar más fama que tener tu nombre enmarcado por el rombo rojo del suburbano? Pues don Manuel era un matemático, que parece que este siglo es todo cosa de espadones y *militarotes*, y no. Y pese a los aparentes tópicos sobre la imagen que tenemos de la preparación o el bagaje académico tradicional de un político, este enamorado de las Ciencias tenía una capacidad para el aprendizaje y unas ganas por el saber, que hoy en día nos sorprendería, habida cuenta de cómo está el nivel en nuestras actuales Cortes. Estudiaría Comercio, Historia, Filosofía, Derecho, Astronomía y Física. Y sobre la física, me van a tener que perdonar el chiste fácil, pero sería en lo físico también en lo que tendría gran éxito.

A don Manuel Becerra, consumado gimnasta y tirador de sable y florete, le debemos ser el padre de la gimnástica oficial española. ¡Qué cosas! Aunque su querencia por la política haría de él una persona con la misma dedicación que a su búsqueda del saber. Era, si me permiten la analogía para entendernos hoy en día, una persona más bien de izquierdas. Y algo revolucionario. Sí, era también masón. ¡Pero en esos tiempos no tengo claro si era una enfermedad o una moda! Porque con tantos que había, lo raro será encontrar un personaje de esta época que no lo fuera o tuviera relación. Pero no nos metamos en estos jardines. Anduvo de revuelta en revuelta, siendo detenido varias veces, encarcelado y hasta desterrado. Originario de un municipio de Lugo, por esa provincia sería finalmente elegido diputado en 1869, habiendo sido previamente concejal por Madrid. Él no podía perderse el ser uno de los protagonistas de la Revolución del 68, ni de lo que iba a venir.

Conseguirá ser nombrado ministro con Serrano,

lo volverá a ser con Amadeo, y (ya, lo han adivinado), lo será también cuando se proclame la República. Lo que se llama todo un animal político. Su cartera será la de Fomento. Tan es así, que cuando se reinstaura la monarquía en la figura de Alfonso XII será, por tres veces nada menos, de nuevo ministro. ¡Que le había gustado el cargo, vaya! Su reconocimiento fue muy temprano (aunque ahora no sepamos más que es donde hay que hacer transbordo de la Línea 2 a la Circular), y a sólo diez años de su muerte, es cuando se le haría el homenaje nominando la plaza que hoy sigue recordando este interesante político patrio. Curiosamente, como señala el historiador Fernando Soldevilla, *«fue ministro cinco veces, y murió en la más absoluta pobreza»*[42].

Prim. La personalidad del reusense Juan Prim y Prats es de la que provoca, tanto admiración como rechazo. Como lo fue en su agitada vida. Es de los que necesita un buen libro (¡o más!) para conocerle. Héroe de la guerra de África, se ganó su título como marqués de los Castillejos tras la famosa carga y arenga en la batalla de 1859, en la que se lanzó contra el enemigo rifeño enarbolando la bandera para que le siguieran sus soldados de la compañía de voluntarios catalanes. Participó en las guerras carlistas, saliendo de la primera como Teniente Coronel y el general asombro por su arrojo. Y comandó una célebre expedición a México, de donde se vino antes de tiempo contraviniendo las órdenes, viendo que aquello era una trampa en toda regla urdida por Francia.

---

42   Crf. Jorge Vilches García, *Diccionario Biográfico*. Real Academia de la Historia.

Persona interesada en la política, pese a haber sido de siempre más un hombre de armas que de estudios, acabaría teniendo una carrera de éxitos (no exentos de sufrir sonados contratiempos), que le llevaría a alcanzar la presidencia del Gobierno, y a tener el papel más preponderante cuando la Revolución del 68, convirtiéndose en el hombre más poderoso de España.

Juan Prim (Biblioteca Museu Víctor Balaguer, Vilanova i la Geltrú).

Sin embargo, jamás vería el advenimiento de la república, pese a ser el mayor impulsor del destronamiento de Isabel II, ya que sería asesinado saliendo del Congreso de los Diputados, en un atentado en la madrileña calle del Turco. De donde saldría vivo de primeras, pero que no sobreviviría a las heridas. ¡Para que te fíes del éxito! Conspiraciones adicionales sobre su muerte (pues hay quien dice que entre las protecciones que llevaba, y que era duro pero duro de matar, hubo que terminar la faena de manera más expeditiva aprovechando su convalecencia), la realidad es que finó, y con él parece ser que las garantías de éxito de la nueva dinastía de Saboya. Habida cuenta de lo inestable de la situación, y por muy masón que también fuera, seguramente la realidad republicana hubiera hecho acto de presencia más temprano que tarde, pese a que ya vimos que el propio Prim no veía esa solución por la ausencia de verdaderos republicanos en España: «*son mis amigos, pero viven de ilusiones. Son generales sin soldados*»[43].

Valga una anécdota curiosa sobre su participación en *La Gloriosa*, que tiene algo de rocambolesca. Cuando se organizó ésta que ya comentamos en el capítulo anterior, la revuelta había intentado ser parada desde el inicio mandando lo más lejos posibles a los conspiradores. Y si Serrano estaba en Canarias, Prim estaba nada menos que en Londres. Para intentar salir de extranjis, que nadie le pudiera reconocer y dar el queo (pues era un personaje conocido y reconocible, especialmente para los servicios de información), no se le ocurrió otra argucia que hacerse pasar por un mayordomo que trabajaba al servicio de los condes de Nils-Black[44]. Cuando embarcó, lo hizo acompañando a dos auténti-

43   Martí Gilabert, Francisco. *La Primera República española 1874-1874*. Ed. Rialp. Madrid. 2017.
44   Fernández-Rua, José Luis. *1873 La Primera República*. Tebas. Madrid. 1975.

cos *gentlemen* con pasaportes chilenos. Bajo la librea de sirviente nadie en Southampton reconoció de esa guisa a Prim. El destino, Gibraltar. Durante la travesía en el vapor *Delta* de la Mala Real Inglesa[45], no parecía conocer a los otros dos caballeros con los que había embarcado, atendiendo solícito durante los cinco días de travesía, las necesidades de los condes. Los dos caballeros andinos eran en realidad Práxedes Mateo Sagasta, y Manuel Ruiz Zorrilla. Y los tres llegarían a tiempo y con toda la fuerza posible, sin ser detectados, para encabezar el comienzo del fin de la monarquía. Y sin pretenderlo, el inicio de algo más.

Echegaray. Una calle en una zona castiza y populosa, cerca de la Plaza de Santa Ana, con azulejo y todo en donde aparece el retrato de don José de Echegaray y Eizaguirre, nos recuerda a este ingeniero de caminos… que fue Premio Nobel de Literatura. Lo que ya tiene su gracia, cuando otros literatos contemporáneos como don Benito Pérez Galdós se quedaron sin él, por culpa de la política. Política que sería también una realidad no tan recordada de este científico poeta. En la Escuela de Caminos donde terminó de instruirse, además de ciencia, también fluían pensamientos de tipo liberal, con la vista puesta en otros países europeos que estaban aprovechando el momento del cambio, tanto político como industrial, aparentemente mejor que España. Empezó a aprender lo que era la Economía Política,

---

45 Así se llamaba una naviera británica puntera entonces, compañía que se llamaba en realidad *Royal Mail Steam Packet Co.*, esto es, de vapores correos diríamos. Pero una extraña traducción fonética de «Royal Mail» llevaría a ser conocida en España como «Mala Real».

haciéndose un defensor del librecambismo[46], así como del pujante krausismo[47].

Jose de Echegaray y Eizaguirre (Diccionario Biográfico Español, Real Academia de la Historia).

El hombre seguía con sus charlas, sus clases y sus publicaciones sobre matemáticas, muy interesado en lo que pasaba en otros países, pero cuando tiene éxito *La Gloriosa*, su vida pública va a comenzar. Modestamente, con una Dirección General de Obras Públicas.

---

46   El libre cambio o librecambismo es un enfoque económico que defiende la eliminación de las trabas en el comercio entre países, siendo lo opuesto al proteccionismo.

47   El krausismo surge en Alemania como intento de abrir una vía intermedia entre las dos grandes líneas de pensamiento germánico: el Idealismo (espíritu, ideas, teoría) y el Materialismo (naturaleza, hechos, práctica). En España, los seguidores de Krause buscaron un medio de conciliar los conflictos que dividieron al país durante el siglo XIX como consecuencia del enfrentamiento entre tradición y modernidad mantenido en la España contemporánea. (Wikipedia)

Quedándose al margen del debate entre monárquicos y republicanos. Más centrado en lo que podía aportar para que el país funcionase. El Ministerio de Fomento del que dependía era el menos político y el más práctico, lo que le permitió llevar a cabo una carrera profesional al margen del problema de la lucha de banderías. Y su buenhacer le aupó a ser directamente el ministro del ramo en el último gobierno provisional previo al reinado de Amadeo. Acabaría sacando escaño de diputado en las Cortes de 1872, y también en las republicanas.

Fue abolicionista, con relación a la esclavitud negra aún existente en Puerto Rico, volviendo a ser ministro de Fomento y, posteriormente, de Hacienda, en el primer gobierno de la República. Al disolverse la Asamblea, al ser miembro de la Comisión Permanente creada, su colaboración activa para impedir la convocatoria de elecciones y el establecimiento, por tanto, de una mayoría republicana, hizo que tuviera que abandonar las Cortes protegido por Castelar, Salmerón y Estévanez, para escapar de una multitud enfurecida, viéndose obligado a partir durante varios meses al exilio[48]. Tras el golpe del general Pavía y el gobierno del general Serrano, en ese periodo casi olvidado de la República, volvería de nuevo a ser ministro de Hacienda. Su vida aún tendría muchos derroteros tras la restauración borbónica (¡hasta un Nobel de Literatura, ya saben!), falleciendo en Madrid en 1916 con la cabeza lúcida, habiendo luchado hasta el final por las ideas que creía justas, sin dejar nunca de lado su labor científica y matemática. ¡Todo un sujeto!

---

48   Javier Fornieles Alcaraz, *Diccionario Biográfico*. Real Academia de la Historia.

Cristino Martos. Este político granadino cuenta con una recoleta plazuela en Madrid, sobre la calle de la Princesa, a la que se puede acceder por una doble escalera que es parte de uno de tantos monumentos olvidados de la capital. Muchos madrileños habrán pasado junto a esas escalinatas con una fuente, sin saber que es en realidad un monumento erigido en honor del catalán Jaime Ferrán y Cluá que fue, nada menos, que inventor de una de las vacunas contra el cólera, además de alguna otra más contra el tifus y la tuberculosis. Si se acaban de enterar, no se preocupen, yo lo hice de casualidad no hace tanto mientras investigaba para un libro anterior. ¡Y la de veces que anduve camino de Argüelles desde la Plaza de España! Pero volviendo a nuestro protagonista, la plazuela homenaje a don Cristino sería así nominada sólo dos años más tarde de su muerte.

Sin embargo, este prohombre de este tan intenso como interesante periodo, es todo un gran desconocido hoy en día. Granadino, jurista y hombre de suerte, su primera intervención en política fue en *La Vicalvarada* o Revolución de 1854. Y la segunda, en el golpe de Estado de Prim de 1866, que le supuso, y por eso lo de ser hombre de suerte, una condena a muerte. Les hago espóiler. No le mataron. Se la conmutaron por destierro, desde donde volvería con *La Gloriosa* para empezar a hilar una serie de actas de diputado, y lograr cargos ministeriales en varios momentos diferentes. En uno de los ejecutivos de Prim y, en otros, con Amadeo. No era partidario de la república federal, que era en lo que permanentemente caía el régimen, pero sí lo era de una unitaria[49]. Tanto lo fue hasta el extremo de ser uno

---

49   Vilches García, Jorge, «Castelar y la república posible. El republicanismo del sexenio revolucionario, 1868-1874», Revista de estudios políti-

de los golpistas del 23 de abril de 1873 para intentar instaurarla. Tras el golpe de Pavía (éste ya saben que tuvo éxito), sería ministro de Gracia y Justicia. Su último cargo público lo desempeñaría como presidente del Congreso de los Diputados con Alfonso XII. Pues, con el tiempo, acabaría pasando del Partido Republicano Progresista, a apoyar la monarquía imperante. ¡Cosas de la edad!

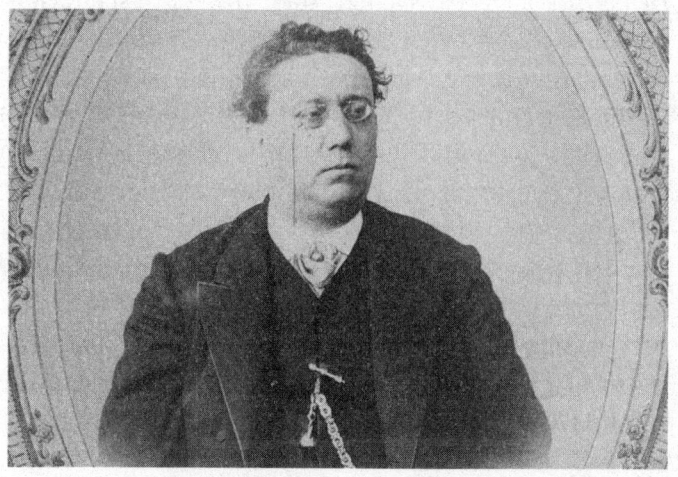

Cristino Martos y Balbi (Diccionario Biográfico
Español, Real Academia de la Historia).

Sagasta. Una calle bien popular en Madrid, en el barrio de Chamberí, pues es una de las llamadas por los madrileños de toda la vida como «los bulevares», aunque estos desaparecieran hace décadas. Calles que llevan de este a oeste, desde la Plaza de Colón hacia Argüelles. Es curioso que la

cos Núm. 99, Madrid, 1998.

calle dedicada a don Práxedes Mateo Sagasta acabe en una plaza consagrada a otro político decimonónico notable y reseñable, como fue Alonso Martínez. Nombrado ministro de Gracia y Justicia, precisamente por Sagasta para uno de sus gobiernos, siendo considerado el padre de nuestro Código Civil. Sin embargo, este político tan relevante era profundamente monárquico, por lo que desaparece por completo de la vida pública durante el *Sexenio Democrático*, reapareciendo sólo tras la restauración borbónica, en un alarde de coherencia que fue escaso, pues ya vemos que la mayoría estuvo vadeándose para seguir en las inmediaciones del poder de una u otra manera.

Sagasta fue uno de esos políticos en que, aunque su fama sería posterior al hecho republicano, tendría mucha influencia en varios episodios anteriores. Ingeniero de Caminos, como Echegaray, en esto coincidirían ambos en bagaje académico y en ideas políticas. Con todo, pasaría más a la Historia durante lo que se llamaría «el turnismo», que tendrá lugar durante el reinado de Alfonso XII y aún a la muerte del monarca. Esto es, la alternancia entre las dos corrientes políticas imperantes: la liberal progresista representada por él, y la más conservadora representada por Antonio Cánovas del Castillo. Tan fue así, que en el lecho de muerte de un rey que bien pudiera haber sido uno bueno si no hubiera fallecido de tuberculosis a la extremadamente temprana edad de 26 años, Alfonso (según se asegura en los mentideros) le diría a su mujer María Cristina de Habsburgo-Lorena: «*Cristinita, guárdate el coño, y ya sabes, de Cánovas a Sagasta y de Sagasta a Cánovas*». ¡Lo que es tener las cosas claras!

Praxedes Sagasta (Congreso de los Diputados, Madrid).

Para la época que nos importa, Sagasta ya vimos que acompañó a Prim de incognito como falso chileno, para ser uno de los instigadores principales de *La Gloriosa*. Como el de Reus, creía en ese concepto de «democracia coronada», pero cayó también en que, como poco, sin cambio de dinastía eso sería inviable[50]. Tras el derrocamiento de Isabel II, la alternancia sería entre «constitu-

50   Seco Serrano, Carlos, *Diccionario Biográfico*. Real Academia de la Historia.

cionalistas» (Sagasta) y «radicales» (Ruiz Zorrilla). Con un éxito tan perfectamente descriptible que ya vimos que no evitó la proclamación republicana. El caos de las primeras presidencias le fue por completo ajeno, volviendo a la palestra como Presidente del Gobierno tras el archicitado Golpe de Pavía, cuando se constituye la presidencia del Estado por parte de Serrano. No sabía que en su vida política le quedaría presidir un momento más complicado, como fue el de la Guerra de Cuba con Estados Unidos, y la pérdida definitiva de los últimos territorios de Ultramar. ¡Que Dios no te dé todo lo que puedes soportar!, como dice el refranero popular español.

Francisco Silvela. Si antes nos referimos a Manuel Becerra, las dos avenidas principales en esa zona madrileña son en realidad tres. Una que cruza la conocida plaza de oeste a este y mantiene su nombre: la celebérrima calle de Alcalá, y otra que va de sur a norte, con dos nombres de otros dos protagonistas de la época. La más al septentrión será la de Francisco Silvela. Una calle que se convierte en la segunda ronda de circunvalación intraurbana de la capital, y dedicada sin duda a otro animal político. Normal viniendo de la familia que venía. Su abuelo Manuel Silvela, fue un político tildado de afrancesado por haber sido alcalde de Madrid con José I Bonaparte, acabando en el exilio en Francia pese a que gracias a su intermediación se salvarían miles de vidas. Por cierto, curioso caso de nieto y abuelo que tienen calles en Madrid, pues la de don Manuel precisamente sale de la calle de Sagasta. El padre de Francisco, Francisco Agustín, llegaría a ser ministro con Isabel II, pero se quedaría sin rastro en el callejero.

Francisco Silvela (La Ilustración Española y Americana).

Normal, en todo caso, que los nietos e hijos siguieran carrera. Tanto Francisco, como sus dos hermanos,
Manuel y Luis. Manuel llegaría a ministro para no perder
las tradiciones familiares, y a ser senador vitalicio. Luis,
sólo sería diputado y senador (vitalicio también, eso
sí). ¿Y Francisco? Pues un *crack* para la familia, ya que
llegaría a ser presidente del Gobierno, habiendo ocupado,

para que no se diga, varias carteras ministeriales. Sin embargo hemos de decir que este importante personaje, que comenzara como diputado en el *Sexenio*, uniéndose a la facción de Castelar, no quiso (¿no supo?) ocupar cargo público relevante alguno, no ya con Amadeo, sino tampoco con la República. ¿Cuestión del afrancesamiento monárquico de la familia? Todo es posible...

Martínez Campos. Don Arsenio tiene todo un señor paseo en el castizo barrio de Chamberí, con el eufónico nombre y para que no haya dudas de quién es, de Paseo del General Martínez Campos. Acabando su calle, curiosamente, en la glorieta de Castelar, presidente que fuera como sabemos de la República, que este militar segoviano se encargaría de dar el remate definitivo. A veces el nomenclátor nos ofrece estas paradojas históricas. Este general, así mismo que don Emilio, también fue merecedor de una estatua. Y de las buenas. ¡Ecuestre! Hecha por el grandísimo escultor Mariano Benlliure, que gustará tanto su obra, que recibiría por este monumento la Gran Cruz del Mérito Militar. La estatua se encuentra en el Parque del Retiro, teniendo a sus espaldas el conjunto aún más monumental de Alfonso XII. No es por nada esta casualidad, ya verán. Su inauguración fue de las más célebres que se recuerdan: asistirían el propio rey Alfonso XIII, su mujer la reina Victoria Eugenia, la madre del rey y que fuera regente, María Cristina, así como el presidente del Gobierno Antonio Maura, el de las Cortes, José Canalejas, el alcalde, Eduardo Dato... ¡Y celebrado con todo un desfile de miles de militares incluido[51]!

---

51   Apud. Ignacio Bazarra, *Retiromanía*.

Arsenio Martinez Campos (Biblioteca del
Congreso de los Estados Unidos).

¿Por qué de tanto merecimiento se hizo acreedor?
Como militar acompañó a Prim en las Guerras de África,
así como en aquella frustrada expedición a México. Le tocó
como destino, tras la caída de Isabel II, marchar a Cuba
donde tuvo que luchar en la llamada Guerra de los Diez
Años, desde donde volvería con el empleo de brigadier, y
la admiración por su trabajo. Proclamada ya la República,
tuvo que luchar en la *Carlistada* correspondiente en

Cataluña, ya que era el gobernador militar de Gerona[52]. Y por sus merecimientos no fue extraño que el presidente Nicolás Salmerón le encomendara sofocar la revuelta de los cantones rebeldes de Almansa y Valencia. Como Capitán General de Cataluña también hubo de enfrentarse a la sublevación cantonal en Barcelona. Sin embargo, pese a ser «un buen *mandao*», era un firme partidario de la restauración de los Borbón, lo que hizo que el gobierno (aún republicano pese a que ya se había producido el Golpe de Pavía), quisiera desterrarle. No fuera a ser que ocurriera algo… Que ocurrió. Martínez Campos le hizo una finta al Gobierno haciendo creer que estaba de camino hacia Ávila, apareciendo en Sagunto. Donde un 29 de diciembre proclamaría a Alfonso, príncipe de Asturias e hijo de la destronada Isabel, como rey de España, en la conocida como *Saguntada*. La República acababa de manera definitiva. ¡Como para que no estuviera toda la familia real en la puesta de su monumento, anda no!

Ruiz Zorrilla. La presencia en los eventos decimonónicos de este político soriano, tal vez uno de los más conocidos, sí que está acorde a su importancia. Pese a esto, su presencia en el callejero de la capital tiene una curiosa historia, ya que tuvo una plaza bien situada, paralela a la Gran Vía, en pleno barrio de Chueca, pero su nombre fue cambiado y, con el tiempo, dicha plaza tiene hoy el nombre del concejal del PSOE, Pedro Zerolo. Una plaza que tendrá diversos nombres, y que la adjudicación a quién alcanzaría los más altos cargos del poder, le llegará durante el periodo

---

52   De Diego García, Emilio, *Diccionario Biográfico*. Real Academia de la Historia.

republicano. ¡El de la Segunda República, claro! De 1931 a 1939. Pasaría en el Franquismo la plaza a nominar al político carlista del periodo de la Restauración, Vázquez de Mella, que es quien fue sustituido por el político socialista del siglo XXI. Y don Manuel Ruiz Zorrilla, al final, que se ha quedado sin plaza, calle ni calleja en Madrid. Cosa que no ocurre en otras ciudades de España, como por ejemplo en Santander, Castellón, Salamanca…

DON MANUEL RUIZ ZORRILLA, PRESIDENTE DE LAS CÓRTES CONSTITUYENTES ESPAÑOLAS.

Manuel Ruiz Zorrilla, presidente de las Cortes constituyentes españolas (*La Ilustración de Madrid*).

Don Manuel será una figura de lo más interesante. Estuvo muchos años exiliado por razones políticas, pero pese a ello seguiría trabajando en pos de lo que creía. Nos dice de él un más que sentido admirador de su persona que «*Su historia, su emigración de tantos años, sus combates y esfuerzos titánicos por salvar y redimir a España, su tenacidad rayana en lo extraordinario, colócanlo al lado de los Washington, de los Mazzini, de los Gambetta, de los libertadores de los pueblos oprimidos y de los fundadores de las modernas democracias*»[53]. Se le ve al exégeta partidario. El caso es que el que será el primer ministro de la monarquía democrática de Amadeo I, habiendo sido ya ministro con Serrano, fue todo un activista, y un firme defensor de las contradicciones que le hacían ser visto como alguien más radical de lo que verdaderamente fue. Recordemos que fue el tercer curioso pasajero, junto con Prim y Sagasta, haciéndose pasar por viajero chileno viniendo desde Londres.

Si en algo hubiera que estarle siempre agradecido es porque fue el creador de las bibliotecas populares, para la «difusión del saber entre la mayoría», a través de los Ayuntamientos, poniendo a disposición de quien quisiera ejemplares depositados en corporaciones, instituciones o como resultado de donaciones. Idea que sería luego desarrollada por Echegaray. Y en que, siendo un hombre de posibles (que tenía monises, vaya), llegó a renunciar a la retribución como presidente de las Cortes. Él sería, estando en ese cargo, el que tomaría el juramento a Amadeo, como vimos con anterioridad.

---

53   P. Gómez Chaix, *Ruiz Zorrilla. Ciudadano ejemplar.* Escasa-Calpe. Madrid. 1934.

Cuando la República se proclamó quiso quedarse al margen, aunque tras el periodo de los cuatro presidentes canónicos, volvería a la vida pública con Serrano con la idea de salvar la República, y evitar la vuelta de los Borbón. Dos periodistas del periódico conservador *La Época* escribieron de él: «*Nunca ha sido republicano, pero se abrazaría a la bandera de la República, saliendo de su retraimiento personal en un momento supremo, para combatir igualmente contra el triunfo de don Carlos o la imposición violenta del príncipe Alfonso, porque no quedaba en defensa de la libertad y de las conquistas hechas por la Revolución de Septiembre más bandera que la de la República*»[54]. Sería inútil. Tras el pronunciamiento en Sagunto de Martínez Campos, de nuevo sólo le quedó la vía del exilio. Desde París se convertiría en un conspirador incesante para que volviera la República. Incluso promoviendo golpes. Había prometido no volver a España mientras que hubiera monarquía. Volvería, a regañadientes y aconsejado de sus médicos, ya enfermo, para morir triste y abatido por no lograr aquello por lo que tanto luchó, cayendo como vemos, en el olvido general.

Nicolás María Rivero. En esta ocasión también nos vamos a encontrar que Madrid no tiene una calle en honor de este político de la época. Llama este hecho la atención especialmente, ¡ya que don Nicolás María fue el primer alcalde elegido por sufragio de Madrid! No

---

54   Canal, Jordi. «Manuel Ruiz Zorrilla (1833-1895). De hombre de Estado a conspirador compulsivo». En Isabel Burdiel y Manuel Pérez Ledesma, ed. *Liberales, agitadores y conspiradores. Biografías heterodoxas del siglo* XIX. Espasa-Calpe. Madrid. 2000.

me digan que no tiene bemoles la cosa. Pero la tuvo. Y bien cerca del palacio de la Carrera de San Jerónimo. La tradicional calle de Cedaceros que llega hasta la de Alcalá, nada lejos de la Puerta del Sol, fue nominada en su honor de 1895 a 1943. Hasta que un *biempensante* del momento decidió revertir tal homenaje. ¿Merecería volver a tenerlo? Vamos a repasar sus momentos más estelares.

Nicolás María Rivero (Congreso de los Diputados, Madrid).

La vida de este posible expósito nacido en Morón (Sevilla), es sin duda la de un hombre que quiso salir adelante a base de esfuerzo, teniendo en cuenta sus humildes orígenes. Médico, jurista, periodista…, acabaría fundando el Partido Demócrata, un partido claramente republicano y, en muchos aspectos, radical. Como diputado por esta formación se convertiría de inmediato en uno de los mejores oradores de la Cámara. Un defensor acérrimo del sufragio universal o de la libertad de imprenta, entre otras facetas donde brillaría, tanto con la pluma en sus artículos, como desde la tribuna de oradores. A él se le deben algunos de los escritos revolucionarios de las proclamas de la del 68, por lo que no es extraño que ocupara la Vicepresidencia de la Junta Provisional de Gobierno tras *La Gloriosa*. No pudiendo entrar en el Gobierno de Serrano por falta de una posición acorde a su valía, fue entonces cuando accedería a la Plaza de la Villa como alcalde capitalino. Situación que refrendaría, después de su nombramiento, tras la primera elección con sufragio universal para tal puesto.

Su popularidad electoral acabaría siendo tal, que en las elecciones generales de 1869 sacaría más votos que los obtenidos por los bien conocidos y populares Serrano o Prim. Llegaría a ministro y a presidente de las Cortes en dos ocasiones. El 11 de febrero de 1873, cuando se proclamó la Primera República, él era quien las presidía. Sin embargo, pese a lo que se pudiera pensar, dimitió de su cargo al día siguiente. Su último acto político fue el 23 de abril de ese año, en una fallida sublevación contra la república federal del momento (un caos insoportable hasta para un republicano de pro), teniendo que exiliarse en Francia. Volvería a su Madrid para fallecer en él cinco años más tarde. Hoy, ya ni una calle le recuerda…

Doctor Esquerdo. Si desde Manuel Becerra hacia el norte dijimos que salía Francisco Silvela, hacia el sur saldrá la del Doctor Esquerdo. Que por aquello del doctorado todos le hacemos galeno, pero no imaginamos la relación decimonónica con la política, pese a que ya vemos cómo todo el callejero mencionado está de una u otra manera relacionado. De hecho, en una quinta propiedad de este doctor en Villajoyosa (Alicante), sería donde fallecería el ya citado Ruiz Zorrilla. Pues de esa villa era originario don José María Esquerdo Zaragoza, cuyo nombre completo ya habíamos olvidado, pero que en su tiempo tuvo también una gran popularidad. Como psiquiatra, y como político. ¡Que no le viene nada mal un especialista de esa rama médica a la política!

Si alguien pudiera haber pensado antes que Nicolás María Rivero se quedara sin calle por republicano, átenme esos machos para explicarme por qué este republicano convencido tiene tan grande avenida en Madrid. Cuando triunfó *La Gloriosa*, su ya vemos que amigo Ruiz Zorrilla, en ese momento Ministro de Fomento, le ofreció una cátedra en Madrid, que rehusó para seguir ejerciendo la medicina. Sin dejar de lado, en cualquier caso, la formación, sus inquietudes políticas sin embargo estuvieron en un segundo plano durante el tiempo de la inestable Primera República, siendo un gran defensor político y luchando por ella ya en la Restauración. Fue un «republicano entre repúblicas»[55]. El mejor homenaje

---

55   López-Ibor Aliño, Juan José, *Diccionario Biográfico*. Real Academia de la

seguramente es la necrológica de Benito Pérez Galdós donde le llama «*apóstol y caudillo de dos religiones: la ciencia y la república*». Sólo tendría éxito en una de ellas.

José María Esquerdo, de Compañy.

Narváez. Una de las calles más conocidas y representativas de Madrid, es la que tiene por nombre la del llamado «Espadón de Loja», Ramón María Narváez. Y que merece al menos una pequeña nota. Ya que, como vimos, su muerte en 1868 permitiría casi el éxito de la tantas veces citada *La Gloriosa*, revolución sin la que no podremos entender el advenimiento de la Primera República. Este militar granadino sería siete veces presidente del Gobierno, dando el salto de mariscal de campo a diputado en Las Cortes. Fue su obsesión el

Historia.

mantenimiento del orden establecido, siendo liberal, de manera férrea. Tanto, que se cuenta que a punto de expirar, cuando el cura estaba administrándole la extremaunción le exhortó a que pidiera perdón a sus enemigos. A lo que el famoso espadón respondió: «*No puedo, Padre. Los he fusilado a todos*». Serrano y Prim, no hubieran estado de acuerdo…

Ramón María Narváez (Musée de la Légion d'honneur, París).

CODA:

Es natural el que las patrias chicas de otros prohombres de su tiempo sí que les guarden ese honor de una calle en sus lugares de nacimiento, o donde se desarrollaran profesionalmente. Hayan tenido o no la importancia al nivel de otros políticos. Como la que tiene el que fuera Ministro de Guerra con la República, **Nicolás Estévanez** en Las Palmas. O **Roque Barcía,** de Isla Antilla, Huelva, que sería el jefe del Cantón Murciano. La del ministro de Fomento, **Eduardo Chao**, en Vigo (aunque fuera de la provincia de Orense). La del ministro de Hacienda, **Juan** (o Joan) **Tutau**, con nombre de calle en Figueras, donde nace. O el curioso homenaje a **Eduardo Palanca** en Málaga, con la calle Decano Eduardo Palanca, pese a que era valenciano. Fue ministro de Ultramar, y sería el propuesto por Emilio Castelar para sucederle en la presidencia de la Primera República. No pudo ser el quinto presidente de ésta, como consecuencia del Golpe de Estado de Pavía. Como el agudo y atento lector ya habrá imaginado.

LOS PERIODISTAS SOMOS GENTE HONRADA… Y CON MALA LECHE

EL JUEVES Y MONGOLIA SERÍAN HOJAS PARROQUIALES EN 1873

«Siempre la misma zizaña [sic]
¡Siempre los mismos excesos!
¿Y esos son mis hijos? ¿Esos han de salvar a la España?»
LA FLACA

Si se han creído unos modernos (¡que sois unos modernos!) por haber sido lectores de *El Jueves* (la revista que sale los miércoles), o comprador de la *revista Mongolia*, creyéndose unos malotes y unos antisistema, que sepan que esto sí que era ya más viejo que el hilo negro, que decía mi abuela Adelaida. Porque como dicen en las redes presuntamente sociales, cuando aparece mucho escrito, la respuesta estándar es «mucho texto». Una ingeniosidad adanista que refleja lo que antes podía pasarse por alto como consecuencia del analfabetismo. Si en siglos pasados el porcentaje de personas que podían permitirse el lujo de saber leer y escribir iba parejo a quienes se podían permitir tener libros, la aparición de la prensa escrita no es que ayudara mucho, pues ¡sería por texto lo que se podía encontrar en la *Gazeta de Madrid*! Desde 1697 haciendo las delicias de los lectores hasta que en 1936 se convirtiera en el tedioso Boletín Oficial del Estado. ¡Esto sí que era convertirse en la prensa del Estado! Aunque realmente ya lo era desde que Carlos III otorgara a la Corona el privilegio para imprimir esta publicación.

Pero estos papeles periódicos que se imprimían, habiendo desde los más culturetas y dedicados a libros que se publicaban, a los que le daban ya al salseo y al horóscopo (que a ver si se creen que esto también es publicación novedosa —e inútil— de nuestros tiempos), los de tinte más político comenzaron a aparecer para salirse de los boletines y correos oficiales y oficialistas, de modo que voces discordantes con el poder tuvieran un altavoz, normalmente para arremeter contra él. Podemos citar algunos nombres de ciertas gacetas como *El Duende de Madrid* (1735), *El Duende Especulativo* (1761), *El Murmurador* (1763), o *El Bufón de la Corte* (1767). Todas con buenas dosis de retranca política. Por esta razón es por la que aparecería el papel de la censura (que no era un invento franquista[56]), que en el siglo XVIII ya velaba porque nada hubiera en esas publicaciones que fuera escandaloso para la moral, la religión, o el Estado. En aquel momento representada en lo que es la Corona, obviamente. Tras el cierre por decretazo en 1791, de toda la prensa por el conde de Floridablanca (¡vaya con el ilustrado!), hubo que esperar hasta las Cortes de Cádiz donde se promul-

---

56   Hemos cantado «Franco»: ¡chupito!

garía la libertad de imprenta en 1810, para que así en la Constitución de 1812 acabara refrendada finalmente la libertad de prensa. ¡Y ancha fue Castilla!

Ancha… y corta. O de interrupción variable según tuviéramos al Fernando VII del Manifiesto de los Persas de 1814 (¡censura!), al del Trienio Liberal de 1820 (¡apertura!), al de los Cien Mil Hijos de San Luis de 1823 (¡censura!)… y así hasta su muerte. Con el ascenso al trono de su hija Isabel, la prensa empezaría su camino abriéndose a codazos entre las publicaciones oficiales y las que la burguesía liberal quería poner en la calle para dar a conocer su ideario. Incluso la propia clase obrera aparecería como sujeto sobre el tema, ya que también comenzó a acceder a este tipo de publicaciones que tan prácticamente servían para hacer públicos sus manifiestos. Todo esto pese al todavía generalizado analfabetismo (que no necesariamente ignorancia), y a tiradas de periódicos de un máximo de 15.000 ejemplares en los mejores momentos del Sexenio Democrático que comenzara tras la Gloriosa de 1868. El auge de la prensa lo podemos constatar en el dato de que durante esta etapa que comienza y el reinado del breve Amadeo, ¡nada menos que más de 600 periódicos se establecerán! Las lecturas de los mismos, incluso en voz alta por el que sabía leer para los que no, en cenáculos, cafés y reuniones, convirtieron este medio escrito en un medio de masas por vez primera. Pero, ¿llegaban verdaderamente a la gente? Dentro de un ámbito intelectual, posiblemente. Sin embargo hubo algo que iba a revolucionar el panorama de la opinión publicada, volviendo la vista al lejano siglo XVI y a la aparición de la imprenta: las hojas volanderas.

¿Qué era este hallazgo? No pensemos en hojas de

papel convertidas, gracias a una labor de pretecnología papiroflexica, en pequeñas alas delta a las que insuflábamos nuestro aliento de niño en sus puntas, antes de lanzarlos con el impulso de nuestros infantiles brazos cual catapulta de un portaaviones, a volar. No. Las llamadas hojas volanderas fueron una de las herramientas más sobresalientes y prácticas usadas durante los primeros años del Imperio de la Monarquía Hispánica y que fueron propagadoras de lo que se conoce como Leyenda Negra. Si hemos señalado el escaso número de lectores en el sigo XIX, imaginemos qué número más nimio debía de haber en el XVI. Pero la aparición de la imprenta, además de abaratar los costes de los libros y hacerlos más accesibles en la medida en que pese a todo, no eran asequibles, lo eran mucho más el imprimir folletos, pasquines y demás hojas sueltas, con grabados, imágenes y caricaturas, que hacían las delicias de los mentideros europeos. En ellos se horrorizaban viendo las atrocidades cometidas por los españoles en América o por los Tercios en Flandes. Usando esta imaginería, los españoles podían aparecer, por ejemplo, como unos cerdos (sic) hozando en tierras ajenas, legitimando de este modo ante sus pueblos cualquier acción contra quienes incluso se comían a los niños crudos, como se veía en el grabado anónimo del Duque de Alba haciendo tal cosa[57].

No otra cosa fue la recuperación, por parte de la prensa decimonónica, del dibujo satírico, sarcástico, escatológico y hasta pornográfico, para darle la del pulpo al adversa-

---

57   Quien esté interesado en este tipo de imaginería, absolutamente reco-
      mendable el libro de Melquiades Prieto, *La guerra de papel*, Modus Ope
      randi, Madrid, 2020.

rio político. ¡O a la mismísima reina! En el inicio de este capítulo he hecho mención de dos revistas de humor de hoy en día en España. Revistas de humor con su punto picante, su absoluta incorrección política, con su sesgo ideológico… ¡Lo normal, vaya! La primera mencionada, *El Jueves* (la revista que sale los miércoles), ha tenido una deriva mucho más cañera en lo político mientras la segunda se iba más al anticlericalismo católico, incluyendo en esa caña el acabar con una especie de tabú o de pacto no escrito: coñas con la Corona, las menos. No vamos a entrar en disquisiciones o debates acerca de la libertad de expresión que no vienen al caso, pero lo cierto es que el magacín citado acumula alguna que otra portada contra la monarquía, que supuso incluso su secuestro legal. A destacar la publicada el 20 de julio de 2007 en que el aún Príncipe de Asturias encalomaba por la retaguardia a doña Letizia sin dejar nada a la imaginación. La Audiencia Nacional retiró, «secuestró» según la terminología legal, la publicación por injurias a la Corona.

Y es que parece que lo sexual explícito siempre suele ser algo que provoca más, en todos los sentidos, que otro tipos de dibujos, aunque se insinúen aspectos peores como estar al frente de casos o tramas de corrupción[58]. Cierto es que en tiempos de redes sociales, intentar frenar cualquier tipo de ilustración o de portada resulta cuando menos tan complicado como poner puertas al campo o vaciar a base de dedales el Pacífico. La prueba fue la portada escatológica de 19 de junio de 2014, a raíz de la abdicación del monarca, donde se ve al rey Juan

---

58   Vid. *El Jueves*, 20 de enero de 2016, sobre el Caso Noos, donde el rey Juan
      Carlos aparece como centro de toda la trama de corrupción. La revista no
      fue secuestrada.

Carlos poniéndole al príncipe Felipe una corona llena de humeantes heces donde revolotean moscas. La dirección del grupo editorial al que pertenecen, RBA, prefirió cambiar la portada, pero el dibujo se convirtió en viral al ser compartido en Twitter. Y de ser visto por los potenciales compradores de los 60.000 ejemplares impresos, la portada retirada fue eso que se llama *Trending Topic* o, lo que es lo mismo, ser lo más visto por miles, centenares de miles o, incluso, por millones de *lectores*.

¿Se imaginan portadas de ese jaez hace siglo y medio? No se las imaginen. ¡Existen! Y a todo color. Son la colección de acuarelas de *Los Borbones en pelota*[59]. Y aunque no podamos incluirlo dentro de lo que se ha denominado prensa satírica en general, desde luego podemos llegar a imaginarnos la influencia sobre los espectadores de esta serie de dibujos donde no se queda nada a la imaginación. La mencionada portada de *El Jueves* queda como pueril chistecillo de Jaimito de la época si vemos estas acuarelas, donde podemos ver a la reina Isabel II de fornicio con todo lo que se le pone a tiro. Incluyendo... ¡un pollino! De los de cuatro patas, aclaro. ¡No quisiera ponerles en la tesitura de imaginar algo parecido mezclando zoofilia y Jefatura de Estado actual, por Dios! Y es que la idea del descrédito a base de plasmar en imágenes lo que eran chismes de tabernas

---

59   La colección de estas acuarelas no fue publicada hasta 1991, con el seudónimo de SEM, atribuido en ese momento a los hermanos Valeriano y Gustavo Adolfo Bécquer, pero esta autoría está en entredicho, siendo ahora el posible autor un pintor republicano, el madrileño Francisco Ortego, aunque sigue la duda al respecto. Recomiendo a los que las quieran ver todas las imágenes, con un interesantísimo estudio previo, la edición de Isabel Burdiel, *Los borbones en pelota*, Institución «Fernando el Católico», Zaragoza, 2012.

y de contubernios políticos, podía llegar a ser muy efectiva. No hay constancia de hasta qué punto lo sería con relación a esta inédita y trasgresora colección de acuarelas, pero es una realidad que fue una herramienta visual de descrédito de la que se hizo uso. Como recuerda la catedrática Isabel Burdiel[60], al Himno de Riego se le sumó como letra una copla popular que decía:

Isabel II caricaturizada por SEM: «Por probar de todo... de tirarse a un pollino encontró modo».

---

60   Op. Cit.

«Si la reina quiere corona / que se la hagan de viruta /
que la corona de España / no es para ninguna puta»
Sin comentarios que añadir.

El caso es que acabaremos viendo en toda esta prolife-
ración de publicaciones de todo tipo, la aparición de unas
especializadas revistas de humor donde el contenido
gráfico primaba sobre los artículos, ya que el mensaje
político quedaba claramente establecido con el añadido
al pie del dibujo para que no quedara alguna duda.
Algunas de las cabeceras a destacar serán, por su orden
de aparición, las siguientes: *Gil Blas* (1864), de carácter
antimonárquico. Fue editada en Madrid, siendo la que
inaugure este tipo de prensa de humor realmente gráfico
(al margen de los antecedentes de la prensa zumbona
o chocarrera como, por ejemplo, *El Zurriagazo, Fray
Gerundio, El Tío Camorra* o *El Latigazo*), donde tenía
especialmente enfilados a Narváez y a O'Donnell, con
los que se cebaban especialmente. *La Flaca* (1869),
que se publicaba en Barcelona, de orientación republicana y federal. *La Campana de Gracia* (1870), editada
en castellano y catalán, y que cuando era suspendida
reaparecía con el nombre de *L'Esquella de la Torratxa*[61]
(1872). De claro componente republicano y absolutamente anticlerical, durante la vida que tuvo hasta 1934
(y su sustituto hasta 1939), en *La Campana* acabarían
publicando plumas tan conocidas como el que será
presidente del Consejo de Ministros de la Segunda
República, Alejandro Lerroux, y el futuro presidente de
la Generalidad de Cataluña, Lluis Companys.

---

61   *El cencerro de la torre*, en castellano.

El Loro (1879), publicado en Barcelona, bajo el epígrafe de «periódico ilustrado joco-serio», que en cierto modo recoge el espíritu de *La Flaca*, que iba de suspensión en suspensión desde que fuera cerrada en 1873 intentando evitar la definitiva, que se producirá en 1876. Son consideradas estas dos revistas, por razón precisamente de sus cromolitografías, obras del mismo dibujante, el artista barcelonés Tomás Padró, las más importantes de las publicadas en Cataluña. Sus máximos exponentes de las distribuidas en castellano sin duda[62]. Y, muy posiblemente, serán las más importantes también en toda España por la clara influencia que llegarían a tener. Republicanas, anticarlistas, anticlericales, contrarias a los partidos dinásticos, pero todas ellas al mismo tiempo, profundamente españolistas. ¡Les *dolía España* en cierto modo, adelantándose al famoso lamento unamuniano[63]!

Y fueron rompedoras. Tanto que siguieron publicándose y aparecieron muchas otras más tras la Restauración de los Borbón en la figura de Alfonso XII, porque claro, ¡qué momento para la sátira política iba a ser el tiempo del *turnismo* y el bamboleo de ida y vuelta de Cánovas a Sagasta[64]! Centrándonos en las que más éxito tuvieron durante este Sexenio Democrático que va del 68 al 74, y que hemos de entender que ha de verse como un

---

62 Francesc Espinet Burunat (del Departament d'Història Moderna i Contemporània de la UAB), *La revista il·lustrada El loro*, Biblioteca Informacions, Núm. 31, junio 2006.

63 «*Me ahogo, me ahogo, me ahogo en este albañal y me duele España en el cogollo del corazón*». Carta de Manuel de Unamuno publicada en la revista argentina *Nosotros* en 1923, tras su destitución como vicerrector de la Universidad de Salamanca.

64 Vid. el capítulo anterior en este mismo libro «En la esquina del bulevar», en la entrada dedicada a Sagasta.

todo para comprender el porqué de esta fugaz Primera República, vamos a dar un repaso a algunas de las publicaciones más curiosas que pudieron encontrar los sagaces lectores (que dirían de los de la mítica y añorada *La Codorniz*, la revista sin duda epítome del humor del siglo xx en España[65]), de las que proliferaron gracias a la libertad de imprenta decretada el 26 de octubre de 1868, refrendada por la Constitución de 1869. A un mes de la proclamación de la República en 1873 sólo en Madrid se publicaban 102 periódicos, 43 de ellos políticos, 9 satíricos, y 50 de diverso carácter[66]. Aunque, ojo, que ese «derecho de emitir libremente sus ideas y opiniones, ya de palabra, ya por escrito, valiéndose de la imprenta» ya hemos visto que no era una carta blanca para opinar de todo y de cualquier forma sobre lo que uno quisiera (el Poder no deja de ser nunca el Poder lo ostente quien lo ostente, y tiene un sentido del humor proporcional a cuando se encuentra en la oposición), y por eso hubo momentos en que, por poner el ejemplo de la popular *La Flaca*, ésta tendría que trasmutar para ser *La Carcajada*, *La Risa* y *La Risotada*, en diferentes ocasiones en que fue suspendida. Nombres todos ellos que no hacen falta explicar el porqué de su significado pero, ¿y lo de «flaca»?

Pues la primera en la frente, ya que es directamente un zambombazo a España misma, mediante la alegoría

---

65 *La Codorniz* fue una revista de humor gráfico y literario publicada en España desde 1941 a 1978. Su lema era «la revista más audaz para el lector más inteligente», y sin duda tiene mérito haberse dedicado a tal fin durante décadas literalmente a lo largo de todo el periodo franquista.

66 Así nos los recuerda David Ruiz citando a *La Correspondencia en España, Madrid, 5 de enero de 1873*, en *Movimientos sociales y Estado en la España Contemporánea*, Ed. de la Universidad de Castilla-La Mancha, Cuenca, 2001, p.169.

con que se la simboliza. No es ese «*Coral negro de la Habana /Tremendísima mulata / Cien libras de piel y hueso / Cuarenta kilos de salsa / Y en la cara dos soles / Que sin palabras hablan*»[67], no. Por un beso de esta flaca representada no creo que darías lo que fuera. En tiempos en que se había recuperado la imaginería de representación de las naciones, España (Hispania se la llamaba, como Marianne a la francesa, o Britania a la inglesa) aparecía como una joven y bella matrona coronada (en principio con corona real, luego con una mural), aunque acabaría también llevando el gorro frigio tipo barretina que se estilaba para aquellas representaciones alegóricas republicanas desde los tiempos de la Revolución Francesa de 1789. Vestida con toga y túnica a la clásica manera de Roma o Grecia, solía acompañarla un león, animal simbólico de España. Que ya hemos visto que no, no es el toro de Osborne ni el águila de ningún tipo: ni la de San Juan, ni la de los Reyes Católicos, ni la de Franco ni pollo que lo fundara. ¡El León![68] Pues en el primer número la alegoría de España que aparece a media portada de cabecera lo que daba es penica. Mucha.

La hermosa Hispania se ha convertido en una delgadísima, casi huesuda, mujer, cuyos vestidos la superan en varias tallas. La corona cívica que lleva en este caso (lo que es una corona de laurel[69]), está a punto

---

67 Jarabe de Palo, *La flaca*, 1996.

68 El león aparece documentado ya como animal heráldico desde Alfonso VII en 1126, previo a otras representaciones animales como los leopardos ingleses (1158) o el águila del Sacro Imperio (1200). Y desde tiempos de Felipe II el león toma carta de naturaleza para representar a la Monarquía española y, por ende, a España.

69 Que, por cierto, fue la que aconsejó la Academia de la Historia para timbrar el escudo de España para la república, y no ningún tipo de corona, ya que

de convertirse en un collar, aunque parece que le impide caer sobre el cuello su desmadejada cabellera. A su lado un remedo de felino, que ese sí que es saco de huesos desmelenado, famélico hasta la pena. ¡En qué ha quedado España tras una revolución que ha tenido el cuajo de llamarse «Gloriosa»! Esta parece que fue la intención del ubicuo y prolífico ilustrador Tomás Padró. Aunque según la profesora de la Sorbona parisina, Marie Angèle Orobon, fue toda una mezcla de metalenguaje el nombre elegido, ya que unos meses antes saldría una publicación política de corte antagónico, *La Gorda*, defensora del Carlismo, que suponía un «semanario falsamente liberal de propaganda contrarrevolucionaria». Pero la nominación de la nueva revista tenía también que entenderse «como una crítica mordaz de una Gorda que no había cumplido sus promesas y pues se había quedado literalmente en los huesos»[70]. O sea, que la referida obesa era, por un lado, una revista de la competencia y, por otro, la Gloriosa, que había quedado de revolucionaria y de sus promesas y expectativas en un mero y vergonzoso «reparto del turrón», cuyas barras por cierto, aparecerán en muchas otras imágenes con ese significado metafórico del reparto de prebendas, cargos y riquezas[71].

---

la de tipo mural, también es símbolo monárquico de Castilla al menos.

70 Marie-Angèle Orobon, «Una gloriosa revolución: prensa satírica ilustrada y afirmación militante (1868-1870)», en González Madrid, Damián et al. (eds.), *La Historia, lost in traslation?* Actas del XIII Congreso de la AHC, Universidad de Castilla- La Mancha, Cuenca, 2017, pp. 1065-1075, p. 1066.

71 El Nuevo diccionario de la lengua castellana, obra del lexicógrafo valenciano Vicente Sardá, es el primero en incluir la acepción metafórica de la voz «turrón» con la siguiente definición: «El provecho que para sí procuran sacar de un cambio político los que han tomado una parte activa en él; y así se dice: ya van repartiéndose el turrón; a N. no le ha

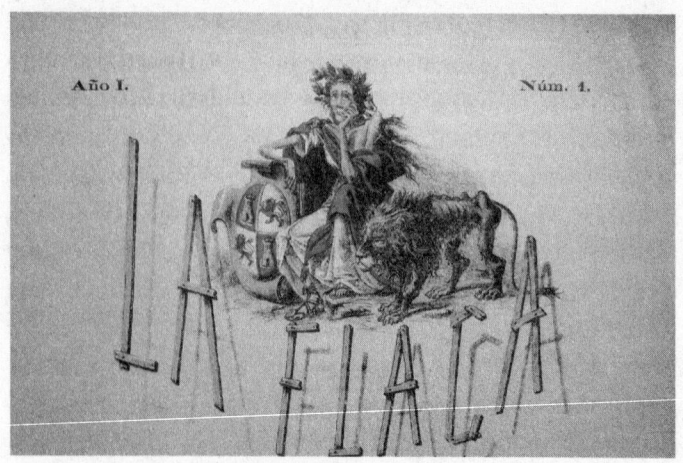

La Flaca nº. 1.

Usar la imagen de la matrona Hispania va a ser un recurso habitual, siendo convertido en ocasiones en un personaje más entre los caricaturizados. La idea de que apareciera de manera cómica como cabecera la va a copiar otra revista de Barcelona, *El guirigay* (1869), donde aquí la podemos ver como absolutamente atribulada en medio de lo que el título de la revista significa, entre monárquicos de uno y otro jaez, carlistas, republicanos, políticos, curas, militares... y la pobre horrorizada ante, obvio, ¡tamaño guirigay! Aunque en otra versión de portada de esta misma revista se puede ver un claro desiderátum por parte de sus editores, mostrando sobre el título que le da nombre dos represen-

---

tocado lo peor del turrón». Había aparecido tal denominación çon el Trienio esparterista. El diccionario de Sardá, publicado en 1846 había sido concebido como extensión de la 9ª edición del diccionario de la Real Academia de 1843. Dicha acepción no aparecería en el diccionario de la Real Academia hasta 1889: «Destino público o beneficio que se obtiene del estado [sic]». Ibídem.

taciones. A la derecha un esqueleto coronado con su manto de armiño representando claramente una monarquía más que cadáver, y a la izquierda Hispania ya tocada por el gorro frigio republicano, sentada serena delante de un pueblo entusiasta que tremola banderas, y un político del momento mirando por un catalejo hacia ella augurando lo que se venía. Que recordemos que aún iba a tardar cuatro años.

Pi i Margall desbordado por el federalismo, representado en figuras infantiles ataviadas con los distintos trajes regionales, mientras Castelar intenta poner orden instruyendo a los alumnos. *La Flaca*.

Ciertamente España, durante este tiempo, fue mucho más un auténtico guirigay, un pandemónium político donde no había quien se pusiera de acuerdo. Un patio de colegio que se diría, o una lucha de corral. Representaciones que, no podía ser de otro modo, vamos a encontrar en *La Flaca*. En total serán 38 veces las que aparecerá Hispania de las 146 ilustraciones publicadas[72], pero en las que en ocasiones podemos tener duda pues el simbolismo clásico referido va a ir mutando a medida que la república va a ser una realidad. De este modo, Hispania en ocasiones la veremos ya alejándose de lo que es la monarquía, apareciendo duplicada y separada de este concepto. Como en la ilustración titulada «Si non e vero e ben trovatto» (sic) publicada el 19 de junio de 1870, en donde se intenta crear en un estudio de alquimista medieval, algo nuevo que pueda salir entre España y Portugal, como una nueva república ibérica unitaria conservadora. Lo que llama la atención es que la representación de la monarquía es mostrada como una momia en un sarcófago abierto como despojos del pasado, pero también apareciendo la de España, en este caso difiriendo de la portada mencionada de *El Guirigay*, donde se la puede ver dibujada como un esqueleto apoyado en la pared. Por el suelo todas las constituciones pasadas como raídos libros ya inútiles.

La alegoría de España va a andar sufriendo durante los años del Gobierno Provisional surgido del triunfo revolucionario, la regencia de Serrano y el reinado de Amadeo de Saboya. De todos ellos sería siempre el peor tratado por la prensa Juan Prim, del que se decía que era uno de los principales repartidores de turrón. De hecho, en la ilustración publicada en 1869 se le ve como un buen repostero bajo una banderola de publicidad donde se lee un juego de palabras con el lema del levantamiento, que dice «¡A la España con honra!», y debajo «turrón bueno, turrón dado, turrón sin fin». Sobre el pie de ilustración

---

72   Ainhoa Gilarranz Ibáñez, «La representación gráfica de España en la publicación republicana La Flaca», *El Argonauta Español*, Núm. 9, 2012.

que reza «¡Que se remata!», Prim reparte fajas de general, embajadas, subsecretarías, magistraturas, entorchados, y lo que sea menester. ¡Que nadie se quede sin *turrón*! Y el regente Serrano, como figura de mazapán al fondo del colmado.

Veremos que existe una evolución antes de que dé el cambio definitivo de la matrona Hispania, a ser directamente la alegoría republicana cuya imagen tantas veces hemos visto. Con una imagen muy al estilo de la Marianne francesa, parece ser que basada en la que hiciera el pintor francés Jean-León Gérôme donde, curiosamente, muestra a su *La République* de 1848 junto a un león postrado que, no siendo la representación animalística de Francia (recordarán que es el gallo francés), parece que representa al pueblo. En una curiosa paradoja, la que lleva a cabo Padrós para *La Flaca*, además de todos los atributos del progreso y el republicanismo (masonería incluida), a los pies de la española no aparece el sempiterno león… ¡sino un gallo!. En un guiño clarísimo hacia Francia, ya que los sucesos de La Comuna parisina habían influido tanto en el republicanismo español. Pero antes de eso habremos de ver a nuestra España mortificada, incluso cuando llegue al poder Amadeo, aparecerá una caricatura del escudo de España formado por los políticos en cada cuartel, una corona hecha a base del famoso turrón, y en el escusón de la casa de Saboya[73], que sustituye al Borbón con las tres flores de lis, aprovechando que es una cruz blanca sobre fondo rojo, ¡en él aparecerá España misma crucificada!.

---

73   El escusón ese ese pequeño escudo ovalado que se encuentra en mitad del escudo grande, y que hoy en día podemos seguir viendo en el escudo de España con las tres flores de lis, armas de la dinastía Borbón.

«¡Que se remata! ¡Que se remata!», *La Flaca*.

«*Si non e vero e ben trovatto*» (sic), *La Flaca*.

Aunque ese momento previo está perfectamente descrito y mejor que por cualquier editorial escrito, en la ilustración «Corpus de la Revolución». Una aberrante procesión remedando la del Corpus donde será España la que cargue con la cruz. Encabezan la marcha un regente Serrano tirando del león hispano, de nuevo hecho un adefesio que no quiere ni andar. Aquí estarán todos: la Monarquía y la República, con el trono vacío llevado en andas como si fuera la custodia. En la Fundación Joaquín Díaz llevaron a cabo una más que interesante exposición sobre «La fuerza del humor», donde quedaba narrada esta sátira en profundidad: «*Un grupo de Cabezudos bailando (Sagasta, Moret, Ruiz Zorrilla y otros), que preceden al Gigantón Montpensier, (a quien se suele representar vestido de rey), seguido por la Giganta, que es la joven República, rodeada por Castelar, el general Pierrad y otros partidarios. Sigue otra comitiva que parece estar formada por gente del pueblo llano, con estandartes de los colores nacionales, que dicen "Descrédito", "Bancarrota"*».
Es precisamente tras estos significativos estandartes donde podremos ver a la penitente España. «*Detrás va el grupo de los unionistas tras el letrero "España con honra" con el que justificaron la revolución de Septiembre, y entre ellos, el almirante Juan Bautista Topete vestido como el santo de su nombre, con cordero y todo; otro grupo lleva el estandarte de Isabel II; y el del Pretendiente carlista está compuesto por nazarenos encapuchados y por curas*»[74].
El final de la procesión no puede ser más alegórico del

---

74 Raquel Gutiérrez Sebastián y Borja Rodríguez Gutiérrez. *La fuerza del humor. Revistas satíricas del siglo XIX*. Catálogo, Fundación Joaquín Díaz, 2013.

todo: un grupo de gente del pueblo llano dándose de mamporros y estacazos.

Alegoría de la Primera República Española, por Tomás Padró.

Corpus de la Revolución, *La Flaca*.

Al bueno de Amadeo le había caído una tarea que no pudo estar mejor representada que siendo llevado en volandas sobre una mesa, teniendo por trono un sillón de baño (antes las bañeras eran para estar sentados en ellas, no tumbados), rodeado de un aquelarre de alfonsinos, carlistas y radicales, entre curas trabucaires y el espectro de la posible república, en una lámina acertadamente llamada «Manicomio nacional», en cuyo pie podía leerse el pensamiento del rey democrático: «Quién me libra, quién me saca de este infierno por piedad». Desde luego no podía estar más atinado el mordaz ilustrador sobre el posible pensamiento de quien no tardaría en escapar a la embajada italiana para no ser ni enterrado en el Panteón de Reyes escurialense. ¡Pies para qué os quiero!.

El manicomio español. Amadeo de Saboya llevado
en andas diciendo: «¿Quién me libra, quién me saca
de este infierno, por piedad?», *La Flaca.*

Cuando Hispania se convierte en República, acaso sólo
en esa ocasión podremos verla con toda la dignidad, en la
sencillez de su imagen con una simple nívea túnica y su
gorro frigio, en la proclamación de ésta en lo que parece
ser las puertas del Congreso y rodeada de los próceres que
la gobiernan. Siendo repudiada del resto de monarquías
europeas pero aplaudida por las repúblicas como Francia
o Estados Unidos. Un digno homenaje tras todo lo que
la mayoría de estas revistas satíricas y republicanas, no
lo olvidemos, habían trabajado por traerla. Pues tanto
habían hecho por minar a los monárquicos de cualquier
dinastía posible, y a los espadones que pudieran tomar
a saber qué extraños rumbos acumulando demasiado
poder, como fue el caso de Prim. Que en alguna imagen

salía con el juego de palabras de llamarle el «Prim…ero» como si pretendiera iniciar una nueva dinastía, y por eso en otras ilustraciones se le ponía mirando un espejo donde se reflejaba no su rostro, ¡sino el de la República!

La República Española ante el mundo, *La Flaca*.

La Flaca siempre tuvo, sobre todo, al político como el verdadero enemigo de la Patria. Es por eso por lo que vemos a su famélica representación en varias ocasiones en situaciones extremas. Como cuando esa España aparece cual *Mater Dolorosa* observando escandalizada varias escenas de los protagonistas políticos del momento, diciendo: «Siempre la misma zizaña (sic)… Siempre los mismos escesos (sic)… ¿Y esos son mis hijos?… ¿Esos han de salvar a España?». Más terrible es la imagen del número 52, del 14 de febrero de 1873. Se acaba de proclamar la tan ansiada república. Sin embargo en su primera página el editorial clama que «no basta con hacer una revolución. Porque no basta con cambiar una forma de gobierno. Es preciso cambiar el modo intrínseco de ser de un país». En la imagen, España muestra a quienes van a hacerse cargo de la nación la situación en la que se encuentra. Miseria, hambre, muerte, con problemas ya latentes en Cataluña, Navarra, Aragón y Valencia, y un ejército enfrentado en armas entre hermanos, sollozando «¿Éstas son tus promesas?». ¡Vaya con el humor en ocasiones! Otra terrible imagen de esa España escuálida aparece cerca de una rueda donde intenta lavar la colada de una política imposible, representada en ropa con lamparones de empleomanía (¡empacho de turrón hubo al final!), déficit, esclavitud, motines, la insurrección en Cuba... La rueda del poder a donde se aferran los políticos gira, y el pueblo, representado en una mula que mueve la noria, con unas anteojeras donde se lee «promesas». España dice: «Ellos son los cangilones. ¿Serás siempre mula? ¡¡Nones!!».

Mater Dolorosa.

«¿Seré siempre mula?».

Pobre España, *La Flaca*.

La República Española entre la Federal (representado por José María de Orense) y la Unitaria (representado por Emilio Castelar).

Bombardeo gubernamental de Cartagena durante su asedio en 1873, *La Madeja Política*.

Como vemos el humor ha pasado a ser crítica social y política desgarradora una vez que la mofa y el escarnio acabó, al menos en apariencia, con los enemigos políticos. Pues si prestamos atención a la lámina con el título que lo dice todo: «¡¡¡Pobre España!!!», la veremos yacente y desfallecida, apenas con un hálito de vida, rodeada de buitres y otras aves carroñeras que la hacen jirones sus vestimentas. Ahí estarán esos pájaros con las cabezas de los políticos como Castelar, Serrano, Sagasta, o los monárquicos al acecho como el pretendiente Carlos, el principito Alfonso, o el pesado de Montpensier. He de señalar que esta lámina es lo que suele decirse «todo un cuadro», alcanzando el mayor del sentido doble de la expresión. ¡Tremendo! Porque esta República desde el primer momento anda siendo maltratada por los propios republicanos que ni siquiera saben qué tipo de república quieren, poniéndose a la gresca entre ellos… y a la postre, la que sufriría, bien quedará constatado con los hechos, la propia república en sí. En el número del 1 de mayo, una cariacontecida república es cogida por cada mano por los representantes de los dos modos de entender la forma de Estado: la de los unionistas y la de los federalistas. Un enfrentamiento que sería una de las principales causas de que todo se fuera al guano, y perdonen la expresión.

Porque el federalismo trajo el cantonalismo, queriendo así mirar al sistema de Suiza más que al de Francia. Pero claro, ¡no somos suizos! Y eso, qué quieren que les diga, a la larga (¡qué digo, y a la corta!), se nota. La imagen con que la revista informó del asunto del mal llamado cantón de Cartagena[75] y la que se montó, una mini guerra civil

---

75   Que veremos detalladamente en el capítulo 6 de este apasionante (¡espe-

en toda regla, hace que no quede duda en lo explícito de un dibujo que transmite auténtico caos y barbarie y cuyo pie de foto no podía ser otro que el silencio admirativo. Si tal cosa pudiera ser: «¡¡¡.................!!!». ¿Qué más se podría añadir ante lo (no) dicho? Al final se vería en otra ilustración entre lo simbólico y el editorial, a un Castelar, tocado con la barretina frigia con la que se le solía representar, apagando fuegos de la insurrección representados por dos cirios enormes, quedando a sus pies cajas de fósforos con los nombres de Navarra, Cataluña y Cartagena. Colgando del prócer, una gran llave que pone «Congreso», y al fondo, el Ejército y la Armada en pleno bombardeo represor o pacificador. Según de qué lado de las bombas esté uno, queda claro.

En el siglo del progreso, — no siempre matar las luces — es señal de retroceso.

Castelar apagando incendios: «En el siglo del progreso no siempre matar las luces es señal de retroceso», *La Madeja Política*.

ro!) libro que tiene entre manos.

Revista *La Flaca* 1873. Escenas de Familia. Salmerón y Castelar.

Memorable batalla de Pavía.

Y es que la ilustración del 28 de agosto de 1873 donde vemos a una España vestida de la época (¿tal vez haciendo de madre?), en una escena familiar (que así se titula el dibujo), como pidiendo lo de «¡a ver qué haces!» *al pater familias* representado por el entonces presidente Nicolás Salmerón, y una serie de críos que encarnan facciones y cantones, jugando como niños maleducados sin atender a nada ni a nadie, con un Castelar con su gorro frigio y vestido de mujer haciendo, si no es de madre, de aya, protegiendo a una parece que asustada niña rubia que representa esa jovencísima república. La Madre-España dice: «Si no castigas a estos rapazuelos nos van a perder a la niña». Profético. Pues se perdió. Y ese hecho quedó reflejado por el dibujo publicado el 24 de enero de 1874 donde se ilustraba el golpe de Estado del general Pavía. Con la retranca de titularlo «Memorable batalla de Pavía», haciendo memoria de aquella otra gloriosa de tiempos de Carlos I contra Francia, viéndose al citado general, sable en mano (nada de a caballo) a punto de descargarlo de un golpe (¡nunca mejor dicho!), contra el techo de la Asamblea, de donde se ve salir a los diputados corriendo; y en pequeñito (pues a Pavía se le representa como un gigante), se observa cómo se llevan detenido a un impotente Castelar.

Como hemos podido ir viendo, lo que es un decir en un libro[76] y en un capítulo dedicado a representaciones pictóricas, el poder de la imagen no es algo que haya venido con la aparición de la fotografía o los medios

---

76   Aunque hemos intentado adjuntar todas las ilustraciones citadas, busquen en las hemerotecas físicas y digitales las que no fue posible hacerlo por cuestiones técnicas, ya que vale la pena echarles un vistazo a todas, siendo un auténtico archivo visual de estos años.

audiovisuales. La prensa satírica, según algunos estudiosos de la materia, no cabe duda de que fue fuente, no ya de comunicación social, sino generadora de opinión pública. Eso sí, suele ser una «prensa de oposición», en modo alguno complaciente con quien esté en el Poder, contribuyendo también a «la desacralización de los grupos que sustentan a los poderes fácticos», convirtiéndose en «válvula de escape» para las críticas que abarcarán todos los ámbitos posibles: político, social, religioso o financiero[77]. Vamos, ¡que no se escapa nadie de la leña al mono, que dicen los castizos! Algunos investigadores, cita el historiador Celso Almuiña, atribuyen a este periodo del Sexenio del que forma parte la Primera República, el verdadero nacimiento de la prensa como «Cuarto poder»[78]. De las puyas, dibujos y caricaturas demoledoras, no se libraron ni la Corona (Isabel II, Amadeo de Saboya y, vamos a incluirlo por las tantas veces representado como el eterno candidato a ella, ¡y por pesado!, el Duque de Montpensier), ni el ejército (Narváez y O'Donnell en un primer momento, y Topete, Serrano y sobre todo, Prim, en este momento), ni el clero (aparte de curas y obispos en general, el Padre Claret y Sor Patrocinio, la Monja de las Llagas, muy en particular[79]), ni, desde luego que todos y cada uno de

---

77   Antonio Laguna Platero, José Reig Cruañes (Eds,). El humor en la historia de la comunicación en Europa y América, Ediciones de la Universidad de Castilla - La Mancha, Cuenca, 2015.

78   Íbidem.

79   El padre Claret, de nombre Antonio María Claret, un misionero que acabaría como controvertido confesor de la Reina, ya que parece que sus consejos excedían lo espiritual para ir a lo político. Sor Patrocinio era una monja mística que también alcanzaría gran predicamento e influencia aconsejando a Isabel II.

los presidentes de la República y todos los ministros y adláteres del poder. ¡Ninguno se libró! Y es que no cabe duda de que la imagen fue un arma para imponer un imaginario político. ¡Y muy poderosa! No creo que sean capaces nuestras revistas actuales de conseguir tal cosa… ¡por muy modernas y transgresoras que se crean!

ACOTACIONES DE UN OYENTE

PARLAMENTARISMO SIN CUARTEL

> «El Congreso. Helo aquí.
> Cervantes, con su eterna mirada broncínea,
> lo avizora desde su pedestal.
> Tiene una fachada griega, y unos leones íberos.
> Dentro, la comedia nacional, palpita.
> ¡A ver, paso a España!»
> LUIS ANTONIO DEL OLMET[80]

Es interesante ver cómo en estos tiempos nuestros, a veces, cuando nos referimos al parlamentarismo decimonónico, solemos añorarlo pensando en aquellos próceres tan atildados con sus levitas, su prosodia impecable y su oratoria florida. Reunidos todos en una especie de ágora ateniense donde se juntara la *aristocracia* política, en su acepción etimológica griega de *aristos*, los mejores. Un senado romano lleno de Cicerones. El lugar donde imperaba siempre y en todo momento la llamada «cortesía

---

80 Luis Antonio del Olmet, *Su Señoría. Libro parlamentario*, Imprenta de Alrededor del Mundo, Madrid, 1991.

parlamentaria», eso que tantas veces habremos oído demandar al presidente de turno de las Cortes cuando sus presididos se ponen díscolos. O lamentarse de su ausencia a los diferentes diputados y senadores, independientemente de su adscripción política, cuando se sienten vejados por algunos de sus oponentes. Y van y se chivan desde su escaño o el estrado acusando al otro de que, jo, presi, que el diputado Romerales no ha sido cortés conmigo…

Siempre me ha parecido un poco moñas cuando algún diputado o senador se pone a señalar que tal o cual otro senador o diputado no ha sido «cortés», resaltando así del político acusado, más las formas que el fondo. Centrándose de este modo más en el dedo que en lo que señala. Lo que me parece mala estrategia así de primeras. Y que lo de la cortesía podría considerarse que va de suyo… si la intervención se lo merece. También iría el que los políticos, aparte de formados e instruidos, vinieran educados de casa, para evitar darnos cuenta de que cuando algunos otros no se adecúan (según dice el reglamento del Congreso de los Diputados en su artículo 16) y no respetan «el orden, la cortesía y la disciplina parlamentaria», percatarnos de que muchos otros tampoco vienen llorados de casa. Que es lo menos que se debería de esperar de los progenitores A y B de la Patria, caramba. Pero no pidamos nivel a los que se encuentran en una calle ya de por sí desnivelada de bajada, como es la madrileña Carrera de San Jerónimo donde se localiza el marco comparable de este capítulo.

El que se conoce oficialmente como Palacio de las Cortes en Madrid, de 1850, alberga solamente a una parte de ellas: la del Congreso. Y cuando hay sarao gordo (la apertura de la legislatura, una proclamación de rey…

cosas así), se juntan todos, también los senadores, en el hemiciclo, cabiendo gracias a que quitan los sillones horribles esos de despacho de oficina con ruedines que tienen, reponiendo las bancadas corridas, los escaños real y propiamente dicho, que nunca debieron de retirar. Sentándose todos bien juntitos que da gusto verlos, que parece como en el Parlamento británico, donde han tenido el buen juicio de no primar la comodidad de los congresistas para que sea un lugar donde sea el debate el que prime. Que en España hasta se les llegó a instalar a cada diputado una pantalla individual con acceso a internet y teclado escamoteable (que a pocos años de tal reforma y gasto ya no funcionan ni son operativos, pero ahí siguen), al lado de la consola con los tres botoncitos para votar (que aun siendo de colorines igualmente se equivocan), y que ahora andan con la Tablet para jugar en ocasiones al *Candy Crush* cuando se aburren, y trasteando con los teléfonos inteligentes para mandar WhatsApp desde el escaño en medio del pleno. Y aquí lo formal sí que importaría. Permítanme otra digresión de las mías, que no es baladí.

Ya que estamos tan pendientes de lo que se ha llamado «Memoria democrática», que es ya de hecho ley, y en donde entre otras cosas ha declarado ilegal la dictadura franquista, no estaría de más que por mor de democratizar más nuestras mejorables instituciones del Estado, revirtiéramos el atropello realizado con el Salón de Sesiones, que hoy conocemos como Hemiciclo, en época del puesto ya fuera de la ley, régimen anterior. Pues que para dar cabida a todos los procuradores de aquellas oficialmente llamadas Cortes Españolas, de modelo unicameral, que iban aumentando en número desde su constitución en pleno en 1943, no se les ocurrió otra cosa que tirar las paredes del hemiciclo. Paredes que llegaban hasta donde están las tribunas para el público. Además de en los grabados decimonónicos de las tumultuosas sesiones de entonces, se ve a la perfección cómo era aquél salón en los cuadros del pintor Asterio Mañanós de principios del siglo xx. ¿Qué ganaríamos recuperando esas paredes (tiradas por tanto ilegalmente por quienes detentaban el poder entonces, según hemos de entender acorde al espíritu de la nueva ley), junto con los tradicionales escaños? Pues que si a esto les quitamos los portátiles y teléfonos fijos, y en el reglamento se fijara que durante los plenos no se puedan usar las tabletas a no ser como mucho que para lectura de algún dato, i.e. sin conexión a red, y con los celulares en las chaquetas o bolsos bien guardados, revitalizaríamos los usos y costumbres del parlamentarismo. El estar atentos a lo que en el pleno se dice. A que el orador sea el protagonista y sus palabras aplaudidas o abucheadas (¿por qué no?, no seamos tan melindres, siempre ha sido costumbre inveterada tales reacciones), reconvirtiendo el Salón de Sesiones en lo que nunca tuvo que dejar de ser.

Porque, ¡con lo divertido que era cuando las distancias eran tan cortas que no hacía falta megafonía ortopédica alguna para decir un discurso! Para interpelarse entre los lugares que los diputados tenían asignados. ¡Y bien que se oía todo! Que para eso en el centro de la sala siempre han estado los taquígrafos, luego acompañados de los estenotipistas, y bien que escuchaban y registraban en los Diarios de Sesiones absolutamente todo. En las Cortes del Sexenio Democrático, el Congreso iba a ser uno de los protagonistas absolutos. Donde se eligieron reyes y se proclamaron repúblicas. Donde muchas veces era cervantino Patio de

Monipodio, cuando no, castiza Casa de Tócame Roque. Pero no podemos minusvalorar la que había devenido, tras las Cortes de Cádiz de 1812, en auténtica sede de la soberanía nacional. Representación de la nación en que se había convertido ya, desde el concepto moderno liberal, esa España que unos dicen milenaria y otros de antes de ayer. Citando al historiador Josep Fontana, «toda visión global de la historia constituye una genealogía del presente. Selecciona y ordena los hechos del pasado de forma que conduzcan en su secuencia hasta dar cuenta de la configuración del presente, casi siempre con el fin, consciente o no, de justificarla»[81]. Zanjado quede el irresoluble tema, y vayamos al turrón, que ya vimos que siempre trae a cuenta.

Solemne apertura de las cortes constituyentes el día 11 de febrero de 1869 (*El Museo Universal*).

81   Josep Fontana, Historia. *Análisis del pasado y proyecto social*. Crítica, Barcelona, 1982. p. 9.

El caso es que el llamado Gobierno Provisional salido de la Gloriosa del 68, y tras las elecciones de 1869, llegaría a 1871 habiendo tenido cinco presidentes del Consejo de Ministros, que ya está bien para poco más de dos años. Aprobada la Constitución del 69, fueron convocadas nuevas elecciones para el Congreso el 8 de marzo de 1871, en busca de una estabilidad democrática, ¡y ver si salían unas mayorías que permitieran una estabilidad gubernamental! Las anteriores, las constituyentes de dos años antes, sobre 352 escaños, la coalición entre el Partido Progresista de Prim, y la Unión Liberal que había fundado en 1854 el recién fallecido Leopoldo O'Donnell, con el general Serrano a la cabeza, obtuvo una amplia mayoría (que ya quisieran muchos ahora), de 236 escaños. Los republicanos encabezados por Pi y Margall sacaron 85, y los monárquicos tradicionalistas (los carlistas, vaya), apenas. 20. El gran problema es que, en el reparto de poder, Serrano se quedaría como Jefe de Estado. Pero como Jefe de Gobierno sería nombrado Juan Prim. Un nimio problema se produce el 27 de diciembre de 1870 en la calle del Turco (hoy del Marqués de Cubas). Saliendo Prim, precisamente del Congreso de los Diputados, unos trabucos le esperaban para descargarle varios disparos que, a la postre, acabarían con su vida tres días más tarde[82]. El caso es que nos quedamos sin presidente. Y aquél famoso discurso en el Congreso de los tres «jamases» del 11 de junio de ese año, donde vaticinó, no ya el final

---

82   Sobre la autoría y sobre si hubo remate final, o las causas reales del fallecimiento de Prim, se han escrito ríos de tinta, como suele decirse. Interesante, entre otros, los estudios de Francisco Pérez Abellán, *Matar a Prim*, Planeta, Barcelona, 2019. Y, de José Mª Fontana Bertán, *El magnicidio del general Prim. Los verdaderos asesinos*, Ed. Akrón, 2012.

de la dinastía Borbón, sino su imposible vuelta, era una circunstancial realidad en la figura del nuevo rey al que no llegaría a conocer, Amadeo de Saboya:

—«La restauración de Don Alfonso, ¡JAMÁS! ¡JAMÁS! ¡JAMÁS!» (sic en el Diario de Sesiones las mayúsculas)

Prim no fue especialmente un gran parlamentario, pero sí que lo fue en cuanto a que su fuerte personalidad le hacían ser siempre el foco de las miradas en el hemiciclo. Se cuenta de una vez que, haciendo uso de la palabra el diputado barcelonés Gonzalo Serraclara, del Partido Republicano Democrático Federal, uno de los representantes del federalismo más radical, Prim le escuchaba con inusual atención. No siendo él mismo un gran orador, sí que gustaba de la oratoria parlamentaria. Oratoria que, hoy en día nos parecería epatante y engolada hasta la náusea. Dejando de lado pues, esta puntualización, el caso es que al finalizar su intervención se puso a aplaudir con visible entusiasmo. Habida cuenta de que Serraclara había llegado a decir de Prim que había intentado parar la revolución para reconvertirla en provecho propio (entre otras lindezas), no era para menos el que uno de los ministros sentado en la bancada azul del gobierno, le susurrara presa del asombro

—«Pero, mi general…

—No se inquiete —respondería el de Reus—, aplaudo la música, no la letra[83]».

Nos puede parecer una boutade de órdago a la grande. Pero el modo en que se decían las cosas eran tenidas muy en serio. Incluso las formas y los detalles, como el vestir.

83   Luis Carandell, *Las anécdotas de la política. De Keops a Clinton*, Planeta, Barcelona, 1999.

Que eso hoy en día es algo absolutamente superado… para mal. Desde que el ministro socialista Miguel Sebastián fuera amonestado por el presidente del Congreso, José Bono, en 2011, por comparecer en el estrado sin corbata, hasta la toma del hemiciclo por camisetas, vaqueros raídos y caídos (por no citar cómo escatológicamente también se denominan) de los últimos tiempos, en aquel momento no es que fuera el decoro en el vestir norma fundamental tanto o más que la cortesía parlamentaria. Es que, por ejemplo, la tradición indicaba que cuando se iba a hacer alguna declaración solemne de cierta trascendencia, se vistiera de gran gala. Esto es, de uniforme según correspondiera. De este modo se produjo una curiosa anécdota parlamentaria por culpa de un gabán. La costumbre, incluso hoy en día, es que las sobreprendas de los diputados se cuelguen fuera del hemiciclo. Cada quien tiene un lugar para dejar sus abrigos o lo que lleven en días de frío o lluvia[84]. Tras la caída del gobierno de Ruiz Zorrilla, el poder recaería en el cañaílla[85] José Malcampo. No contando con apoyo suficiente en la cámara, no se sabía qué iba a hacer ni anunciar cuando llegara al Congreso. Al hacerlo, se dirigió al banco azul del gobierno, con el gabán puesto. Cosa nunca vista. Todo fue suspense. Expectación. Pues si hubiera entrado de uniforme, estaba clara la decisión. Malcampo se mantuvo con el gabán

---

84   Por cierto, que fue gracioso, por así decir, que la primera vez que los novísimos y jóvenes diputados de PODEMOS entraron al hemiciclo, lo hicieron con toda su vestimenta de calle, dejándola sobre los respaldos de las sillas de sus escaños. Los pobres ujieres del Congreso se las vieron y desearon para explicarles que lo suyo es que los colgaran de la percha con el número que le corresponde en la zona habilitada para ello fuera del solemne salón.

85   Natural de la isla de San Fernando, en Cádiz.

puesto hasta que subió al estrado donde, quitándose el sobretodo, quedó a la vista que no iba con levita o chaqué, sino con el uniforme de las grandes ocasiones, con el que decretó la suspensión de las Cortes ante el revuelo general. ¡La ropa también habla!

En cuanto a lo de decir las cosas, la oratoria, el que con el tiempo, además de cuarto presidente de la República, acabaría siendo el paradigma del orador parlamentario, será el gaditano Emilio Castelar. Inmortalizado para siempre en la capital en bronce en un gran monumento, donde la gracia reside en que no está en la cúspide del pedestal o de la columna, sino en un lateral, en su escaño del Congreso, en plena réplica parlamentaria. Hoy en día la Asociación de Periodistas Parlamentarios concede cada año el Premio Emilio Castelar al mejor orador. No hagan la prueba de tener la curiosidad de leerse algunos de ellos. ¡Son infumables! En su tiempo y momento, eran lo más. Ahora, lo veríamos como un tío plomo de cuidado. Pero un tío plomo con pico de oro. De él dijo un cronista de las Cortes llamado Benito Pérez Galdós: «*Imposible idear voz más bella, ni movimientos más adecuados a la majestad y hermosura de la palabra ni dicción más elegante y fluida. Pero lo más notable en este orador es la convicción acerada, la firmeza que tiene o aparenta tener en cuanto dice. La palabra y la idea, el gesto y los ojos forman armonía perfecta, y mientras en la mirada hay algo que devora y quema, sus acentos tienen algo del huchazo que hiende sin piedad*»[86]. ¿Alguien parecido se nos viene a la cabeza en

---

86   Luis Carandell, *El show de sus señorías. Antología de anécdotas parlamentarias*, Lunwerg, Barcelona, 1986.

la actualidad?[87] Pero no nos deprimamos pensando que cualquier tiempo pasado fue mejor, que tampoco es cierto.

La fama de su oratoria llegaría al extremo de que, estando el tiempo igualmente medido como lo es ahora para que los diputados no se pasaran con el que tenían asignado, en una ocasión el presidente a la sazón del Congreso, don Nicolás María Rivero, no tuvo más remedio que llamar la atención a don Emilio viendo que no terminaba su discurso. La llamada al orden la realizaría de la manera más elegante que se pudo oír: «*No tengo facultad para darle a su señoría más tiempo. Si lo tuviera, por mi gusto le escucharía eternamente*». Quitándole la palabra al mismo tiempo que le sonreía. Algunas de las intervenciones de Castelar en ese momento de 1870 serían de una modernidad apabullante. Como la que hiciera en las citadas Cortes Constituyentes sobre la abolición de la esclavitud. Sí. En España hubo esclavitud. No fue abolida por la reina Isabel I «La Católica», cuyo testamento es sin duda pieza clave fundamental para lo que sería el futuro de la América española[88]. Pero la esclavitud como tal no fue abolida en la península hasta 1837, manteniéndose en Puerto Rico y en Cuba de manera expresa. La de Puerto Rico sería derogada la exención precisamente por la Primera República en 1873, pero en Cuba no lo sería hasta 1886 con los Borbón de nuevo en el trono en la figura de Alfonso XII. Lo que es, es. Y fue.

---

87 Si no se les ha venido nadie, me hago cargo. ¡Está la cosa como para hacer comparaciones!

88 Vid. (ya que me tengo cerca y así me hacen gasto ustedes) Javier Santamarta del Pozo, «Los hombres libres de América. Isabel y Fernando, reyes de los americanos libres ante la Ley», dentro de *Siempre tuvimos héroes*, Ed. Edaf, Madrid, 2017.

Monumento a Emilio Castelar, Madrid.

¿Pero cuáles fueron las palabras de Castelar en el Congreso a las que nos referimos? Les dejo unas cuantas perlas entresacadas de su tonante alocución: «*Nosotros no somos sólo una potencia europea; nosotros hemos sido, y seremos siempre, una potencia americana. [...] La política americana está llena de ingratitudes para España; la política española está llena de errores para América. [...] Debemos dar un gran ejemplo a América. La raza latina nos necesita; necesita de España para contrarrestar el ímpetu de la raza sajona».* La verdad es que todo esto dicho en aquel momento tiene su punto, e imagino que habrá sorprendido a más de un lector. Cosas que nos sucede por haber ignorado tanto la historia común hispanoamericana: *«Nuestros reyes, que eran aquí constitucionales, eran allí absolutos; nuestros ministros, que eran aquí responsables, eran allí arbitrarios; teníais su prensa bajo la censura y su opinión con mordazas; disponíais de sus derechos sin oírlos, y de sus tributos sin consultarlos; la tierra de la libertad concluía en las islas Canarias, y cuando comenzaba el Nuevo Mundo, comenzaban los dominios del absolutismo, que ningún pueblo puede soportar sin gangrenarse»*[89]. Me temo que aún nos queda mucho que reflexionar sobre un periodo de la Historia tan poco conocido.

El caso es que ese Congreso, que ya había legitimado el mandar de vacaciones permanentes a Francia a la reina Isabel II, tuvo la audacia de llevar a cabo una votación más que inédita: la de nombrar nuevo rey. El general Serrano, al que las Cortes nombraron regente con tratamiento de Alteza, de un reino sin rey, había quedado como Jefe de Estado. Pero el Congreso era donde entonces más que nunca, la soberanía popular comandaba. Entre caciques, espadones y facciones de todo tipo. Cierto. Pero de ese lugar y de ningún otro tendría que salir el nuevo gobernante. En la sesión de Cortes de 16 de noviembre de 1870 se procederá a la elección entre los siguientes candidatos finales, tras la difícil selección y la ardua búsqueda entre las

---

89 Discurso de 20 de junio de 1870. Cfr. Carmen Llorca, *Emilio Castelar: Discursos parlamentarios*, Narcea de Ediciones, Madrid, 1973.

casas reales. Y ojo, también con la opción republicana sobre la mesa... aunque la exigua representación de esa opción no hacía prever un resultado diferente. El recuento final fue: 191 votos para Amadeo de Saboya; 60 votos para la República de tipo federal; 27 votos para el eterno candidato y conspirador permanente, Antonio de Orleans, Duque de Montpensier; 8 votos sacaría el popular general Espartero, aunque él previamente ya había rechazado su candidatura; 2 votos tan sólo el príncipe en el destierro, Alfonso de Borbón; 2 también los partidarios de la República, pero unitaria; 1 voto para alguien que quería república, pero no decía cuál; 1 voto solitario también para la infanta María Luisa Fernanda de Borbón, esposa del de Orleans, que no sé por qué me da que es lo que hoy llamaríamos un troleo de libro; 19 votos quedarían en blanco.

De este modo surge la primera monarquía democrática, literalmente así concebida, de la Historia de España. Dos años y dos meses más tarde huye más que parte, hacia Italia. Rechazado por los republicanos, por los monárquicos... que eran carlistas, sin su valedor Prim al que le habían dado matarile, y que otro tanto casi hicieron con él en un atentado cerca de la actual Plaza de Isabel II de Madrid, la popular de Ópera, el pobre monarca no pudo sino exclamar en un lamento: «*Ah, per Bacco, io non capisco niente. Siamo una gabbia di pazzi*»[90]. Con un panorama cada vez peor: una nueva guerra carlista, la tercera; la guerra insurreccional en Cuba creciendo; sin apoyos políticos de parte de quienes le habían votado, cuya coalición se había ido al traste; entre tirios y troyanos...

---

90   «No entiendo nada, esto es una jaula de locos». ¡Razón no le faltaba!

entre el Rey y las Cortes. Ambos se saltaron respectivos artículos de la constitución vigente para, el primero marchar a la embajada italiana a asilarse tras escribir una carta abdicando (dicen que tras levantarse de una comida y endosarse una *grappa* al coleto). Cosa para lo que debía tener autorización previa de las Cortes[91] (para abdicar, no para trasegar aguardientes, quede aclarado). El segundo, lo de reunirse en sesión conjunta Congreso y Senado. Cosa que lo tenían prohibido por mandato[92]. Pero les dio una higa y se constituyeron en Asamblea Nacional, a la francesa, siendo el gran momento para el inesperado pero tan ansiado, paso a la república.

Hay que señalar que durante el breve reinado de Amadeo, 26 meses recuerdo, se produjeron nada menos que tres elecciones generales. Las de marzo de 1871, donde vuelve a ganar la colación de Prim, pero asesinado él, será el general Serrano el que sea presidente. Que será sustituido por Ruiz Zorrilla. Que lo será por José Malcampo. Que lo será por Práxedes Mateo Sagasta… que mejor convoca elecciones de nuevo a ver qué pasa. La coalición conservadora-constitucional se hace con una amplísima mayoría sobre los republicanos en las de abril de 1872, siguiendo en el poder Sagasta… que *se gasta* pronto[93], cediéndoselo a Serrano, que lidia con la Guerra Carlista estallada, pasándoselo a Ruiz Zorrilla (¡qué *déjà vu*!), que estando en minoría parlamentaria, se vio obligado ¡a unas nuevas elecciones! Lo que fue una

---

91 Art. 74. *El Rey necesita estar autorizado por una ley especial: 7º. Para abdicar la Corona.* CE 1869.
92 Art. 47. *Los Cuerpos Colegisladores no pueden deliberar juntos,* CE 1869.
93 Me perdonen el chiste merecedor de colleja, pero no he podido evitarlo, se lo juro.

buena jugada para el líder del Partido Radical, el propio Ruiz Zorrilla, que en las de agosto de 1872, de 42 escaños pasaría a nada menos que 274 en medio del caos de la guerra, sin que se pudiera votar, entre otros territorios, en Aragón, Navarra y Valencia, con los republicanos además pidiendo la abstención... Cinco meses más tarde todo saltaba por los aires con la renuncia regia.

La fuerza del omnipresente Emilio Castelar, amén de redactar la respuesta que la Asamblea daba aceptando la renuncia a la Corona de Amadeo, hace casi una arenga más que una intervención parlamentaria: «*Señores, con Fernando VII murió la monarquía tradicional; con la fuga de Isabel II, la monarquía parlamentaria; con la renuncia de don Amadeo de Saboya, la monarquía democrática; nadie ha acabado con ella, ha muerto por sí misma: nadie trae la República; la traen todas las circunstancias, la trae una conjuración de la sociedad. de la naturaleza y de la historia. Señores. saludémosla como al sol, que se levanta por su propia fuerza en el cielo de nuestra patria*»[94]. Mejor resumen, imposible. Aunque ese sol venía con nubes. Era el 11 de febrero de 1873. La votación había proclamado la república por 258 votos contra 32. Sin embargo quedó indefinida la forma en que debía de ser, si federal o unitaria, pero el primer presidente del Ejecutivo fue una persona de corte federal: el barcelonés Estanislao Figueras. Era necesario volver a convocar elecciones para unas Cortes constituyentes, llevándose a cabo en el mes de mayo. Pero mal.

94   Francisco Pi y Margall, *Historia de España en el siglo XIX. vol. V*, Miguel Seguí, Barcelona, 1902, pág. 99

Gobierno Provisional 1869 con Serrano a la cabeza (J. Laurent).

La estabilidad de la nueva forma de Estado, de su gobierno, dependía de un parlamento estable y en condiciones. Lo que resultaba algo complicado cuando España seguía sumando en la *Carlistada*. Carlistas que se negaron a presentarse a los comicios. Pero el resto de los partidos de la oposición también solicitó el retraimiento. ¡La abstención, vaya! Tanto los Radicales de Ruiz Zorrilla, los Conservadores-Constitucionalistas de Serrano, los monárquicos Alfonsinos de Cánovas, y el Partido Moderado, de corte liberal. Era de cajón que aquel parlamento iba a constituirse con unos resultados, que iba a parecer la Asamblea Popular Nacional de China. Todos iguales. Porque con la participación de los que fueron a votar (en Madrid un 28% del censo y en Cataluña un 25%, sirvan como patéticos ejemplos), sobre 383 diputados elegibles, 346 serán del Partido Republicano Federal de Pi y Margall. El partido de la oposición más votado fue el de los Radicales independientes de Cristino Martos… con 20 escaños. El resultado de estas elecciones, recordemos, para llevar a cabo una nueva constitución republicana, fue el proclamar la República Federal el 8 de junio de 1873… pero sin ninguna constitución que la legitime ni legisle. Mal se empezaba.

El caos en que se había sumido la República y su parlamento, es recogido en un diario de París de tristísima manera. En las memorias del que fue gobernador civil de Madrid con el presidente Figueras, Nicolás Estévanez, y que llegaría a ser ministro con el presidente Pi y Margall, recordaba lo leído en el noticiario francés: «*Se va restableciendo la tranquilidad. Hoy no han sido asesinados más que tres generales y un obispo. En Sevilla fueron apedreados unos extranjeros. Pi y Margall amenazó a Castelar con un revólver. El exalcalde Rivero se naturalizó alemán*»[95]. ¡Menudo panorama! El Congreso desde luego estaba para pocas florituras. Aunque algunos de los miembros del gobierno, como el que será luego presidente del Ejecutivo también, el almeriense Nicolás Salmerón, se decía que para él la política era una especie de religión en lo concerniente al republicanismo, del que era devoto defensor. Francisco Silvela dijo de él que «*Es un gran orador pero pierde todas las batallas ya que en sus discursos sólo usa un arma: la artillería*»[96]. El mallorquín Antonio Maura, que con el tiempo sería presidente del Consejo ya en la Restauración, recordaba ese tono de profesor que tenía Salmerón diciendo que «*siempre parece que esté dirigién-*

---

95   Carandell, 1999.
96   Íbid.

dose a los metafísicos de Albacete»[97]. De esa manera profesoral podíamos verle en la caricatura de *Escenas de Familia* comentada en el capítulo anterior, con un libro de Kraus sobre las rodillas, en actitud pensativa. La verdad es que, aunque siendo un gran orador, no se sabe bien qué hacía metido en política un catedrático de Metafísica… Duraría mes y medio en el cargo de presidente.

Como vemos, la oratoria podía ser espléndida, pero aquellas Cortes de la Primera República venían con varios problemas desde su inicio. A las sesiones públicas se le sumaban las secretas, pues el edificio de la Carrera de San Jerónimo nunca sería una sede más abierta, sin horarios ni día de cierre. A las públicas había que sumar las reuniones secretas (discretas diríamos mejor) en pequeños conciliábulos entre quienes estaban llevando a trancas y barrancas el peso de negociaciones que conducían a más cambios de gobierno para arrostrar la situación de crisis múltiple en medio de la que nació la república. Y añadir las que eran secretas, llevadas a cabo tras las abiertas al pueblo. Para hacernos una idea de lo maratonianas de muchas jornadas parlamentarias (¡que la intención no hay que minusvalorarla!), cuando se acababan las públicas, desalojadas las tribunas donde como hoy, los ciudadanos pueden asistir a los plenos, el mismo continuaba en modo de cónclave, por así decir, aunque a la luz de los siempre presentes taquígrafos por supuesto, comenzando en ocasiones a las 11 de la noche, y no acabando hasta altas horas de la madrugada.

Cuando se proclamó como señalamos, el 8 de junio, la república federal, tras la aplastante victoria electoral

---

97   Íbid.

del Pi y Margall, había que formar gobierno. Lo que parecía fácil con tan grande mayoría, pero no. En los diarios de sesiones y en las memorias de muchos de los presentes quedaron recogidos el esfuerzo para confirmar un ejecutivo, que tendría al final que ser de continuidad, con Figueras (el presidente saliente) a la cabeza, pese a las ganas que tenía de abandonar definitivamente, incluso alegando problemas de salud. Pero hizo el esfuerzo. En sus propias palabras: «*Quien se había sacrificado treinta y tres años por la República, no le negaría unos cuantos días más*». Un gobierno interino que será aplaudido a los gritos de ¡Viva la República! por los diputados presentes… y que duraría dos días. Con Figueras marchando a Francia tras soltar la famosa frase que se le atribuye: «*Senyors, seré sincer: estic fins als collons de tots nosaltres*»[98]. En su catalán natal. Que en esto los que hemos vivido fuera años y trabajado en otros idiomas y por más que seas o llegues a ser bilingüe, sabemos que cuando tienes que blasfemar o mentar a quien te ha puesto los tegumentos como criadillas de morlaco, lo tienes que soltar en la lengua que has mamado primigeniamente.

Una cosa también a destacar es que aquellos plenos eran en extremo bulliciosos y lejos del romanticismo que le achacamos. De cómo debía de ser intentar controlar aquellas cámaras nos da constancia el hecho de que si los cambios de presidente del Consejo de Ministros eran constantes, aún lo eran más los de los presidentes de Las Cortes. Que como diría el Conde de Romanones en famosa expresión, aunque décadas más tarde, «¡Joder

---

98 «*Señores, voy a serles franco, estoy hasta los cojones de todos nosotros*». ¡Como para no estarlo visto lo visto!

qué tropa!». Aunque fuera casi una malicia de lo más naif. Como cuando uno de los diputados más famosos del momento, Francisco Romero Robledo, conocido como «el Pollo de Antequera», el cuál hasta tenía seguidores que se llamaban «los húsares», cuando un diputado bastante bajito se levantó para hacer un alegato a sus acciones como Ministro (lo fue seis veces de cuatro carteras distintas, eso es vocación ministerial), Romero le escuchaba con cierta displicencia. En el momento en que el interpelante se encontraba en el clímax de su vehemente alocución, el antequerano pollo le cortó en seco interrumpiéndole para soltarle: «*No entiendo bien lo que me dice. ¡Póngase su señoría en pie!*»[99]. Abierto detractor de la República, llegaría en la Restauración (porque a este de Las Cortes no le sacaría sino la muerte tras 37 años como diputado) a oponerse al Sufragio Universal, considerándolo no un derecho sino «instrumento de la tiranía y enemigo de la libertad» ya que la «*función política exige condiciones de capacidad, que no tienen ciertamente aquellos que al depositar una papeleta en la urna no saben lo que hacen, no se han ocupado nunca de la vida política, no tienen la cultura de vida ni de inteligencia suficiente para ocuparse de los intereses públicos, ni para comprender la conveniencia de que los negocios del Estado lleven esta o la otra dirección*». ¡Es lo que tiene la democracia, don Francisco!

Pero algún otro diputado hubo que era más fino a la hora de soltar puñaladas parlamentarias, como fue el caso de Francisco Silvela, del que precisamente Romero Robledo, zumbón él, decía del madrileño que

---

99 Carandell, 1986.

«Es tan frío que veranea en Málaga», en un tiempo en que lo del veraneo era una entelequia. El mote que llegó a tener Silvela en el Parlamento fue el de «El caballero de la daga florentina». Ni que explicar tiene el porqué del mismo. Precisamente al Pollo de Antequera en una réplica le soltaría: «*A su señoría todavía se le oye pero ya no se le escucha*». Touché! En la prensa de la época se llegó a señalar que «raro es el discurso de Silvela en que no haya que lamentar desgracias personales»[100]. Algún otro apenas tenía que preocuparse, como los que eran minoritarios. Tanto como que un diputado llegó a decir que «Me he hecho aludir porque es cosa sabida que aquí, si no se alude uno, no le alude nadie». Normal. ¡Era el único diputado electo de su grupo! Algo parecido al carlista Cándido Nocedal, que llegó a decir en su turno que «Yo he procurado hablar el último porque ese es el lugar que me corresponde por mi insignificancia personal y porque soy la menor minoría aunque la más unida, la más compacta. Estoy solo». Yo creo que por casos tan tristes se acabaría creando el Grupo Mixto.

Aunque para soledad la de ejercer el cargo de presidente del Ejecutivo en esta alocada Primera República. Desde el 7 de septiembre del 73 había recaído en Emilio Castelar para ver si lograba él poner orden en lo que parecía imposible que fuera nadie capaz de imponer. En uno de sus últimos discursos en el Congreso hizo un ruego a Las Cortes para lograrlo: «*Para sostener esta forma de gobierno necesito mucha infantería, mucha caballería, mucha artillería, mucha Guardia Civil y muchos carabineros*». No los tuvo. Y el Congreso tuvo

---

100 Íbid.

que ver en la noche del 3 al 4 de enero de 1874, como la Guardia Civil enviada por el general Pavía, entraba en la Carrera de San Jerónimo. No como parte de esa petición, sino para disolver las Cortes republicanas federales, y acabar con su gobierno. ¿Era el fin de la República? Aún no. No. Aún no. Ya lo verán.

LO MALO DE LA GUERRA ES QUE HACE ¡PUM!

LA ¿TERCERA? GUERRA CARLISTA Y LA PRIMERA DE CUBA, EN ANTES, EN DURANTE Y EN DESPUÉS

> «Pero mira que te guardes
> de cualquier liberalón,
> que esa gente desprecia
> el honor y religión»
> COPLILLA CARLISTA

Dicen que España es un país cainita donde nos gusta darnos la del pulpo a las primeras de cambio. Somos las Españas, pero dos. Las que se pegan a garrotazos en el más que manido cuadro de Goya. Por lo que era de cajón que, en el siglo XIX en que nos constituyéramos como nación según los cánones politológicos e historiográficos que así la definen hoy en día, lo celebráramos reiniciando la tradición de las guerras civiles. Que hay quien sostiene que comenzara en tiempos en que aún nos llamábamos Hispania, entre los populares de Sertorio y los optimates de Pompeyo, en el 82 antes de Cristo. La primera constatada en estas tierras que pudiéramos tener por tal. Y montamos un recién antes citado nada menos que en varios conflictos, que se ve que nos quedábamos con ganas de seguir aniquilando al contrario. Como las tres guerras carlistas acaecidas. Aunque este número tres es discutible, y no todo historiador lo reconoce, hablando sólo de dos. Que ni para contabilizar en las que sacamos el odio y la faca a pasear nos ponemos de acuerdo.

¡Y esto dentro de la Península! Porque tuvimos una Guerra de Cuba que nos duró diez años. No, no me estoy refiriendo a dónde más se perdió, y volvieron cantando. Eso fue la guinda final del siglo con la aparición estelar de Estados Unidos para darnos las gracias por lo de Pensacola con Bernardo de Gálvez, las armas españolas con que ganaron los rebeldes la batalla de Saratoga, el bestial apresamiento de la flota británica por Luis de Córdova[101], y cosillas así. Una ayuda que, imaginen, si se le solicitara la devolución económica enviada, estaríamos hablando de tres billones de dólares actuales[102]. ¡Que mal no nos vendrían! Me refiero a la llamada Guerra Grande, que tuvo lugar desde 1868, año de *La Gloriosa* y de más cosas como vemos, con bastante menos gloria, y me

---

101 Realizado en 1780. De 55 barcos ingleses del convoy, fueron un total de 36 fragatas capturadas, 10 bergantines, 6 paquebotes. En total 52, a lo que habría que sumar 80.000 mosquetes, 294 cañones, 3.000 barriles de pólvora, y vestimenta y equipación para 12 regimientos de infantería. ¡Casi nada el apresamiento!

102 Estudio realizado por José María Lancho, publicado por la Real Academia de Jurisprudencia y Legislación española, realizada junto con el auditor Antonio Granero, que incluso es considerada como moderada al no incluir ciertos pagos directos. Presentado en conferencia el 3 de marzo de 2016 en la Casa de América: *«La plata de la libertad. La ayuda económica española a la independencia de los Estados Unidos».*

perdonen el patético chascarrillo. Pero es que estamos hablando de posiblemente hasta 200.000 muertos[103] entre ambos bandos, y apenas sabemos nada de un periodo tan tremendo de la Historia de España, que acabará ya con Alfonso XII en el trono. El Sexenio sería *democrático*, pero lo que es pacífico...

Con lo que creo que tendremos que hacer una pequeña introducción para intentar (al menos intentar) comprender en qué situación bélica se vio envuelta la Primera República. Porque estos conflictos ya estaban, como vemos, en marcha a su proclamación, y no terminarían hasta después de su extinción. Esto es, que dichos conflictos durarían más que la forma de gobierno que los españoles se dieron en 1873. ¡Eso es tener marejada de fondo y lo demás son tonterías!

Como sabemos bien, nuestro siglo XIX comienza a tortas con nuestra aliada Francia por un quítame allá una invasión en yendo de camino a Portugal, teniendo como nuevo aliado a Inglaterra, que ya que estaba por acá, nos ayudó ayudándose a ella misma contra su enemigo, Napoleón, y de paso y mano a mano con el gabacho, dejar esto como un solar, que para eso éramos sus rivales seculares y tantos quebraderos de cabeza le habíamos causado en el siglo XVIII. Con este prometedor inicio comienza lo que además viene envuelto de los aires revolucionarios que cambiarán la Historia tras lo ocurrido en Francia en 1789, y que tendrá influencia en ambos hemisferios. Con ideas que se traducirán en conceptos nuevos como el liberalismo, y unas estruc-

103 R. W. McColl & Gerhard Robbers, *Encyclopedia of World Geography*. Tomo I. Infobase Publishing, Nueva York, 2005, p. 222.

turas políticas donde los regímenes de corte absolutista van a confrontarse con las nuevas nociones de soberanía basadas en la nación, con el ciudadano por protagonista. En una época en que lo industrial estaba por venir y el campo era dominante sobre la fuerza de las ciudades.

Sería pecar de orgullo el intentar sintetizar tanta materia conceptual y tan grandes y numerosos hechos de la Historia en este amable libro que no tiene más aspiración que despertarles la curiosidad y las ganas por conocer más sobre lo narrado. La España del siglo xix ha sido tratada por muchos especialistas, desglosadas por temas, biografías o sucesos. Tal vez el catedrático don José Luis Comellas[104] haya escrito el libro más accesible para el que quiera conocer de manera sincrética y en su totalidad, este periodo en España, que tanto marcará la época que hoy vivimos. En todo el mundo. Que hay que repetir que fue un periodo extremadamente convulso de manera global. En Europa, de hecho, tras la sangría de las guerras napoleónicas, la Guerra Franco-Prusiana de 1870 (que tiene como uno de sus detonantes la búsqueda de pretendiente para el Trono de España), iba a asentarse como el prólogo de las que estaban por venir en el siglo xx. En España, digamos que veremos cómo estamos buscando incesantemente nuestra nueva razón de ser tras la proclamación de la Constitución de 1812, la famosa «*La Pepa*», tan aireada como tan poco vigente, donde se establece de manera fetén el concepto de nación española. Pero el caso es que durante este siglo tendremos en total cinco constituciones (1812, 1837, 1845, 1869 y 1876), dos

---

104 José Luis Comellas, *Historia de España en el siglo xix*, Rialp, Madrid, 2017.

Cartas Otorgadas[105] (la de Bayona de 1808 y el Estatuto Real de 1834), y dos proyectos constitucionales más que no verían la luz (1856 y 1873). No está mal.

Y ustedes se me estarán preguntando que todo esto que tiene que ver con las guerras que afectaron al periodo republicano que estamos tratando. No me extraña. Pero es que intento crearles un marco de referencia para comprender (y rebatir), el tópico de que en este momento de inicio de siglo van a surgir el mito de la dos Españas con el estallido de las guerras carlistas, y la proverbial querencia a darnos de guantazos. Bueno, esto último va a ser más complicado. Pero es que lo de poner las facciones en sistema binario, que es lo fácil para una visión simplista y maniquea de las cosas, estaría bien si no fuera porque cada facción a su vez se descompone en nuevas facciones en una especie de fiesta de la mitosis política. Cuando finalizó la Guerra de 1808, regresaría el rey Fernando VII, de sobrenombre «el Deseado» en sus inicios, y «el Felón» tras sus vaivenes y sus juramentos en falso. Pues nada más cruzar la frontera tenía que haber ido rumbo a Madrid, a la capital, a jurar la citada Constitución de 1812. De corte liberal. Pero lo que hizo fue una cobra yéndose a Valencia a firmar un documento llamado el «Manifiesto de los Persas», que unos diputados contrarios a La Pepa, de tinte absolutista, habían redactado para dejarla en papel mojado.

Con lo que primera dicotomía. Segunda, realmente, tras los «patriotas» y «afrancesados» de cuando la guerra

---

105 Documento que otorgaba *graciosamente* el monarca de turno como una especie de constitución, donde quedaba claro su despótico compromiso para con sus súbditos.

del Francés. La de «absolutistas» contra «liberales». Para ir lo más rápido posible. Tomen aire. Esto nos llevará a que, mientras que en ultramar ha comenzado desde 1810, constituidas las Cortes pero con un vacío de poder, la serie de levantamientos que lleven a la secesión de aquellos territorios (Hidalgo en México, Bolívar en Venezuela, San Martín en Argentina…), en 1820 se pronuncia Rafael de Riego en Las Cabezas de San Juan, con las tropas que debían de partir hacia América para proclamar e instaurar la Constitución de 1812. Ocupado el Palacio Real de Madrid, Fernando VII firmará un célebre Manifiesto a los españoles (sic): «*Marchemos francamente, y yo el primero, por la senda constitucional; y mostrando a la Europa un modelo de sabiduría, orden y perfecta moderación en una crisis que en otras naciones ha sido acompañada de lágrimas y desgracias, hagamos admirar y reverenciar el nombre Español, al mismo tiempo que labramos para siglos nuestra felicidad y nuestra gloria*». La felicidad duró, no siglos, sino tres años. Y de paso, ya tendremos también a los constitucionalistas divididos entre «doceañistas» y «veinteañistas». Entre *moderados* que defienden la de 1812 y *exaltados* que abogan por lo de 1820, como también se les conoció.

En 1823 Francia nos vuelve a hacer una visita con Cien Mil de sus hijos (realmente no fueron tantos, pero el redondeo hacía épico el nombre), y vuelta al absolutismo gracias a los que decían hacía sólo quince años que traían las luces de la Ilustración. Comienza la llamada Década Ominosa. Un año más tarde, tras la batalla de Ayacucho, en Perú, se secesiona definitivamente América del Sur. En este lado del charco el Rey no hace más que casarse, pero no tener descendencia. Su hermano Carlos María

Isidro, segundo hijo de Carlos IV, se ve en el trono. Pero su hermano, animado tras su cuarta boda, ratifica el olvidado decreto de 1789, que con la mundial en que nos habíamos metido todos habían olvidado, mediante la Pragmática Sanción que derogaba la Ley Sálica. Porque, les explico, los franceses siempre se han tenido por faro de la civilización y todas esas cosas. Pero cuando llegan como nueva dinastía con el nuevo siglo XVIII, se traen costumbres como que las mujeres no pueden reinar. En ningún grado ni posición, prevaleciendo siempre el varón. Aunque el rey tenga hijas. No pueden. Pasando así al macho más cercano en la línea de sucesión. Cosa que en la Monarquía hispana no era ni costumbre ni tradición, como sabemos desde Urraca de León, que accede al trono como reina propietaria en 1109[106]. De este modo se vuelve al sistema de sucesión reglado por las Siete Partidas de Alfonso X que, por cierto, tanta influencia tendrá en la normativa de las nuevas repúblicas en Hispanoamérica. Pero sigamos.

Como era de esperar, aprobado este decreto, no es que naciera heredero en género femenino. ¡Es que nacieron dos! La primogénita, Isabel, y su hermana, Luisa Fernanda, que fue la que se casó con el pesado eterno pretendiente, el duque de Montpensier, del que hablamos en el capítulo anterior, y que fuera la que recibió un voto en las Cortes para que fuera ella la reina cuando se estaba buscando quién pudiera serlo. El Rey agoniza y en esos momentos andan liándole

---

106 Para saber más de esta increíble mujer, así como de muchas otras más que fueron precursoras en diferentes campos y saberes a lo largo de siglos, qué les voy a decir sino que se me lean de este su seguro servidor *Siempre estuvieron ELLAS*, Ed. Edaf, Madrid, 2018.

entre su hermano y su mujer por el decreto de marras y el testamento para que lo derogue o lo confirme (que ambas cosas hace, para mayor abundamiento en el lío). Isabel es proclamada Princesa de Asturias, se destierra a Carlos por negar a reconocerla como tal, y en esto que se muere Fernando con 49 años dejando esta traca final para acabar la denominada Década puñetera[107]. Nueva dicotomía entre «absolutistas» (los del finado rey) de corte más moderado, llamados «reformistas», y los «ultraabsolutistas», también conocidos como «apostólicos», en mote puesto por los liberales, del pretendiente don Carlos, que se proclama a las bravas como Carlos V. Y ahora ya la división es entre «isabelinos» (partidarios de la que será Isabel II), primeramente llamados «cristinos» (por la regente, la reina María Cristina, su madre), y los «carlistas», primeramente conocidos como «carlinos». Y ya tenemos la guerra civil montada, aparte de un lío de nombres como para decir que esto es cosa de «las dos (?) Españas».

En el caso mencionado sería la Guerra Civil, en mayúsculas, pues es como se denominó durante mucho tiempo a la hoy denominada Primera Guerra Carlista, que sería tenida por «primera guerra civil»[108] española. Aunque hay quien considera como tal la tenida en el convulso Trienio Liberal de 1820 a 1823[109] entre

---

107 Para conocer en profundidad la figura de este rey que sin duda marcaría el siglo xix, y quien sabe si nuestro presente (y no se crean que exagero si lo pensamos bien), es muy recomendable la biografía de Emilio La Parra López, *Fernando VII. Un rey deseado y detestado*, Tusquets, Barcelona, 2018.

108 Así se la denominaba al principio del siglo xx: *Enciclopedia Universal Ilustrada Europeo-Americana*. Tomo 45, Espasa-Calpe, 1921. p. 1490.

109 De este modo la considera el politólogo Jorge Vilches García, profesor

Realistas (apoyados por Francia) y Liberales. Vamos, ¡que sobrados de ellas sí que estamos, sí! Una guerra que también reflejaba la lucha entre «burgueses» y «campesinos», cosa que se vio en la cantidad de apoyo a cada causa según si era donde predominaban sus partidarios, de las ciudades o del agro. Por no hablar del tema de los Fueros de ciertas regiones, aunque no sería ésta la causa primigenia de la lucha en lugares como Navarra, las llamadas Vascongadas, o Cataluña. Al menos, no al principio. Las consecuencias de una guerra terrible de siete años fue un hachazo más en el triste inicio de siglo. En lo demográfico, si la lucha contra Napoleón lo fue, esta carnicería desde luego no ayudaría a un despegue en España, sino más bien a todo lo contrario. Aunque, sorprendentemente, no sepamos a ciencia cierta el número de fallecidos totales (e combates, por fusilamientos, bombardeos, hambruna, prisioneros, masacres...).

Un estudio realizado al respecto nos ofrece una horquilla de entre 111.000 y 306.000 muertos[110], entendiendo de este modo el que nos encontremos habitualmente con la cifra decimonónica de 200.000 como, creo yo, media calculada a voleo de algo que, sorprendentemente no ha tenido una atención especial por parte de la historiografía en general. La cifra, sea la que sea, es terrible. Pues no siendo un país con una demografía abultada (estamos hablando de una población estimada de 11.200.000

---

titular de Historia del Pensamiento y de los Movimientos Sociales y Políticos, como explica en su «*La primera guerra civil española*», Libertad Digital, 20 de julio de 2011.

110 Antonio Caridad Salvador, «*Las consecuencias socioeconómicas directas de la Primera Guerra Carlista*», Cuadernos de Historia Contemporánea, Núm. 40, Ediciones Complutense, 2018. p. 153.

habitantes en esos años 30 del siglo XIX), el cómo afectó a las tasas de natalidad, aunado las decenas de miles de exiliados y la depauperación de ciertas zonas, todo ello supondría una lacra añadida a una monarquía que, como consecuencia de este enfrentamiento, se escoraría hacia el liberalismo. Liberales que, por tanto, se escorarían también hacia el apoyo a Isabel II.

Pero la cosa está tan caliente que en 1836 se producen sublevaciones para instaurar a las bravas la Constitución de 1812. ¡Realmente podríamos hablar de una auténtica revolución![111] Año movidito pues es cuando se produce la Desamortización de Mendizábal, quitando propiedades a la Iglesia para pagar la deuda del Estado… que luego se quedarán los oligarcas[112], que para eso tienen dinero. Pese a aprobarse una nueva constitución de corte liberal, la de 1837, la ruptura entre «progresistas» y «moderados» de esta tendencia (¿ven como no hay dos Españas, sino dos elevado a la enésima potencia?) nos lleva a la Revolución de 1840[113], y a que la regencia fuera al héroe de la Primera Guerra Carlista, el general Baldomero Espartero, por tal hazaña conocido como «El Pacificador». Regencia nada pacífica, alzándose sus conmilitones, los generales Narváez y O'Donnell. Y Barcelona. Y además el general Serrano. Con lo que el poder pasa en 1843 a Narváez, que es el que había montado esta última algarada, mini

---

111 Así lo sostiene, por ejemplo, en su Tesis, el profesor Daniel Aquillué Domínguez, *Armas y votos. Politización y conflictividad política en España, 1833-1843*, IFC, Zaragoza, 2020.

112 Las propiedades, no la deuda.

113 Hay, sin embargo, que no es tal revolución sino más bien un pronunciamiento, como hace el profesor Javier Pérez Núñez, «La revolución de 1840: la culminación del Madrid progresista», Cuadernos de historia contemporánea, Nº 36, UCM, Madrid, 2014.

batalla incluida[114]. En 1845 la nueva Constitución es del tipo moderado. Lo que dará paso a la Segunda Guerra Carlista en 1846. Que hay quien la tiene más bien por un conflicto diferente, embutido en los follones del siglo, al quedar sólo circunscrita casi todo él en Cataluña, donde se había producido una serie de levantamientos populares[115]. En 1848 Europa entera está en plena fervor revolucionario de corte liberal democrático, con lo que aquí que no nos estábamos perdiendo jarana alguna, también se producen un par de asonadas de tipo progresista, en Madrid, Barcelona, Valencia y Sevilla, que no fructifican. En 1854 el general O'Donnell vuelve a dar un cambio de timón tras «La Vicalvarada»[116], con la idea de llevar a cabo una regeneración liberal, *«con el Trono, pero sin una camarilla que la deshonre»*[117].

Nuevos gobiernos, nueva desamortización (la de Madoz[118]), y nuevas guerras. ¡En África! Que ya me dirán qué necesidad. Pero ya sin América, hubo que buscar nuevos retos. Lo que no fue bien para la economía del Estado sino todo lo contrario. Lo que no va a hacer sino acelerar el que se produzca LA revolución por antonomasia de este siglo en España, que a estas alturas ya

---

114 Batalla de Torrejón de Ardoz. Que más parece que fuera un tiroteo, y del que se desconocen los muertos, que puede que ni hubiera.

115 De hecho también se le conoce como *la guerra de los matiners*, con ese nombre en catalán, que significa «madrugadores», pues parece ser que comenzaban los hostigamientos bien de mañana.

116 Así conocida por haberse producido cerca de Madrid, en Vicálvaro, donde se subleva el general Leopoldo O'Donnell, acabando con la llamada década moderada (1844-1854), dando paso al bienio progresista.

117 *Manifiesto de Manzanares* del 7 de julio de 1854, redactado por Cánovas del Castillo, y firmado por Leopoldo O'Donnell.

118 Llevada a cabo por el entonces ministro de Hacienda liberal, el pamplonés Pascual Madoz.

me saben de sobra cuál es: ¡La Gloriosa! Ya imagino que no les he sorprendido. Y si han sido capaces de seguirme hasta aquí, eso es que he hecho bien mi trabajo. Recuerden: estamos en 1868, con gobierno provisional de Serrano, Prim al mando, y en búsqueda de rey. ¿Pero qué ocurre también en 1868? ¡Cuba se nos quiere ir! Con la que teníamos en este lado del charco, no me extraña... Porque, sí, los norteamericanos nos hicieron la puñeta en 1898 y todo eso. Pero treinta años antes los cubanos comenzaron su andadura hacia la independencia con el Grito de Yara llevado a cabo por Carlos Manuel de Céspedes. Un terrateniente cuya vida de novela le hizo pasar desde su doctorado en leyes en Barcelona, a estar con Prim en 1843 y partir con él al exilio, recorrer Europa, y comenzar a pensar en sus planes para conseguir la independencia de Cuba, con el pretexto del problema del esclavismo negro especialmente. Cuando hace su Manifiesto de la Junta Revolucionaria de la Isla de Cuba, lo primero que hace es ser consecuente y conceder la libertad a sus esclavos, y animarlos a unirse la lucha.

¡Mira que ya avisó el «divino» Agustín Argüelles en 1811 cuando estaban con lo de La Pepa en Cádiz que esto de la esclavitud no iba a traer nada bueno! Su proposición para abolir la trata entonces se vio boicoteada por los oligarcas locales cubanos, con la amenaza, o de la segregación, o incluso el pedir la anexión a Estados Unidos, que entonces allí lo del tema negrero aún se veía como buen negocio. Las ideas de *La Gloriosa* llevaron, paradójicamente, no a ver la ocasión de cambio que se estaba produciendo (recordemos el fervoroso discurso de Castelar contra la esclavitud) [119], sino a ser la ventana de oportunidad cubana. Mayor paradoja. Quienes realmente la llevaron a cabo no fueron esos libertos o los esclavos negros, sino las clases medias de la isla, dejando a los criollos reformistas con cara de asombro. La guerra estaba servida, y duraría diez años como consecuencia de un periodo de inestabilidad, como vemos, más que importante en la Península. Con lo que lo que las tropas que allí se enviaron estuvieron mal pertrechadas, peor alimentadas y sin preparación apenas, de modo que «*un 90% de los que murieron lo hicieron en hospitales y por causas naturales*» más que en combate alguno.[120] Patético.

Con este panorama es cuando es proclamada la República. Y ante ella va a lanzar una publicación el que será el héroe de la Guerra de Independencia de Cuba. La tercera intentona tras la que aquí narramos, y la llamada Guerra Chiquita[121]. El político cubano José Martí. El llamado «apóstol de la independencia» en 1873 iba a publicar «La República española ante la Revolución cubana»[122], y en ella iba a dejar varias perlas para quienes no podían gobernar a miles de kilómetros su propia realidad. Comenzando con un saludo que ya es casi un adiós: «*Saludo a la República que triunfa, la saludo hoy como la maldeciré mañana cuando una República ahogue*

---

119 Vid. el capítulo 4 de este libro, aunque lo tendrás fresquito de lectura.

120 Josep Fontana, *La época del liberalismo*. Vol. 6 de la Historia de España, dirigida por Josep Fontana y Ramón Villares, Crítica/Marcial Pons, Barcelona, 2007.

121 Surgida tras la denuncia del Pacto del Zanjón (o Paz de Zanjón) con que acabara la Guerra de los Diez años anterior en Cuba, ocurrida entre el 26 de agosto de 1879 y el 3 de diciembre de 1880.

122 Se puede leer en Biblioteca Digital Hispana: José Martí, «La República española ante la Revolución cubana», febrero, 1873.

a otra República, cuando un pueblo libre al fin comprima las libertades de otro pueblo, cuando una nación que se explica que lo es, subyugue y someta a otra nación que le ha de probar que quiere serlo». O sea, que muy bien lo de que venga la república en España, pero que ni se le ocurra impedir que ellos lo sean. Aunque, eso sí, como visionario no es que fuera un hacha: *«La República española abre eras de felicidad para su patria».* Ya estamos viendo que eras, lo que se dice eras… ¡no fueron!

Voluntarios de La Habana, de Valeriano Domínguez Bécquer.

El gobierno republicano español se encuentra con algo más que una patata caliente en Cuba. Sigue Martí diciendo que *«¿No espantará a la República española saber que los españoles mueren por combatir a otros republicanos?»,* buscando una especie de hermanamiento por razón de la forma de Estado, lo que tiene su gracia. De hecho es un tema recurrente, pues incide en que «*la República no puede usar del derecho de la fuerza para oprimir a la República*», ya que «*fratricida ha de ser la República que ahogue a la República*». Pero no cuela. Ante la negativa a reconocer la independencia cubana por España, intenta enfrentarla a sus aparentes contradicciones: «*La República niega el derecho de conquista. Derecho de conquista hizo a Cuba de España. La República condena a los que oprimen. Derecho de opresión y de explotación vergonzosa y de persecución encarnizada ha usado España perpetuamente sobre Cuba*». No sospecha ni por un momento en la posible debilidad con que inicia el nuevo régimen.

Se preguntaba «*¿querrá la República española sujetar a la fuerza a aquella que el martirio ha erigido en República cubana?*». ¡No se pudo sujetar a ella misma, como para sujetar a nadie más! Si no le permiten lo que los rebeldes cubanos estaban pidiendo ya por las armas, «*la República de España sería entonces República de sinrazón y de ignominia*» al mismo tiempo que sería confesar «*que el pueblo español no es republicano*». Seguramente el pueblo español no lo fuera. O lo sea. Ni monárquico[123]. La realidad es que la guerra cubana, este triste episodio, fue un problema añadido a la recién nacida república española, acabando ésta antes que el conflicto armado antillano. Se dice que en este conflicto se usaron por vez primera las temibles alambradas

---

123 Cada día estoy más convencido de que el pueblo español lo que es, es de su pueblo, sobre todo de su pueblo (¡ya veremos lo de los cantones más tarde, ya!), y que el rey de la casa es él, y que bienvenidos a la república independiente de su casa.

de púas. Lo que es claro es que se desplegaron unas líneas que se tiñeron con la sangre de decena de miles de soldados y civiles, y de esa sangre se nutrieron las trincheras que se convirtieron en insalvables. Treinta años más tarde diríamos adiós a Cuba para siempre.

Y treinta años antes estuvimos a punto de tenerla también con los Estados Unidos por la cuestión cubana. Pues en medio del fregado narrado, de La Habana llegaron noticias a Madrid sobre el apresamiento del *Virginius*. Un vapor de ruedas de paletas, un buque que por estas características era bastante ligero y muy adecuado para el contrabando por su rapidez de escape, que enarbolaba pabellón norteamericano. La corbeta española *Tornado*, al mando del capitán de fragata Dionisio Costilla Asensio, trató de interceptar al que le daba en la nariz que, pese a la bandera mostrada, podía estar llevando a cabo algo de matute. No se equivocaba. En su interior llevaba un alijo de 300 fusiles Remington, 400 revólveres, 300.000 cartuchos, además de sables y machetes. Junto con la dotación compuesta de 52 norteamericanos y británicos, también viajaban 102 mambises (que era como se denominaban a los guerrilleros independentistas), y varios dirigentes cubanos como Bernabé Barona Borrero, Pedro María de Céspedes (a la sazón, hermano del que será presidente en 1869 de la República Antillana de Cuba, Carlos Manuel de Céspedes), y los teniente coroneles Jesús del Sol y Agustín Santa Rosa.

Tras la persecución, parada a base de cinco cañonazos de aviso por parte de la corbeta, se comprobó que era en efecto un barco filibustero, siendo llevados todos los apresados a Santiago de Cuba, donde se les puso a disposición de un tribunal militar que, sin encomendarse a las autoridades de la Península, dispuso la pena capital establecida para estos casos en tiempos de guerra. Fueron fusilados 53 de los tripulantes, comenzando por su capitán, Joseph Fry. Washington, que seguramente estaba al tanto ayudando de manera no oficial a los rebeldes, puso el grito en el cielo. *Casus belli habemus!* Pero ahí que estuvo Emilio Castelar para lograr un acuerdo con los Estados Unidos, tanto desde Madrid, con el embajador americano, el general Sickles, como telegrafiando a Washington para que el presidente Ulises S. Grant supiera que no había ánimo de comenzar un conflicto por más que alguno así lo quisieran. *«Una guerra con los Estados Unidos sería hoy una demencia, una verdadera demencia, y aunque fuese popularísima la guerra, para eso están los gobiernos, para impedir las locuras de los pueblos»*, transmitiría Castelar[124]. Se llegaría a una conciliación que supondría también un pago de 7.000 libras por los dieciséis británicos ajusticiados, la devolución del vapor apresado a Estados Unidos. El Ministerio de Justicia norteamericano acabaría reconociendo que el *Virginius* había enarbolado la bandera de manera ilegal, dándole la razón a España. A punto se estuvo de precipitarse lo que sería una realidad en 1898.

Pero no hay que olvidar que la República está inmersa en otro conflicto más que vuelve a asolar la Península. La Tercera (o Segunda para quien lo prefieran o crean más correcto[125]) Guerra Carlista. En el tiberio entre

---

124 José Luis Fernández-Rúa, *1873. La Primera República*, Tebas, Madrid, 1975, p. 449.

125 Así la denomina y considera un reconocido estudioso del Carlismo y de estos conflictos como Jordi Canal, en todos sus trabajos y en sus obras, como *El carlismo y las guerras carlistas. Hechos, hombre*

liberales y tradicionalistas, pareciera que los veinte años transcurridos desde el último intento serio por cambiar, no de dinastía, ojo, sino de titular y de política[126], iba a hacer que este asunto acabara. Entre otras cosas porque muerto repentinamente el pretendiente Carlos VI, el hijo del presunto Carlos V con el que todo comenzara, su hermano Juan, que era quien debería de tomar el relevo en las aspiraciones carlistas, ¡era liberal! De coña. Su abuela, la esposa que fuera de Carlos V, María Teresa de Braganza, se puso en jaque y se saltó entonces a su propio hijo para proclamar como pretendiente al que se conocería como Carlos VII. Y que siguieran las aspiraciones a la corona española. Lo más gracioso es que nunca estuvo más cerca de tenerla. Un par de buenos conocidos como el general Prim y el político Práxedes Mateo Sagasta ya estaban en las suyas de derrocar a Isabel II. Qué mejor modo de acabar con ella y de instaurar la paz con esa rama monárquica, que aunarla en la persona de este don Carlos de Borbón y Austria.

El detalle es que tenía que ser reconocido mediante sufragio universal, y ser por tanto, un monarca constitucional. ¿Qué iba a responder el que seguía la idea tradicional de la monarquía? Pues eso. ¡Que nones! Encontrándose en el exilio, una vez que fue reconocido por su padre tras abdicar sus derechos en él, estallada ya La Gloriosa, era el momento de entrar en España. Entrada que tuvo su aquél pues lo hará desde Francia

e ideas, La Esfera de los Libros, Madrid, 2003. Su última referencia cfr. «El carlismo después de las carlistadas: fin de un mundo», La Aventura de la Historia, abril 2022.

126 ¡Hasta quisieron casar a Isabel II con el hijo del proclamado Carlos V, Carlos Luis de Borbón! Pero éste no aceptó ser rey consorte.

por los pirineos catalanes, vestido de incógnito. Se cuenta que, una vez en territorio patrio, lanzó alborozado al aire gritando «¡*Viva España!*» el gorro que llevaba: ¡una barretina catalana! Barretina que es lo más parecido al gorro frigio republicano que pueda verse[127]. ¡Ya es paradoja! Como paradójico es que, de nuevo en la eterna multiplicación dicotómica, una vez elegido Amadeo de Saboya como nuevo rey, ciertos liberales se pasaran al bando carlista por ser isabelinos. ¡Un follón! Que no terminaba de convencer lo de una monarquía democrática a todos los monárquicos, por muy liberales que fueran. Ahora ya sí que era cuestión de cambio de dinastía, con lo que el levantamiento tendría un grito encontrando y apuntando al enemigo opuesto. El de Saboya. «¡*Abajo el extranjero! ¡Viva España!*». Ya estaba liada parda de nuevo.

Escribió en una ocasión el polímata Marañón, que la historia de España ha sido «*una continua guerra civil*» en la que «*hemos de buscar, tal vez, la causa mayor de nuestras malas venturas nacionales*»[128]. Cuando lo escribió lo hacía pensando en la más reciente de 1936, pero también lo dijo mirando hacia este siglo XIX. Pues incluso vamos a ver en todas ellas los aspectos más absurdos de una lucha entre hermanos. Verdaderamente fratricida. Donde en ocasiones el vestir uno u otro uniforme tenía un convencimiento por la causa… y otras, ser del lugar donde te había tocado el levantamiento de

---

127 Antonio Pirala, *Historia contemporánea: Anales desde 1843 hasta la conclusión de la actual guerra civil.* tomo VI, Madrid, 1880.

128 Gregorio Marañón, *Españoles fuera de España*, Espasa-Calpe, Madrid, 1948. Citado por Jordi Canal, «Guerra civil y contrarrevolución en España y en la Europa del Sur en el siglo XIX», Ler História, núm. 51, 2006.

marras, o la leva correspondiente. Para comprobar lo real de este aserto, valga el ejemplo de la tregua en una de las batallas más significativas de este momento. La batalla de Somorrostro. Cerca de Bilbao. Donde en tres días de combate se repartieron en bajas cada bando el total de los casi 5.000 muertos. Que tuvieron el dudoso honor de ser de las primeras en que se usarían el sistema de trincheras cuarenta años antes que en la Primera Guerra Mundial.

D. Carlos de Borbón y de Austria.

Escribía Unamuno en su primera novela, donde plasmaría muchos recuerdos vividos y escuchados, que «*Reunidos unos y otros en campo neutral, para dar sepultura a los muertos, habían abierto grandes zanjas en que los echaron como quien sotierra langosta, sin el último beso de sus madres, blancos y negros, en la santa fraternidad de la muerte, a descansar siempre en paz en el seno del campo de combate, regado con su sangre. Cayó sobre ellos con la tierra la última oración, la última lástima y después un inmenso olvido*». Pues enemigos en la batalla, en la tregua no sólo se pararon para dar sepultura común a sus muertos, sino a charlar, echar un pitillo, sin encono alguno, sabiendo que al día siguiente seguramente se estaría mirando no cara a cara, sino a través de la mirilla de sus fusiles. Ante la tristeza unamuniana plasmada en la realidad de aquellas fosas comunes cavadas por sus propios compañeros: «*¡Enterrados allí, en montón, en tierra por la que pasaría pronto el arado o la laya, lejos de sus padre! Ni una simple cruz que recordara al caminante de la vida los que regaron con su sangre los campos aquellos de hierro*». Hiela la sangre leerlo y pensar en ello. Como saber que la humanidad, sin embargo, termina por aparecer: «*Habían empezado a mezclarse unos y otros, merced a la piedad a los muertos, comenzando por insultarse, para acabar bebiendo del mismo vaso, y cantando a coro*»[129]. ¡Qué otra cosa iban a hacer los que muchos de ellos apenas si habían comenzado a afeitarse! Aunque sus navajas barberas había devenido en bayonetas…

---

129 Todos lo entrecomillados son de Miguel de Unamuno, *Paz en la guerra*, Renacimiento, Madrid, 1923. pp. 258-259. Por cierto, Unamuno también consideraba a esta la segunda, denominando a la «pasada guerra civil», la Primera Carlista, como la de los siete años.

En la prensa de la época se recogía también este hecho, que veríamos repetidas en otras ocasiones a lo largo de la Historia. Y no sólo en España. Pero la vesania de la guerra es lo que tiene. Con la escena narrada a continuación, no me cabe duda de que Berlanga hubiera trabajado otro guion para una de sus películas, como la que hiciera sobre la Guerra Civil del 36[130]. Si no me creen, lean: *«Durante esta tregua se han verificado, en la línea de avanzadas, en las trincheras, en Murrieta, y hasta en los respectivos campamentos, escenas conmovedoras de fraternidad y alegría, en las cuales conversaban amistosamente, y se separaban luego con abrazos y apretones de manos, los mismos que en los días anteriores habían peleado con denuedo en campo contrario; y liberales y carlistas se preguntaban por sus amigos, paisanos y parientes, deploraban la guerra, y juntos hacían votos por la felicidad de España».* No me dirán si no es tragicómico.

Me resulta complicado imaginar lo que podía pensar un lector de la revista *La Ilustración Española y Americana*, mientras que tomaba una jícara de chocolate en el Café Suizo, cerca de la Puerta del Sol madrileña, cuando iba leyendo estas crónicas desde el frente: *«Hasta los navarros defensores del Montaño[131], que no se habían movido de las trincheras y posiciones en los dos días primeros de la tregua, en el tercero bajaron por fin hasta Muzquiz. y saludaron afablemente a nuestros soldados. Al anochecer, cuando sonaba el toque de llamada, cada soldado se dirigía a su respectivo campamento».* Cómo no debió de normalizarse aquello, que en un momento

---

130 *La Vaquilla*, 1985.
131 Pequeña cumbre del valle de Somorrostro, en Bilbao.

dado, cuando se reanudó el fuego artillero de las posiciones liberales, tendrían que prohibirse *«por completo las visitas al campo carlista»*[132]. Luego nos extrañamos de que acabe surgiendo un concepto como «la guerra de Gila»[133] en España…

La tregua - soldados del ejercito y soldados carlistas visitandose en la linea de avanzadas. (La Ilustración Española y Americana, Año XVIII, Número XIV).

Muchos de los excedentes de la Guerra Franco-Prusiana de 1870 fueron usados en ésta. Como cañones para la cada vez más potente arma artillería. Sumándose diferentes tipos de cañones, a los clásicos morteros, que salían de las fundiciones nacionales. Además de los que se compraban específicamente a proveedores como

---

132 Los entrecomillados de prensa son de *La Ilustración española y americana*. Año XVIII. Núm. 14. Madrid, 15 de abril de 1874.

133 Para los que no conozcan ya al humorista que crea esta idea, Miguel Gila, es expresión salida tras sus famosos monólogos con frases como «Es lo malo que tiene la guerra, que tiene un peligro…». O llamando por un teléfono fijo: «¿Oiga? ¿Es el enemigo? Que a qué hora atacan. Buf… A esa hora estamos todos en la siesta. ¿Le parece bien por la tarde, de cinco a siete y luego cenamos tranquilos?». Reír para no llorar.

Inglaterra. Este tipo de arma estaba en pleno desarrollo con los cambios en el tipo de ánima: de lisa a rayada (el interior del tubo, para entendernos), así como con los proyectiles. Que no siempre eran una maravilla. *«Los proyectiles pequeños están mal hechos o mal cargados, y no siempre estallan al caer. Luego los soldados alfonsinos los recogen y, entre risas, les dan el nombre de pepinillos».* Lo de poner motes, perdonen la digresión, fue algo usual en general en estas guerras. A ciertos morteros se les denominó «chocolateras». Pero, vamos, que esta costumbre era en todos los campos y ocasiones. Al pretendiente le llamarían «Carlos el Chapas» por la chapa metálica que los carlistas usaban en sus célebres boinas[134], grabadas con los habituales lemas de «Dios – Patria – Rey». O lo de *guiri*, que es una derivación de cómo los carlistas norteños llamaban a los partidarios «cristinos» o «guiristino», en una derivación fonética parece ser que derivada del hablar vascuence[135]. Volviendo al tema de matar, tras la aparición de las ametralladoras Gatling en la Guerra de Secesión Americana, serían las menos eficientes Christophe-Montigny belgas las que se usarían en España. Como escribiera un ingeniero militar desde el frente, *«¡Que triste es la guerra! Se tratan los hombres como cosas y con la mayor tranquilidad se está pensando cómo se puede matar más y más pronto»*[136]. Tal vez sea lo mejor en cuanto a lo último, ya puestos.

---

134 Que siempre tenemos la imagen de que eran de color rojo, pero también podían ser azul o blancas, ojo.

135 Como curiosidad, Emilia Pardo Bazán, en su *Un viaje de novios* (1881), usa ya el apócope de guiri directamente: *«En una de éstas un soldado guiri, ¡maldita sea su casta!, se fue a él derecho con el pincho en ristre».*

136 Guillermo J. Guillen, Ingeniero del Ejército Carlista del Norte en carta personal a su familia desde el valle de Arratia el 31 de diciembre de

Uno de los tópicos de estas guerras también estuvo en los símbolos. Ya vimos que a la República no le daría tiempo a cambiar la rojigualda en cuanto a enseña nacional. Y jamás ya sabremos qué diseño final hubiera tenido su bandera a ciencia cierta. Pero el que esa enseña no fuera usada también por los Carlistas no es cierto. Como que sólo usaran la bandera del aspa de Borgoña.. Una visión que nos viene de que la haría popular el Requeté[137] de principios de siglo XX, cuyas acciones en la Guerra del 36 del lado franquista, con sus tradicionales gorras rojas (aquí sí) y su definitivo emblema de la bandera blanca con la cruz de San Andrés roja, llevará a que la confusión llegue a nuestros días. Como que la bandera con un emblema origen en la casa de Felipe I de Castilla y IV de Borgoña, llegado tras la boda con la reina Juana, hija de los Reyes Católicos, y durante siglos emblema de la Monarquía Hispana, sea hasta tenido por franquista. Pero a lo que vamos. Está más que constatado que muchos de los batallones o tercios carlistas enarbolaron la bandera roja y amarilla. Alguna hubo, como la de la Comunión Tradicionalista, que en cada lado era de un modo diferente: por un lado rojigualda y por el otro blanca con el aspa roja. La diferencia estribaba en el escudo o imagen que aparecía sobre la franja ambarina.

1873. Citado en «"¡Artillería al Frente!": El Real Cuerpo de Artillería Carlista. 1ª Parte», del blog de Mikelatz, «Hechos, Anécdotas y Relatos de Las Guerras Carlistas».

137 Nombre del mote de uno de los cuatro batallones carlistas originales de 1833, cuyo significado hay quien lo atribuye a la onomatopeya del sonido del cornetín tocando a carga de bayoneta, y otros a cómo se les quedó la vestimenta dejando al aire «el requeté», en una de las innumerables coplillas satíricas de la época.

Como pudiera ser el escudo del regimiento o un Sagrado Corazón.

Pero lo más habitual es que fueran pendones donde se pudiera leer bien el lema de la causa. Como sabemos y hemos citado, el de Dios, Patria y Rey. Rey… carlista. Y la más habitual de este periodo es una curiosidad, pues no deja de ser una imagen que es la de la patrona de España y la del Arma de Infantería: la de la Inmaculada Concepción, cuyo dogma fue oficial en 1854, estando por tanto, muy cerca de las fechas en que nos encontramos. De especial relevancia tuvo la del 2º Batallón de Navarra. Una bandera blanca, con la imagen de la Virgen orlada junto con el conocido lema. Aunque parece ser que en su anverso también figuraba en letras rojas: «¡Santiago y a por ellos!». En el Batallón de Guernica la bandera con la Inmaculada unía al lema un grito más por el que luchar: ¡Fueros! Pues en este conflicto sí que el asunto foral tendría una cierta relevancia[138]. Es el momento para ello.

No en vano la República se ha proclamado como federal. Y esto va a provocar un movimiento, el cantonalista, ¡que ríete tú de aplicar un 155 de los de ahora a aquello! Tan importante fue el asunto, que ahora mismo lo trataremos. Porque tiene tela que cortar. No sin antes, eso sí, dejar una reflexión tras lo visto. Creo que, además, no habrá mejor manera de acabar este capítulo que dejándoselo a don Benito Pérez Galdós que, en boca de uno de sus personajes, realizaba esta introspección durante la carlistada que lo ambientaba:

---

138 Son interesantes de visitar los museos carlistas, donde se pueden ver muchas de estas banderas hoy en día, de Estella (Navarra), y el de Madrid, sito en San Lorenzo de El Escorial.

«*Mi renacer a la vida fue un vertiginoso cavilar sobre la impía guerra civil, monstruo nefando que sólo me mostraba sus extremidades dolorosas. Dos ejércitos, dos familias militares, ambas enardecidas y heroicas, se destrozaban fieramente por un "quítame allá ese trono y dame acá ese altar". No era fácil decir cuál de estos dos viejos muebles quedaba más desvencijado y maltrecho en la lucha. En sin fin de páginas de la historia del mundo se ven hermosas querellas y tenacidades de una raza por este o el otro ideal. Contiendas tan vanas y estúpidas como las que vio y aguantó España en el siglo XIX, por ilusorios derechos de familia y por unas briznas de Constitución, debieran figurar únicamente en la historia de las riñas de gallos*»[139].

Desgraciadamente no ha sido así.

Bandera carlista.

---

139   Benito Pérez Galdós, *De Cartago a Sagunto*, Episodios Nacionales, núm 45.

LOS CANTONES SE TOCAN...
¡A REBATO!

CUANDO EL 155 SE APLICABA A CAÑONAZOS

«Mi ideal es ya fundar la República
del Bidasoa con este lema:
Sin moscas, sin frailes y sin carabineros»
PÍO BAROJA

Tenemos un problema. Y es que, si parece que no tenemos claro lo que es ser republicano, mucho menos lo tenemos con lo que es ser federalista. Sobre todo porque la base de esta idea es la de unir lo que está separado. Sin embargo en esta nuestra España, federamos... para desgajar. Para desunir. Lo que ya les digo yo que no es la idea de una Federación. Permitan que lo explique en plan Barrio Sésamo: las cosas pequeñas, estando separadas, ven de unirse en algo mayor. En un todo que, *federándose*[140], las englobe. Parece fácil de entender, ¿verdad? ¡Pues no! Si en

---

140 El origen de este concepto terminológicamente viene de Roma, y del latín *foedus*, que era un tratado solemne y vinculante, para así quedar unidos a una organización política superior.

estos días vemos cómo surgen nacionalismos y regionalismos, ni se van a creer la pardísima que se lio en 1873. Lo de aplicar el famoso artículo 155 de la Constitución del 78 una nadería, oigan. Porque, es interesante, en España queda meridianamente claro que, con toda la diversidad con que cuenta, es como de ciencia (o de política, mejor dicho) ficción, hacer propio el lema de la Unión Europea: *Unidos en la diversidad*. Porque eso de unidos no va con nosotros. Lo que prima va a ser el interés propio, específico, al margen de ideas, y mucho más cuando por estos pagos se haga referencia a esto del federalismo. Localista hasta lo microscópico en nuestro caso.

Pongo un ejemplo actual. La aparición de partidos como «Teruel existe» surgen con un objetivo programático y de ser que se explica en su propio nombre. ¿Este tipo de partidos es de derechas, de izquierdas, de medio centro, volante, animalista de corte vegano, o neocon postfascista? El elector no lo sabe. Sabe, de primeras, que se presentará sólo en su circunscripción. Lo que implica que los que no sean de Teruel, siguiendo con el ejemplo, no puedan votarles y apoyarles en sus seguro que justísimas reivindicaciones, si viven en Madrid, Orense o Gerona, por decir algunos sitios. Sólo los de Teruel. Pero ¿los turolenses fachas o los turolenses rojos? ¡Que da igual! Aquí solamente prima una cosa: ¡Teruel! La defensa de Teruel. La visibilidad de las necesidades de Teruel Acabar con el abandono de Teruel. Zanjar las injusticas cometidas con Teruel. *Freedom for Teruel!*

Es evidente que este tipo de partidos (da igual dónde surjan), muchas veces pueden aparecer como reacción a los agravios que, reales o no, pero sentidos como tales en cualquier caso, una región o provincia crean haber sufrido. Porque aquí en esto somos todos muy fijosdalgo, y nuestro pueblo no sé por qué va a ser menos que el de al lado, ¡hasta ahí podríamos llegar, no hijo, no! De este modo, incluso cuanto más vecinos, la cosa ayuda aún menos. Así lo vemos con los ejemplos tradicionales de Tarragona y Reus (la estación del AVE tuvo que ponerse en medio del campo entre ambas porque no hubo manera de llegar a un acuerdo); de Gijón y Oviedo (en su momento un gran número de los primeros llegaron a matricular sus vehículos en Gerona para tener en sus placas GI en vez de la O, y no es coña); de La Coruña y Vigo (los primeros llaman portugueses a los segundos con desdén); del Real Sitio de San Lorenzo de El Escorial y de la Leal Villa de El Escorial (sí, son dos pueblos diferentes, y no los menten mal, que lo de *Gurriatos* y *Caciques* supera el nivel de Montescos y Capuletos); de Murcia y Cartagena... Que esto sí que tendrá especial relevancia en la eclosión federal de 1873.

Recordemos. Las Cortes españolas proclamaron la república ese 11 de febrero de 1873, pero aquello fue, como hemos visto, una huida hacia delante ante la escapada de don Amadeo. En aquella Asamblea Nacional constituida inconstitucionalmente a toda prisa, en la que se llegaría a oír el grito de un diputado de «¡No saldremos de aquí sino muertos o con la República!». Homérico. Pero toda esa ansia viva iba a acabar reflejando el viejo adagio de que las prisas no son buenas. Y que hubo algo peor que un gobierno constituido de manera tan provisional que sólo duró quince días. No saber qué tipo de república se estaba constituyendo. El debate entre republicanos unitarios y federalistas (ya les dije que hay dos Españas siempre, pero en exponencial en cada caso) fue tan intenso como absurdo. Pues el éxito de esta nueva forma de gobierno necesitaba de un consenso de cabezas, no de estómagos. De cerebros fríos y no de gónadas calientes.

El futuro Nobel de Literatura, del que ya vimos su trayectoria[141], don José Echegaray, republicano pero de los que abogaban por una república de tipo unitaria (como la que tenía y tiene Francia, para que se hagan una idea rápida), explicaría así la posición de los llamados «radicales» y su repulsa al federalismo que proponían estos: «*Los republicanos querían salir por la República federal, y a los demás la federal nos horrorizaba: era la destrucción de la unidad de la patria, era un retroceso insensato. De la federación se pasa a la unidad; de la federación de las grandes unidades, a otra unidad más alta: esta era, en nuestro concepto, la marcha de la civilización. Sin que estas grandes unidades destruyeran la variedad; que la variedad más rica y más esplendida está en dos cosas: primero, en una más amplia libertad para el individuo; segundo, en una amplísima asociación, pero asociación libre. Lo contrario es retroceder estúpidamente a la Edad Media*»[142]. Lo mencionado al principio. No podemos crear un todo cuando el todo ya está creado. Y poner el ojo en los territorios y no en los ciudadanos, añade agravios, nos los elimina.

El ojo, los republicanos españoles en su mayoría, lo estaban poniendo en Francia. Pero no en la jacobina, sino en la de *La Commune*. Una insurrección ocurrida en París en 1871 (ya les dije que lo de Francia y su siglo XIX es

---

141 Recuerden el capítulo 2 cuando hablamos del porqué de su calle en el nomenclátor de la Capital.

142 José Echegaray, *Recuerdos*, vol. III, Madrid, 1917, pp. 239-240.

como para pensar que el español fue una charca de patos. Cabreados. Pero charca de patos), tras la derrota en la guerra Franco-prusiana. Un levantamiento para implantar un sistema de autogestión (unos dicen que de tipo social-marxista, otros que anarcosocialista)[143], que devastaría París, y que provocaría una cantidad de muertos casi igual en número a la última de las guerras carlistas en España. La mayoría de ellas… ¡en una semana! A esa Francia, el que será el primer presidente del Poder Ejecutivo[144], Estanislao Figueras, es a la que propuso mandar «un mensaje de felicitación a la *Commune* de París en los momentos en que ésta escribía páginas que la Historia registra con horror. La Cámara, con excepción de los [republicanos] federales, rechazó indignada tal propuesta»[145]. ¡Qué ojo!

Un ojo que quería mirar indefectiblemente hacia un tipo de república al estilo de la de Estados Unidos (o la de Suiza inclusive), pero cuya analogía venía viciada desde el mismo inicio de una historia incomparable entre ambas naciones. La realidad es que la amplísima, qué digo, ¡aplastante! victoria del Partido Republicano Federal en las elecciones constituyentes convocadas en mayo,

---

143 Hay historiadores que sostienen que fue una revolución de raigambre *neojacobina*, con reivindicaciones obreras tipo «Estado de Bienestar», pidiendo un ayuntamiento electo para París que casi nunca tuvo bajo la bota de prefectos. Con unos parisinos muy cabreados por haber sido menospreciados por el gobierno tras haber resistido seis meses de duro asedio a los alemanes. Es aconsejable para quien le interese el tema, el libro de John Merriman, *Masacre. Vida y muerte en la Comuna de París de 1871*, Siglo xxi, Madrid, 2017.

144 Recordemos que el título de «Presidente de la República» no estaba aún constituido… y de hecho jamás lo estará, siendo todos sus titulares en este tiempo presidentes del poder ejecutivo tan sólo. Cfr. José Luis Comellas, *Historia de España en el siglo xix*, Rialp, Madrid, 2017, p. 224.

145 Conde de Romanones, *Los cuatro presidentes de la Primera República española*, Espasa-Calpe, 1939, p. 26.

permitiría que el 8 de junio se aprobara por 219 votos contra 2 el siguiente artículo único: «*La forma de gobierno de la Nación española es la República democrática federal*». ¡Ea! Problema. Que los federalistas estaban divididos (¡oh, sorpresa!) entre sí. Pero no entre dos tendencias. ¡Entre tres! Los «intransigentes», liderados entre otros por el político canario Nicolás Estévanez; los «centristas» de Pi y Margall, el verdadero y gran ideólogo de la idea federal; y, los «moderados», con Emilio Castelar y Nicolás Salmerón a la cabeza, aunque entre estos dos también había discrepancias. A los dos primeros los dedos se les hacían huéspedes para firmar una constitución federal con un modelo más parecido a Suiza o Estados Unidos. La idea de una construcción de abajo arriba. Del municipio al Estado. Llegando del cantón a la Federación. Los últimos, lo de una república unitaria a la francesa les iba bastante más.

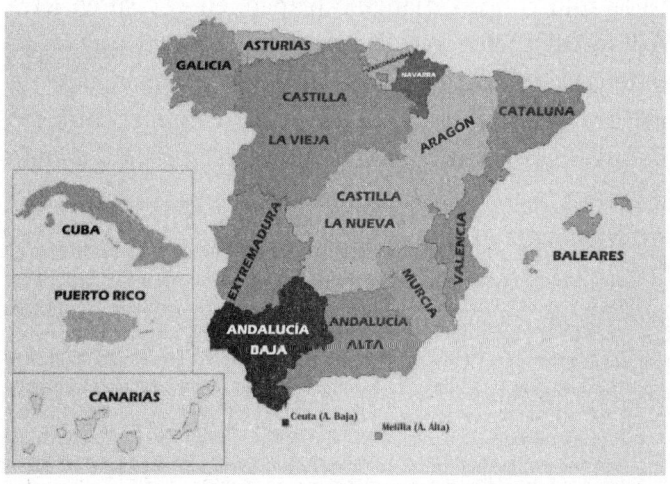

Estados República Federal Española 1873.

Los moderados eran mayoría en las Cámaras... pero ganaron las tesis de los intransigentes y *pimargalianos*. Posiblemente de nuevo por las prisas por llevar a cabo un marco constitucional referente que evitara actos como los acaecidos nada más proclamarse la República en febrero. Pues en menos de un mes, el 9 de marzo, el Estado catalán es proclamado en Barcelona, dentro de la Federación española, eso sí [146]. Nada extraño, habida cuenta de que el 12 de febrero la gente se había arremolinado frente al Ayuntamiento y la Diputación, incluso pidiendo armas, como se puede leer en la prensa de entonces[147]. En los balcones se colgaron pancartas (vemos que es una tradición que ha perdurado hasta nuestros días), en las que se podía leer: «Municipios autónomos. Estados soberanos federales. República democrática federal. Viva la confederación española». Se izaría la bandera federal de Cataluña (sic) que «era de color rojo con un triángulo blanco, en el cuál en letra roja se leía "Democracia". Alrededor están puestas varias estrellas también blancas, y léase en grandes letras la palabra "Cataluña"»[148]. La labor del entonces ministro de la Gobernación, Pi y Margall, y la llegada a Cataluña

---

146 En 1931, tras la proclamación de la Segunda República el 14 de abril, solamente fueron unas horas en que volverían a hacer lo mismo en Barcelona. De este modo, Francesc Macià, líder de Esquerra Republicana de Catalunya (ERC), y vencedor en las elecciones municipales, directamente ante la muchedumbre acumulada frente al Ayuntamiento barcelonés, establece «*L'Estat Català, que amb tota la cordialitat procurarem integrar a la Federació de Repúbliques Ibèriques*», aunque con la idea más bien, de una confederación de Estados. Literalmente, una «*Confederació de Pobles Ibèrics*», como deja transcrito Santos Juliá, *La Constitución de 1931*. Iustel, Madrid, 2009.

147 *El Correo de Ultramar: Parte literaria ilustrada* Tomo XLI, Año 32, Número 1052-1873, p. 178.

148 Íbid., p. 179.

el 11 de marzo del presidente Figueras, lograrían parar el que la proclamación del Estado catalán se hiciera efectiva. Fue la primera mecha desactivada de muchas otras por venir que no lograrían serlo.

Barcelona, proclamación de la república, aspecto de la plaza de San Jaime en la mañana del 21 de febrero, de Pellicer.

Antes de las elecciones de mayo el fervor federalista se había convertido en pandemia con la constitución de Juntas Revolucionarias por toda España. Grupos paramilitares, al estilo de lo que fuera la Milicia Nacional pero a nivel más local, se constituyen en una suerte de paradoja antimilitarista. Dentro de los cuarteles, la tropa llega a insubordinarse gritando «¡que bailen!» a los mandos, llegándose a producir incluso asesinatos[149]. El orden

---

149 Francisco Martí Gilabert, *La Primera República española (1873-1874)*, Rialp, Madrid, 2017, p. 33.

público es todo menos orden, con destrucciones y quema de conventos (¡qué manía de convertir los conventos en fallas tenemos cuando nos ponemos republicanos!). Figueras no es la persona con la capacidad de hacer frente a este pandemónium. En un periódico titulado «Los Descamisados» (un término que haría popular de nuevo el socialista Alfonso Guerra durante la Transición), se podía leer: *«La anarquía es nuestra única fórmula. Todo para todos, desde el poder hasta las mujeres. De este bello desorden, o, mejor dicho desorden ordenado, resultará la verdadera armonía. ¡Temblad, burgueses; vuestra dominación toca a su fin! ¡Paso a los descamisados! La bandera está enarbolada. ¡Guerra a la familia! ¡Guerra a la propiedad! ¡Guerra a Dios»*[150]. Afortunadamente el señor Guerra, don Alfonso, no quiso llegar tan lejos.

Para hacerse una idea del caos de lo que fueron aquellas Juntas Revolucionarias que proliferaron, pues nada impedía a ningún pueblo el constituir una, valga lo acaecido en un pequeño municipio bien conocido cerca de Sevilla. Nos lo cuenta un diputado de la época, el madrileño Miguel Morayta, que llegaría a ser secretario general del Ministerio de Estado con la república: *«En el pueblecito de las Dos Hermanas se constituyó una junta revolucionaria, la cual en atención a haberse proclamado la República federal, abolió para siempre en aquella villa el Concilio de Trento»*[151]. ¡Nada menos! El porqué de esta

---

150 Isidro Sánchez Sánchez, «Propaganda de ideas en la España del siglo XIX», pp. 174-175, en Manuel Ortiz Heras et al. (coord.), *Movimientos sociales y Estado en la España contemporánea*, Ediciones de la Universidad de Castilla-La Mancha, Cuenca, 2001.

151 Josep Fontana, «Desamortización eclesiástica y reforma agraria liberal (España)», p. 221, en *De la iglesia al Estado. Las desamortizaciones de bienes eclesiásticos en Francia, España y América Latina*, Bernard Bodi-

peregrina decisión tiene diferentes versiones recogidas como anécdota en varios periódicos a lo largo del tiempo, siendo en cualquier caso intrascendente. Lo que sí que lo fue, es la realidad de que cualquier alcalde, y de aquí para arriba, se vio con el poder y capacidad de legislar y decidir sobre lo que fuera, estuviera o no en sus competencias. ¡A ver si es que el Estado o el sursuncorda iba a decirle cómo hacer en su pueblo! Pero bueno, habida cuenta de que los alcaldes de un pequeño villorrio como Móstoles iban a enfrentarse nada menos que al emperador Napoleón Bonaparte, amo de Europa, está claro que lo de echarle gónadas a los munícipes no es nada nuevo.

El caso es que, de este modo, lo que parecen y son anécdotas, se convirtieron en categorías. Era evidente que, si no tenían claro lo que era el federalismo los propios intelectuales que quisieron implantar la idea política en el nuevo Estado, como los catalanes Estanislao Figueras y Francisco Pi y Margall, difícil iba a ser que el pueblo comprendiera el meollo de aquello. Así se lo recriminaba el republicano unitario (barriendo para casa, cierto) Echegaray: «*¿qué es esa República Federal que queréis traer a España? Ni vosotros mismos lo sabéis*». Y era cierto. De este modo denunciaba que para las masas «*la República federal es aquí un cortijo que se divide, un monte que se reparte; allá un mínimum de los salarios; en otra provincia un ariete que abre brecha en las fuerzas legales para que el contrabundo pase; el pobre contra el rico, el contribuyente contra el fisco*»[152]. Vamos, ¡lo que es

---

nier et al. (ed.), Prensas Universitarias de Zaragoza, Zaragoza, 2009.

152 Citas de Echegaray recogidas por Alejandro Nieto, *La Primera República española. La Asamblea Nacional: febrero-mayo 1873*, Comares Historia, Granada, 2021.

un patio de Monipodio de toda la vida! Por no hablar de las partes pubendas de la famosa doña Bernarda, que es lo que parecía que era más bien.

Porque este debate y sus consecuencias seguramente serían las que hicieran descarrilar la República. Más que la guerra carlista o la insurreccional de Cuba[153]. O todos los obstáculos que la revista *La Flaca* señalaría en su momento como males de esa España en la que se había proclamado: «*el primer cáncer, la empleomanía; el segundo cáncer, la clerigalla; el tercer cáncer, la indiferencia: si no la secundan los españoles, la República caerá, como la monarquía, por su propio peso; el cuarto cáncer, el ejército político; quinto cáncer, el falso patriotismo, la torpeza de los que confunden a cada paso el amor patrio con el odioso interés personal; sexto cáncer, tal vez el peor de todos, la impaciencia*»[154]. La que tuvieron las Cortes, precisamente, por establecer la fórmula de federal a la república. Como señalara en el hemiciclo del Congreso el diputado Romero Robledo, el famoso «Pollo de Antequera», tras establecerse la citada fórmula, «*habéis escrito esas palabras mágicas de República federal antes de empezar el edificio*»[155].

Y el nuevo casero del edificio, Pi y Margall, era un intelectual de tan alto nivel, que no ayudaba a entender en qué consistía el asunto. Transcribía el siempre coñón Conde de Romanones, la definición dada por el presidente del Ejecutivo: «*Es la República federal una república*

_____

153 Aunque, sin duda, si no hubieran estado activos estos conflictos, se hubieran podido abolir como se prometió, las famosas quintas, y hubiera existido una fuerza disponible para reprimir de raíz la insubordinación cantonal.

154 Martí Gilabert, op. cit., 2017.

155 Íbid.

sinalagmática conmutada con la eminencia de la Justicia en la humanidad y el puro motivo de su naturaleza es Dios y hasta encuentra la síntesis fundamental del yo»[156]. No echen mano al diccionario, que ya lo hice yo antes. Que dice don Francisco, que el pacto es de abajo hacia arriba. Y con el acuerdo de las partes que se constituyan. Todo muy del gusto de las ideas anarquistas del que Pi y Margall gustaba como seguidor del filósofo revolucionario Pierre-Joseph Proudhon[157]. Como se vio difícil realizar esta idea, se intentó llevarla a cabo de arriba abajo… lo que molestó a esos de abajo que se veían con ese poder que la nominada República federal les otorgaba. Y ya fue cuando surge el desparrame cantonalista.

La idea que quería ser plasmada constitucionalmente en esa constitución que se redactaría para nunca llegar siquiera a votarse, sería que, como decía su artículo primero, «Componen la Nación española los Estados de Andalucía Alta, Andalucía Baja, Aragón, Asturias, Baleares, Canarias, Castilla la Nueva, Castilla la Vieja, Cataluña, Cuba, Extremadura, Galicia, Murcia, Navarra, Puerto Rico, Valencia, Regiones Vascongadas». Curiosamente 17 Estados, como 17 son las Autonomías actuales, aunque con algunas diferencias más que notables. Dio igual. El intento de frenar mediante una ley de leyes el estallido de la rebelión cantonal no fraguaría, y eso que el texto lo tendría preparado su redactor, don

---

156 Conde de Romanones, op. cit. 1939, p. 60
157 La obra de referencia sobre el tema que nos ocupa de este pensador francés fue El Principio federativo, de 1863, donde desarrolla su idea de desgajar el Estado central en comunas o municipios. Vimos cómo esto tuvo su influencia en la citada revuelta parisina del 71, y en España no serían comunes, sino cantones.

Emilio Castelar, ¡en 24 horas! Algo había que hacer ante la situación absolutamente descontrolada que vivía España.

El 9 de julio de 1873 iba a estallar la conocida como «Revolución del petróleo» en Alcoy. Una revuelta obrerista que vio el momento de acabar con los privilegios de clase. Una revolución netamente proletaria, ya que esta ciudad fue una de las primeras donde la industrialización se había instalado, suponiendo que un tercio de su población (mujeres y niños incluidos), estuvieran trabajando en las fábricas textiles y papeleras. Tras una «huelga general de obreros y obreras» (sic)[158] convocada para el día 8, el día 9 sus reivindicaciones serían rechazadas. Petición de dimisión del alcalde. El alcalde que lo que manda es a la guardia municipal a que disperse a los reunidos ante el Ayuntamiento. A tiros. Un muerto y varios heridos, y los trabajadores que corren a armarse. Se toman rehenes, se incendian fábricas... ¡y el Ayuntamiento! A quince se elevarán los muertos, entre los que se cuenta el alcalde, trabajadores, guardias civiles y municipales. Se monta un Comité de Salud Pública que gobierna el pueblo hasta que llega el ejército, que recupera el orden brevemente pues llegan noticias de Cartagena.

Acaba de proclamarse el Cantón Murciano. Y va a dejar en juego de aficionados las tres intentonas *indepes* catalanas de 1873, 1931 y 2017[159]. El 12 de julio (qué tendrá este mes que es que cuando no es una cosa es otra...), se produce la constitución de este cantón. Plaga que se contagia especialmente por Levante y

158 Josep Termes, *Anarquismo y sindicalismo en España. La Primera Internacional (1864-1881)*, Crítica, Barcelona, 1977, p. 223.

159 Aunque, hay que entender que la de 1873 fue federal, la de 1931 confederal, y la de 2017 abiertamente independentista.

Andalucía y por algunos lugares castellanos y leoneses curiosos, como Camuñas, Béjar, Ávila, Salamanca o Toro. El asunto pasa desapercibido en apariencia en lugares, digamos, habitualmente calientes, como lo que eran las Vascongadas, Navarra y Cataluña. Pero no olvidemos que eran los lugares donde más se estaban desarrollando las guerras carlistas, tengámoslo en cuenta. ¿Fue esta rebelión cantonal un problema de independentismo? Hay autores que señalan que no fue así. Que nadie quería separarse de España, sino que, ya que los cantones y/o municipios, eran la piedra angular de esta república, digamos que se pasarían de vuelta con la idea *sinalagmática pimargaliana*.

Sevilla se separaba de Madrid como poder central del Estado, ¡pero es que Utrera se separa de Sevilla! Lo de Andalucía, si me permiten mis queridos amigos andaluces, como dicen ellos, ¡tuvo su guasa! Dejemos un momentito de lado a los cartageneros, para contar lo que pasó al sur de Despeñaperros. La fiebre cantonal en este territorio que, recordemos, iba a ser dividida en dos Estados en el proyecto constitucional, tuvo ciertamente una alta propagación. La división federalista entre los llamados «benevolentes» (los de ir al tran tran, vaya) y los «intransigentes» (los de quiero el federalismo y lo quiero ya, qué constitución ni qué ocho cuartos), tuvo como ganadores, obviamente, a estos últimos. El constituido como Cantón Andaluz de Sevilla estuvo secundado por ciudades como Málaga y Cádiz, que también proclamaron sus cantones dentro de una confederación de Andalucía La Baja.

El Manifiesto emitido el 19 de julio deja claro que «… es forzoso salir de una vez del período de formación en que se encuentra la sociedad española, acabar con las vacilaciones y superar las dificultades que han venido oponiéndose a la constitución política de los cantones (…). El Ayuntamiento de Sevilla y los voluntarios de la República (…) se adelantan a proclamar la constitución del Cantón Andaluz».

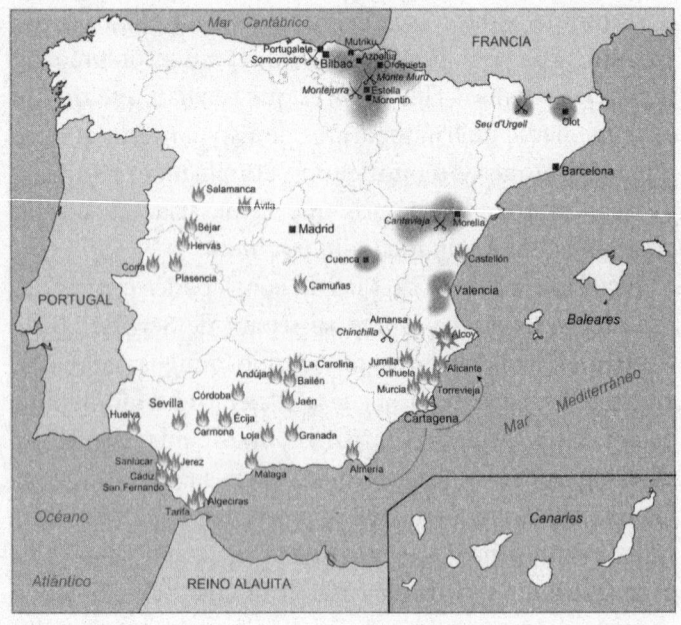

Conflictos en la I República Española.

La cosa iba a continuar dos días más tarde, en Despeñaperros, con otro manifiesto de los federales andaluces los cuáles no quieren reconocer más autoridad que la que emane de los cantones: «no reconozcamos otra autoridad que la de nuestros Cantones, y todo el que se oponga a esta obra patriótica, que encierra la salvación de España, será considerado como traidor».

Este llamamiento recuerda que «*Castilla la Nueva ha formado un Comité de salud pública, ínterin se constituye, compuesto de diputados, generales y personas notables del partido. Aragón, Cataluña, Valencia y la Mancha han manifestado al gobierno su ir revocable propósito de verificarlo. Cádiz, Málaga y Sevilla se rigen por su propia autonomía. Córdoba está constituyéndose con los diputados de su provincia*». Están convencidos de que lo que las Cortes, constituidas en Asamblea, «*al constituirse proclamó solemnemente la República Federal: y esta forma de gobierno lleva en sí la inmediata formación de los Estados confederados*»[160]. Y no. Esa no era la idea. Pero dio igual. ¡Estaban salvando a la República!

San Fernando se separa como cantón de Cádiz, así como lo hace Algeciras o Tarifa. Los Comités de Salud Pública se lanzan a legislar para autorregularse, como posesos. Y, las cosas como son, estando como estamos en 1873, surgen normas que nos sorprenden por adelantadas, como la implantación de la jornada laboral de ocho horas (que no sería una realidad legal en España hasta 1919[161]); la separación entre Iglesia y Estado; la regulación del trabajo por sexos (recordemos que daba igual la dureza o ser o no apropiado, hombres mujeres y

---

160 Citado por Juan Antonio Lacomba, «Cantonalismo y federalismo en Andalucía: el manifiesto de los federales de Andalucía», en Revista de Estudios Regionales, Nº 59, 2001, pp. 267-276.

161 Con la Revolución Industrial es cuando esta reclamación cobra verdadera fuerza en Europa y América. El rey Felipe II de España es cierto que estableció un Edicto Real en 1593 las ocho horas de manera excepcional: «*Todos los obreros de las fortificaciones y las fábricas trabajarán ocho horas al día, cuatro por la mañana y cuatro por la tarde; las horas serán distribuidas por los ingenieros según el tiempo más conveniente, para evitar a los obreros el ardor del sol y permitirles el cuidar de su salud y su conservación, sin que falten a sus deberes*» (Ley VI de la Ordenanza de Instrucción de 1593).

niños compartían de manera salvaje tantas veces, labores impropias). O medidas revolucionarias como acabar con monopolios como el del tabaco. Que no olvidemos que el *estanco* del tabaco se ha quedado como sinécdoque comercial de un establecimiento que hacía referencia a un monopolio, uno de los más importantes del Estado español. Pero también comienzan a emitir moneda, como hace Motril, en Granada. Mientras que Granada y Jaén, por un tema de fronteras, se declararán la guerra. Guerra que, oficialmente, aún no ha acabado, parece ser. Y eso que hasta se llegó a pedir la petición del armisticio en la plataforma *Change.org*. Petición que alcanzó la exitosa cifra de 64 firmas.

El caso es que con este panorama, el presidente federalista Pi y Margall se ve absolutamente incapaz de abordar esta eclosión federal sin aplicar la necesaria fuerza, pese a que las Cortes le concedieron «las medidas extraordinarias»[162] que necesitara, dimitiendo el 18 de julio. Dos meses había durado en su cargo. Nicolás Salmerón se hace cargo del poder ejecutivo y hace lo que no otra cosa puede hacer: el uso del monopolio de la violencia como legítimamente ostenta el Estado. Y allá que manda a cruzar Despeñaperros al general Pavía con el ejército de Andalucía, tras destituir al general republicano Ripoll. Cosa que tal vez no lo fuera el gaditano Manuel Pavía (republicano, que general era tanto como el cesado), pero siempre había sido un militar progresista. Habiendo estado, por ejemplo, tanto en contra de Isabel II, como defendido a la República

---

162 Juan Ferrando Badía, *La Primera República española*, Cuadernos para el diálogo, Madrid, 1973, p. 210.

contra el Carlismo. Ahora le tocaba hacerlo contra el Cantonalismo. Y desde luego que lo hizo sin miramientos. Aunque su predecesor había frenado al inicio el intento de formalizarse el cantón de Córdoba, con el miedo producido por un simple telegrama, no había producido el mismo éxito en Sevilla, Cádiz o Málaga. No dejaba de seguir las instrucciones dadas por el presidente de «*No entre en Andalucía en son de guerra*». Pero apelar «*a la persuasión y el consejo*» no fueron suficientes[163]. Y eso lo entendería Pavía, que sí que lo lograría *manu militari* en apenas quince días. Nada iban a poder hacer las recién creadas milicias ante el avance del ejército regular. Las banderas rojas cantonalistas que se habían izadas en tantos castillos, poco tiempo estarían desafiantemente izadas. Menos en un lugar. Cartagena.

Cartagena, que se ha quedado como el epítome de aquel movimiento y revolución cantonal que, queriendo defender a la República, sin duda hay que insistir en que la hirió de muerte. Como plaza fuerte que era, se convirtió en un bastión, con una base naval bien pertrechada y guarnecida[164]. El diputado Antonio Gálvez Arce, conocido como «Toñete» o «Antonete», y que acabará incluso como personaje en los *Episodios Nacionales* de Pérez Galdós[165], va a ser el gran protagonista visible de la constitución del cantón murciano. *Antonete* ya había estado involucrado en el fallido pronunciamiento republi-

---

163 Instrucciones citadas por José Barón Fernández, *El movimiento cantonal de 1873 (Primera República)*, Eds. Do Castro, La Coruña, 1998, p. 115.

164 Así lo señala Melchor Fernández Almagro, *Historia política de la España contemporánea, 1868-1885* Tomo I, Revolución y Restauración, Alianza Editorial, Madrid, 1972.

165 Aparece como Tonete (sic) Gálvez en los títulos *La Primera República*; y, *De Cartago a Sagunto*, serie V, 1911.

cano federal que se produjo en 1869 tras *La Gloriosa*. Volvió a intentar otra asonada en 1872 con una milicia armada compuesta por desertores de las levas realizadas para luchar en la Carlistada en curso. El 12 de julio se va a proclamar en Cartagena el Cantón Murciano[166] por el Comité de Salud Pública presidido por el diputado sevillano Roque Barcia. Un republicano *intransigente* que defendía la revuelta cantonal como una revolución por la Humanidad (sic) y para «*salvar a España*» de las garras del centralismo (monárquico) e incluso de los frailes, a los que consideraba «*verdaderos enemigos de la humanidad*»[167]. Va a secundar a estos dos diputados un militar: el general liberal Juan Contreras San Román.

Y aquí está la gran diferencia también. Ya no van a ser milicias, sino que parte de la Armada fondeada en Cartagena se unen a la insurgencia o son capturados varios de sus buques. Fragatas que, como en el caso de la *Almansa* y la *Vitoria* llegarían a bombardear a la vecina Almería para hacerse con un rescate de dos millones de reales, que la ciudad andaluza no pagaría resistiendo el embate. Cuando la *armada murciana* emproe hacia Alicante, lo hace poniendo rumbo según ellos mismos dicen, hacia «*una nación extranjera*»[168]. Dos

---

166 Así va a aparecer siempre en los diarios de sesiones del Congreso, y no como se ha popularizado de Cantón de Cartagena. Seguramente porque fue en esta ciudad la proclama, y de aquí el error. Pero el propio presidente Pi y Margall se refiere al Cantón Murciano en las Cortes. De hecho el que fuera el periódico «Órgano Oficial de la Federación» que allí se editara, será bajo el nombre de *El Cantón Murciano*. Cfr. Nº 1, de 22 de julio de 1873; o el Diario de Sesiones Nº 39, de 14 de julio, donde los intervinientes todos así se refieren a este nuevo cantón autoproclamado.

167 Gregorio de la Fuente Monge, Roque Barcia Martí, en *Diccionario Biográfico Español*, Real Academia de la Historia.

168 Espadas Burgos, citado por Martí Gilabert, op.cit, p. 62.

buques más, el *Numancia* y el *Méndez Núñez* acabarán encallando cuando se hacen a la mar, por la impericia de una marinería falta de oficiales. Los barcos enarbolan las banderas rojas cantonales (junto con la rojigualda habitualmente), e incluso uno de ellos llega a arbolar la negra. El presidente del Ejecutivo, Nicolás Salmerón, firma el 21 de julio un decreto por el que considera esos barcos como piratas. Permitiendo la caza de estos por parte de quienes se toparan con ellos: «*Los tripulantes de las fragatas de la Armada Nacional Almansa, Vitoria y Méndez Núñez, los del vapor Fernando el Católico serán considerados como piratas. Los comandantes de los buques de guerra de las potencias amigas de España quedan autorizados para detener a los buques menciona-dos y juzgar a los individuos que los tripulen*»[169]. Y esos casos iban a darse.

Como el del apresamiento del vapor *Vigilante* por la fragata alemana *Friedrich Karl* cuando navegaba de vuelta desde Torrevieja, que había decidido desligarse de Alicante y unirse al cantón murciano. *Antonete* se hallaba a bordo, salvando el ser apresado él al dejar el vapor y parte del botín recogido en la ciudad rebelde alicantina, como pago para su salvoconducto y ser así liberado. El Cantón llegaría a plantearse por este hecho el declarar la guerra a Prusia, nada menos. La *Vitoria* y la *Almansa* (donde iba el general Contreras), serían también capturadas cuando iban a Málaga tras el bombardeo de Almería, por la misma fragata alemana ayudada por el «ironclad» inglés *Swifesure*, conducién-

---

169 Comín Colomer, *Historia de la Primera República*, AHR, Barcelona, 1956, p. 383.

dolas hacia Gibraltar. Se mandan barcos de la Armada española para enfrentarse a los sublevados. Con lo que el Cantón Murciano declara traidores a la patria al Gobierno de Madrid, constituyéndose como verdadero y legítimo Gobierno de la Federación. El Gobierno de la República Federal de España. Capital, Cartagena. ¡Y no hay más que decir! Se convierten en Estado soberano y emiten moneda, como el duro cantonal, hecho con buena plata de la minas locales de la La Unión, Cartagena y Mazarrón. Incluso hacen juicios con jurado o legalizan el divorcio, produciéndose el primero «legal» en España el 3 de septiembre de 1873, dictado por la Comisión Revolucionaria de Justicia del Cantón. ¡Qué cosas!

Sin embargo, el enfrentamiento por mar y por tierra de esta experiencia federal, confederal o cantonal, que no quería la independencia de España pero que renegaba del Estado español, del Gobierno de la República, para querer convertirse en la auténtica capital federal de esa república que creían traicionada, tiene una mezcla entre locura romántica y el ser hija de ese siglo de las revoluciones que fue el tan mal estudiado y comprendido XIX. Movimientos utópicos donde no quedaba claro dónde poner el sujeto de la soberanía, mezclada de un anarquismo pseudofilosófico imposible. Salmerón intentará imponer ese orden que tanto había reclamado Pi y Margall mandando a los generales Pavía y a Martínez Campos, siendo este último quien daría un golpe de muerte el 10 de agosto, a las aspiraciones cantonales en la batalla de Chinchilla. Donde se enfrentaría en combate contra Antonete Gálvez y el general Contreras, que no sólo perderían centenares de hombres, sino que dejaría expedito el paso hacia Cartagena y hacia el sitio de la ciudad. Pero la presidencia de Salmerón acabaría pocos meses más tarde cuando se viera obligado a firmar unas penas de muerte sobre soldados que habían acabado sobre oficiales. Prefirió dimitir: «*¡Sálvense mis convicciones y perezca la República*», fueron sus palabras. El poder lo tomaría Emilio Castelar al que no le temblaría la mano para acabar con el cantonalismo que estaba soterrando tan terriblemente a la República.

Lo que tuvo su paradoja pues, al tener como ejemplo más que a la unitaria república francesa, a la de Estados Unidos, tendría que ser él el que llevara a cabo (o al menos lo intentara) el final de la rebelión cantonal. Castelar había dicho que «*la democracia francesa está suprimida del mundo; la democracia americana llena con su esplendor la faz del mundo. Véase porque yo quiero la República federal, y véase porque yo jamás, jamás, apoyaré ni defenderé una República unitaria*». Se quedó a un «jamás» de aquellos famosos que ya vimos que pronunciara el general Prim. Como el de Reus, esos jamases iban a tener caducidad con la llegada de Serrano. ¡Pero ya llegaremos a eso!

Hemos dejado a Cartagena en guerra con la República, con sus cantones vecinos, luchando por tierra y por mar… Y por mar acabaría siendo cañoneada por la armada española en un episodio lamentable que costaría cientos de vidas civiles. Especialmente terrible fue la explosión que se produjo en el Parque de Artillería donde se habían refugiado hasta mujeres y niños. Ciertamente no era el mejor sitio. No quedó claro si fue la entrada de un obús, un sabotaje, o cualquier torpeza, el caso es que aquello estalló dejando no menos de cinco centenares de muertos. Durante el asedio y bombardeo en total, dos terceras partes de sus edificios fueron destruidos total o parcialmente[170]. Resulta curioso que otras ciudades (y no estoy hablando de Barcelona), se quejen tan amargamente de bombardeos decimonónicos en su ciudad, que no alcanzaron más que a treinta víctimas a lo sumo. Pero no nos metamos en otros jardines. El caso es que el final del asedio y del Cantón se produjo tras el golpe del general Pavía en Madrid del 3 de enero de 1874, rindiéndose la ciudad el 12 de ese mismo mes y año.

Ese mismo día acabarían huyendo, quedándose Roque Barcia, otros dos de los protagonistas más relevantes: Antonete Gálvez y el general Contreras, hacia Orán en la fragata blindada *Numancia*. Una joya de la Armada española, que tenía el galardón de haber sido el primero de este tipo de buques que habría dado en la Historia la vuelta al mundo[171]. Allí quedaría exiliados junto a algunos centenares más de sus partidarios de lo que fue este episodio que, permítanme tiene un par de anécdotas que se han convertido casi en lo más representativo de este loco periodo. Y sobre las que vamos a hacer un análisis de los hechos y de las verdades entreveradas de leyendas, con novelistas de por medio, ¡que ya sabemos el mal que hace a veces el saber Historia teniéndolas a ellas como referentes! Magníficas resultan para moverte a la curiosidad, pero pese a lo mucho que admiro a don Benito Pérez Galdós, citado en este capítulo con dos de sus *Episodios*, y por más que se la haya birlado el Nobel, hemos de recordar que era un

---

170 Manuel Rolandi Sánchez-Solís, «La sublevación cantonal de 1873 en el Departamento Marítimo de Cádiz. La Marina resiste en el arsenal de La Carraca», Revista de Historia Naval, Nº. 98, 2007, p. 66.

171 Ida y vuelta desde Cádiz, en dos años y siete meses, de 1864 a 1867, llevaría a cabo la circunnavegación. Se ganaría el lema: *In loricata navis quae primo terram circuivit.*

novelista. Grandioso. Pero no un historiador. Lo mismo nos pasa con Ramón J. Sénder, que también narraría los hechos acaecidos en Cartagena en su novela *Mister Witt en el Cantón*. Pero, ¿a qué anécdotas me refiero? Veamos.

El que fuera alcalde de Cartagena, el diputado José Prefumo, es el que tomará la palabra en el Congreso el 14 de abril para contestar al presidente Pi y Margall, y referirle que el capitán general del departamento, el contralmirante José Dueñas Sanguineto, había enviado un telegrama al Ministro de Marina entonces, el Contralmirante Jacobo Oreiro Villavicencio, en el que se indicaba que «*A las seis ó siete de la mañana el castillo de Galeras ha enarbolado bandera turca*». Conocedor Prefumo como cartagenero, del lugar de los hechos referidos, siguió su intervención mostrando su extrañeza: «*Y como esto de la bandera turca es extraño, yo me lo explico así: los insurrectos buscarían una bandera roja; el castillo de Galeras, que es a la vez torre de vigía, tiene las banderas de todas las naciones, y no encontrando otra bandera roja que la turca con la media-luna en el centro, esta fue la enarbolada*»[172]. Este hecho será recogido de manera habitual por muchos autores, incluso por Menéndez Pidal: «*los insurrectos de Cartagena enarbolaban bandera turca y comenzaban a ejercer la piratería por los puertos indefensos del Mediterráneo*»[173]. Que yo creo que lo del turco, la piratería y el recuerdo de Lepanto, no sé por qué creo que se le vinieron rápido como ideas parejas a don Marcelino.

---

172 Diario de Sesiones del Congreso de los Diputados, Legislatura 1873-1874, Nº 39, 14 de julio de 1873, p. 722.

173 Marcelino Menéndez y Pelayo, *Historia de los heterodoxos españoles*, T. II, Centro Superior de Investigaciones Científicas, Madrid, 1992 (ed. facsímil de la de 1880-1882).

Izado de la bandera cantonal en Cartagena (*La Ilustración Ibérica*).

El investigador histórico Manuel Rolandi Sánchez-Solís, que ha publicado una magna obra en dos tomos sobre la Historia revisada y documentada de la sublevación cantonal española de 1873, como así se intitula también su obra, ha escrito que «*Como se había*

convenido, hacia las siete de la mañana se izaba una
bandera roja en el castillo de Galeras (de hecho fue una
bandera turca del semáforo de banderas de la fortaleza,
al carecerse en ésta de una totalmente roja, emblema
adoptado por los cantonales), a lo que siguió el disparo
de cañón prometido»[174]. Aunque aquí ya comienzan a
encontrarse detalles que no concuerdan. El semáforo de
banderas no tiene necesariamente que tener una roja (de
hecho suelen ser rojas y amarillas o rojas y blancas), y no
suelen ser muy grandes. Por otra, el diputado habló de
banderas de las naciones que pudiera estar en el castillo.
Pero... ¿cuándo se convirtió la bandera turca que todos
reconocemos, la roja con una media luna y una estrella
blanca bien grandes y visibles en el centro, en bandera
oficial de Turquía? Pues... en 1876. Tres años más tarde
de los hechos narrados. ¿Cómo entonces este equívoco?

Los coetáneos hablan de una bandera turca como una
que pudiera venirles a la mente que tuviera tal parecido.
Aunque el tamaño de la luna y la estrella son ciertamente ostensibles y visibles. Pero ahí apareció el relato.
Un voluntario de la milicia cantonal había hecho un
sacrificio. *«Hacia el mediodía la bandera [turca] roja*
que había sido arriada días atrás volvió a izarse. Esta
vez ofrecía en el centro una mancha roja, más obscura, y
Mister Witt advirtió que uno de los que la izaban llevaba
una venda en el brazo desnudo. Se había abierto una vena
y con su sangre había borrado las enseñas del sultán»[175].
¡Homérico! Pero absurdo. Entre otras cosas porque si tal

---

174 Manuel Rolandi Sánchez-Solís, «Julio de 1873: la Sublevación Cantonal
      triunfa en los buques y en el arsenal de Cartagena», Revista de Historia
      Naval, N.º 99, 2007, p. 20.
175 Ramón J. Sénder, *Mister Witt en el Cantón*, Ed. Castalia, 2001, p. 104.

cosa hubiera hecho ese héroe, no estaría con una venda. ¡Estaría más seco que la mojama! Que miren bien una bandera, y piensen en una bien grande para poder ser izada desde un castillo para ser vista a kilómetros a la redonda. Y ya les digo que unos litrillos de tipo A+ hacen falta para teñirla bien. ¿Dónde entonces pudo estar el equívoco?

De primeras está claro que la bandera turca como la conocemos (y conoció el novelista Sénder) no pudo ser. No se tienen guardados en los castillos banderas que no estén reconocidas internacionalmente. Y esa aún no lo estaba. Por otro lado, el historiador y cronista oficial de Cartagena, Luis Miguel Pérez Adán, asegura que se enarboló una bandera roja, encargada a una tienda de Cartagena conocida y registrada, para izarla como señal para el inicio de la sublevación, como quedó reflejado en las instrucciones dadas entre sí de los sublevados. Tipo de bandera que ya había sido izada en Cádiz, por ejemplo. La teoría de que fuera una leyenda creada por el escritor a raíz del citado telegrama leído en las Cortes el 14 de abril, y que confundiera el emblema actual turco creyendo que entonces sería el mismo, es la teoría que defiende este historiador con bastante lógica. Aunque sigue la duda del porqué a un contralmirante de la Armada destinado en una de las tres Capitanías Navales (Cádiz, Ferrol y Cartagena), o sea, no un cualquiera, pudo escribir tal equívoco. Hablando con miembros de la Armada y estudiando viejas láminas del Museo Naval donde se pueden ver las diferentes banderas que enarbolan las naciones en la mar, se puede ver cómo aparecen dos pabellones interesantes: el pabellón turco carmesí, con tres pequeñas (insisto en pequeñas en comparación con la enorme actual) medias lunas... y el absolutamente rojo pabellón de galeras turco. Yo... ¡ahí lo dejo!

Por otro lado, estaría el dicho de que Cartagena pidió convertirse en parte integrante de los Estados Unidos. Dejar España para ser un Estado más de la Unión. Lo que es del todo cierto. Cuando en diciembre de 1873 el bombardeo sobre Cartagena resultaba ciertamente devastador, Roque Barcía pensó en internacionalizar más el conflicto involucrando a Estados Unidos, sí. Pero como protector. De este modo escribiría una carta al presidente Ulises S. Grant en la que solicitaba que, acorde al Derecho Internacional, el Cantón Murciano pudiera mostrar en los castillos, buques y demás fortalezas y edificios públicos, la enseña de las barras y estrellas. *«El pendón que ondeara en Filadelfia, aquel Congreso que supo dar un día generoso, un día infinito, un día sacrosanto a las nacientes libertades americanas»*. Pero no asumiendo estar bajo su soberanía, pero sí bajo su protección. De este modo no osaría el gobierno centralista seguir bombardeando lugares que, al estar con esa bandera, pudiera suponer causa para una declaración de guerra[176]. Al mismo tiempo, mandaba otra a Madrid para avisar de lo que estaban solicitando, para que se atuvieran a las consecuencias: *«Cartagena maldice a la patria. Elija el Gobierno de Madrid: o dejamos de ser tratados como tigres o pediremos ser criaturas humanas en el seno de un pueblo libre, digno, trabajador y honrado»*. Una jugada a dos bandas, con mucho de farol. Pues Grant

---

176 Recordemos el incidente del *Virginius* narrado en el capítulo anterior *Lo malo de la guerra es que hace ¡pum!*

ya vio que no era el momento de meterse en una guerra contra España... aún.

Al final, Cartagena marcaría la Historia de España. ¡Para algo lleva siéndolo de esta piel de toro desde hace 3000 años! De Cartagena saldría dejando la Corona Amadeo de Saboya, dando paso a la Primera República, como desde Cartagena saldría Alfonso XIII, más de medio siglo después, para dar paso a la Segunda. Curiosas coincidencias. Sin embargo, Cartagena también sería la puntilla republicana. Cuando en el Congreso se le preguntaba y recriminaba al presidente Castelar por la Constitución Federal de la República, este fue el diálogo recogido en el Diario de Sesiones: «*(Una voz: ¿Y la federal?) La federal; eso es organización municipal y provincial, y hablaremos más tarde eso; no vale la pena. (Risas y murmullos). El más federal tiene que aplazarla por diez años. (Una voz: ¿Y el proyecto?) Lo quemaron en Cartagena. (Grandes aplausos)*»[177]. Entre las cenizas de Cartagena también quedó sepultada la Constitución. Y la república.

177 Gaceta de Madrid, Núm. 4, 4 de enero de 1874, p. 35.

DE UNA MUJER QUE REINABA
A SEÑOROS CON BIGOTE

AUNQUE AHÍ ESTUVO SIEMPRE LA MUJER,
CON MONARQUÍA O REPÚBLICA

«Tal es la situación de la mujer:
abiertos todos los caminos del sentimiento,
cerrados todos los de la inteligencia»
CONCEPCIÓN ARENAL

En 1873 a la mujer no se la tenía como protagonista de la Historia. No creo que descubramos nada nuevo. Ni nos vamos a encontrar con muchas que tuvieran relevancia política alguna. Pues es evidente que la mujer tardaría aún bastante en ser parte activa en la tomas de decisiones del Estado. En España y en el mundo entero, quede claro. No hay ninguna excepcionalidad por la que tengamos que estar fustigándonos al estilo español. Bueno, no es cierto. Porque la España salida tras la Guerra de 1808 contra el *ilustrado* francés y con nuestros destrozones y salvajes aliados ingleses, no fue buena, y en esto sí que nos va a obligar a tener un recorrido diferente de otras naciones. Tal vez mejor o tal vez peor en comparación. Da igual en este caso. Pero lo será para hombres, mujeres y cualquier semoviente de la Península. Y el retraso causado va a serlo en todas las capas de la sociedad, siendo evidente que sería más amarga para los que menos tuvieran, y para los más débiles. Esto va de suyo.

La España de inicios del xix es aún mayoritariamente agrícola. No podemos hablar de una revolución industrial propiamente dicho hasta comienzos de la década de 1830. A partir de este momento la industria textil catalana, por ejemplo, o la siderurgia malagueña y asturiana, comenzarían a descollar[178]. Con una orografía nada sencilla en una extensión de territorio bastante grande: más de medio millón de kilómetros cuadrados, sólo superada en nuestro entorno europeo en extensión por Francia, y como país montañoso, por Suiza. Sin unos grandes ríos navegables como los Rin, Danubio, Elba o Sena. Con una minería trabajosa por culpa de la tortuosa orografía y las comunicaciones deficientes, pese a la riqueza natural que guardan las entrañas peninsulares.

Cuando se llega a la época del Sexenio Democrático o Revolucionario se habrán sucedido varias desamortizaciones, la pérdida del comercio americano, algunas crisis en sectores como el textil, o *cracks* especulativos como el que se diera con el auge del ferrocarril en 1866. Las sucesivas guerras, externas e internas no han ayudado a establecer un marco de estabilidad para el asentamiento

---

178 Cierto es que ya existían industrias previas. Muchas dañadas durante la Guerra contra el Francés en el periodo 1808-13. Tabacos en Sevilla, sedas en Valencia, porcelana en Madrid, textil castellano.

de una burguesía pujante en detrimento de una poderosa oligarquía, propietaria de grandes extensiones de tierra, sobre todo en la parte más meridional de España. Todo esto, aunado a una demografía pobre (para hacernos una idea, en 1800 la población en España era de 11,5 millones, pasando en 1857 a 15,5. Francia, que lo comienza con 26,9 habitantes, en 1850 habrá llegado a 36,5. Pero Gran Bretaña que inicia el siglo con menos población que la española, 10,9 millones, medio siglo más tarde la habrá duplicado casi, con 20,9)[179]. Todo este marco es evidente que va a influir en la política española, por un lado, como hemos ido viendo, pero también en su sociedad.

Y una sociedad la componen hombres y mujeres, no hace falta aclararlo. Que esto no va de constructos de género... ¡todavía! Y las mujeres estaban siempre reflejadas de una manera en que acaban en el grupo de «mujeres – niños – enfermos – ancianos», como población vulnerable, que decíamos en mis tiempos de ayuda humanitaria. Pues la mujer no era vista como un igual. ¡Con buena intención, quede claro! Una idea que nos puede parecer absurda, pero que, permítanme el aparentemente peregrino ejemplo, ninguno nos cuestionamos cuando vimos la película *Titánic*[180]. Cuando el actor Jonathan Hyde interpretaba al empresario Joseph Bruce Ismay, el director de la naviera *White Star Line* propietaria del insumergible transatlántico, se cuela en uno de los barcos salvavidas, todos le odiamos. ¿Por qué? Estaba claro. El grito de salvamento era

---

179 André Armengaud, «La población europea, 1700-1914», en Carlo M. Cipolla, *Historia económica de Europa*, Vol. 3, Ariel, Barcelona, 1979, p. 30.

180 *Titánic*, James Cameron, 20th Century Fox et al., 1997. Y no me digan que no la han visto que no me lo creo.

unánime y todos lo conocemos: «¡Las mujeres y los niños primero!». ¿Y por qué tal cosa, pregunto? Podría ser algo lógico en la mentalidad de aquél 1912 en que transcurre la acción. O en el heteropatriarcal siglo xix. ¿Pero ahora? Pues ahora creo que nos pasa lo mismo, y me perdonen la digresión, pues por eso seguimos queriendo implantar la igualdad legal de la mujer pero con leyes que más bien parecen de apoyo a personas con algún tipo de discapacidad. Y ser mujer no lo es. Para nada.

De hecho, es curioso este periodo al que estamos visitando como unos *crononautas* curiosos, viajeros de un tiempo en donde creemos tener ya todas las respuestas... de unas preguntas se hicieron, tengámoslo en cuenta, en el pasado. ¡Que es lo que tiene mérito! Un tiempo pretérito que fue cuando se puso en duda lo establecido. Como la de que ¿cómo era posible que una mujer pudiera ser jefe del Estado, o una simple estanquera, una dependienta sin más, pero tenga vedado el acceder a otros puestos intermedios? Esta pregunta fue la que se hizo y por escrito, una mujer excepcional de ese tiempo: la ferrolana Concepción Arenal, una mujer que sin duda fue un referente en ese siglo que le tocara vivir, y en el que no quiso limitarse a lo que por su condición mujeril, le correspondía. Cuando se cuestionó el papel de la mujer en la sociedad, no sólo se quedó en lo político. A esa pregunta se unían otras tan transgresoras hoy en día sobre cómo era posible que la mujer pudiera en lo religioso «*llegar a la más alta dignidad que se concibe, puede ser la madre de Dios*», y mártir y santa y ser venerada por el hombre, pero ser «*indigna de llenar las funciones del sacerdocio*». En las relaciones de familia, en el mundo, ¿qué lugar ocupa la mujer, se sigue preguntando Arenal? Y se responde que por lo general «*a las mujeres se les da más o menos de lo que merecen y les es debido: son, el niño oprimido a quien se hace siempre guardar silencio, o el niño mimado que impone su voluntad».* Pues no hay término medio en cuanto se refiere a ellas.

Estas reflexiones las escribe en 1869 y son, como dice de manera tópica, incluso de rabiosa actualidad[181]. Pues aún quedan aspectos que hacer efectivos en lo que legalmente en España se estableció en su artículo 14 de la Constitución de 1978, donde todos somos, hombres y mujeres, iguales ante la Ley. Punto. En aquellos tiempos la ley no lo era para todas las personas. Y no lo era en aspectos tan relevantes, como la educación. Pues el desgraciado campesino o el triste obrero, que trabajaban como auténticas bestias pardas porque es lo que había que hacer, con llegar a saber leer, escribir y las cuatro reglas, que se decía, le sobraba. Y a veces ni esas necesitaba. Con jornadas de 12 y hasta de 15 horas. En unas condiciones de precariedad médica. Sin fines de semana que descansar. ¡Ni el domingo! Pues recordemos que la Ley del descanso dominical no se aprobaría hasta 1904 con el gobierno de Antonio Maura. ¡Qué escuela se ha de querer cuando incluso los niños son usados en las fábricas y en las minas! La mujer iba a sufrir, en ese estrato social, la misma situación laboral tan extrema. Desde luego, y me permitan la maldad, ¡ahí sí que iba a primar la igualdad! Miseria y trabajo a destajo para todos. Niños (y niñas), incluidos.

---

181 Concepción Arenal, *La mujer del porvenir.* Artículos sobre las conferencias dominicales para la educación de la mujer, celebradas en el Paraninfo de la Universidad de Madrid, Sevilla-Madrid, Eduardo Perié-Félix Perié, 1869. Se puede leer gratuitamente en digital en la Biblioteca Virtual Miguel de Cervantes, existiendo una preciosa edición ilustrada en Nórdica libros, Madrid, 2020.

Concepcion Arenal.

Uno de los movimientos que abogaría por el acceso a la educación de la mujer, fue la llamada *escuela kraussista*[182]. De este pensamiento surgirían instituciones como la Institución Libre de Enseñanza de 1876,

---

182 Inspirada en el pensador postkantiano alemán Karl Christian Friedrich Krause (1781-1832).

que tendría entre sus impulsores al pedagogo rondeño Francisco Giner de los Ríos, y al presidente del Ejecutivo don Nicolás Salmerón, como en su momento aludimos su querencia filosófica. ¡Un gran krausista! El inicio de este movimiento estaría en la Universidad Central de Madrid, y en la figura del soriano Julián Sanz del Río, que entre sus discípulos estarían otro par de conocidos nuestros: don Francisco Pi y Margall y don Emilio Castelar. Don Julián no podrá verlos ocupar la más alta magistratura del Estado a ninguno de ellos, pues fallecería en 1869. Pero la semilla estaba plantada. Pues ese libre acceso a la enseñanza empezaba a encontrar, dentro de las capas burguesas, voces de mujeres que no querrán disfrazarse de hombre, como se dice que tuvo que hacer Concepción Arenal para acudir de oyente a la Central de Madrid[183], sino como mujeres. Abiertamente mujeres.

Nos vamos a encontrar con los casos de las primeras doctoras en medicina en España, y unas de las primeras con tal titulación en Europa. Permítanme que les cuente una historia: Había una vez tres muchachitas que fueron a la Universidad de Medicina… Se les asignaron lugares nada peligrosos… Pero hubo alguien que las apartó de todo aquello… Y ahora han logrado trabajar para…

---

183 Parece ser que es más un mito, pues Concepción Arenal lo que era es nada convencional vistiendo, nada parecido a la moda habitual femenina, y eso la hacía «masculina» en el vestir. ¡Pero ya me dirán pasarse toda la carrera disfrazada y que nadie la reconozca como mujer! Si lo piensan bien verán que es bastante improbable. Su biógrafa, la profesora Anna Caballé, diría al respecto que «*Todos tenemos la imagen: en 1842, la escritora se presentó en la Facultad de Derecho vestida con pantalones. Se tiende a pensar que ese gesto era desafiante. No. La realidad es que lo único que Arenal quería era que se le tratara como una igual, que no se fijaran en ella como una mujer sino como una más*», El Mundo, «200 años de Concepción Arenal: la más pura liberal del siglo XIX español», 15 de diciembre de 2020.

¡ellas mismas! Tal vez algunos de ustedes habrán leído este parafraseo con cierta música en la cabeza, de una serie setentera de Aaron Spelling sobre tres ángeles. Les aseguro que la leridana Martina Castells, la tarraconense Elena Maseras, y la barcelonesa Dolors Aleu, llegarían a serlo. Una más y otra menos, pues la vida es canalla y no siempre el esfuerzo es recompensado con el éxito. Si cuando en 1841 Concepción Arenal, tan presente en este capítulo con merecimientos de sobra, estaría sólo de oyente como estudiante no reconocido, en leyes, estas tres mujeres decidieron que lo querían todo. Estudiar como los hombres, acceder a un título universitario, y poder ejercer una profesión gracias a él. Como uno más. Doña Concha (que me permita la confianza nuestra heroína del capítulo) nunca pudo hacerlo como abogada, aunque su valía, lucha y tesón le llevó a conseguir otros merecimientos. Pero lo de estas tres mujeres catalanas fue un antes y un después.

Estamos en 1872. Reina aún (o al menos lo intenta), Amadeo de Saboya. Y, hay que reconocerlo, ninguna ley prohibía expresamente el acceso a las aulas de la mujer. Simplemente era inconcebible. El papel de la mujer, si no era como hemos comentado, una mujer trabajadora proletaria o del campesinado, estaba aún más claro para las clases medias o burguesas. Ser esposa y madre. Recibir una educación adecuada al «*sexo compasivo y piadoso*»[184] que es la mujer. Ante esto se rebelaron Martina, Dolors y Elena. Sería esta última la primera en acceder a las aulas gracias a una Real Orden emitida por el Rey, aunque ese permiso no le permitió estar con el resto de compañeros en una misma aula. Con una visión

---

184 Concepción Arenal, op. cit.

paternalista y de sobreprotección malentendida hacia la mujer, ella tenía que estudiar aparte en solitario. Un escollo que fue superando con la ayuda de catedráticos que la apoyaron en su día a día, viendo su gran capacidad. Como el doctor Juan Giné y Partagás, que acabaría siendo el rector, y del doctor Narciso Carbó y Aloy, que lucharía para que pudiera tener libre acceso a las aulas como un alumno más. A los tres años de comenzar la carrera, Elena Maseras pudo hacerlo por fin. La ovación que recibió por parte del alumnado masculino fue unánime. Se le asignó, eso sí, un sitio preferente, cercano a la mesa del profesor, como último baluarte de una deferencia sin sentido. ¡Pero estaba ya en la misma clase! Y se había ganado el respeto de todos.

De este modo abriría las puertas a las otras mujeres citadas. Dolors Aleu lo haría ya con la República establecida como forma de Estado. Hija de un doctor en Farmacia, ella sí que se encontró con una reticencia por parte de ciertos cabestros que llegarían a tirarle piedras para evitar que entrara en la Facultad. Su padre, Joan Aleu, además de farmacéutico, tenía el cargo de Gobernador General de Cataluña, teniente de alcalde de Barcelona, y jefe de su policía municipal. No en vano había sido un republicano federalista que llegaría a comandar las milicias de Voluntarios en los incidentes huelguísticos acaecidos en 1869 en la Ciudad Condal. El «alcalde popular» del conocido barrio del Raval, le llamarían[185]. Todo un personaje. El caso es que le llegaría

---

185 Alberto García Balañá, «"Ya no existe un partido progresista en Barcelona". Experiencia social y protesta obrera en la insurrección republicana de 1869», HISPANIA. Revista Española de Historia, 2008, vol. LXVIII, núm. 230, septiembre-diciembre, p. 746.

a asignar una escolta de dos municipales para que ella pudiera acudir a clase evitando alguna desgracia. Cuando fue admitida en las aulas, sus compañeros de verdad la recibieron también con una cariñosa ovación a la «*bella matriculada*», como publicarían en los medios de la época con la habitual condescendencia buenista.

En septiembre de 1874, siendo el Presidente del Ejecutivo el general Serrano, dentro de lo que fue la República unitaria tras el fracaso de la federal, de la que hablaremos en el capítulo diez de este mismo libro, que es una parte bastante olvidada de esta experiencia republicana decimonónica tan breve, y con Práxedes Mateo Sagasta de presidente del Consejo, comienza un nuevo curso académico, que lo sería también para Dolors Aleu. De las tres, la primera, sin embargo, en doctorarse, sería ella, ya en tiempos de la Restauración con Alfonso XII en el trono. ¡Ya sabemos que el tiempo republicano fue un auténtico interín para muchas cosas! Imposible, es evidente, el haber acabado una carrera. Pero durante su periodo fue el que estas tres pioneras la cursaron. Cuando obtuvo el doctorado, la prensa lo recogió con el retintín propio de la época: «*Ha recibido la investidura de doctor en la Facultad de Medicina de Madrid, la señorita doña Dolores Aleu y Riera. Felicitamos por adelantado a los enfermos que fíen la curación de sus dolencias al nuevo doctor con faldas*»[186]. No me negarán la mala leche de la coletilla final.

---

186 Publicado en *El Liberal*, el 12 de octubre de 1882, recogido en mi libro *Siempre estuvieron ELLAS*, Editorial Edaf, Madrid, 2018, donde dedico un capítulo íntegro a la historia de estas tres mujeres: «Doctoras de la Medicina. Cuando Higía de nuevo fue llamada Salus». Me perdonen siempre la autocita.

La educación de la mujer fue la verdadera piedra angular de las demandas femeninas en este periodo[187]. Entiendan que otras reivindicaciones como el voto estaban aún muy lejanas pues, para hacernos una idea y poner todo en contexto, el sufragio universal masculino no quedaría definitivamente establecido hasta 1890, tras su reconocimiento en la Constitución de 1869. Como para pensar en el de la mujer que, recordemos, no se ejerció en España hasta 1933[188]. Es por esta reivindicación sobre la educación la que iba a ser una de las razones de la aparición de uno de los periódicos que surge en el periodo republicano. En marzo de 1873 sale a la calle la revista *La Ilustración de la Mujer*, con el objetivo de que los beneficios que produzca esta publicación fueran destinados a la creación de escuelas gratuitas para las niñas pobres, como anunciaban en la misma cabecera de la portada. El coste de la suscripción era menor para los docentes, en una clara vocación pedagógica[189], y un guiño evidente hacia los maestros.

---

187 Recordemos, además, a pioneras como la zaragozana Josefa Amar y Borbón (1749-1833), una pedagoga luchadora por la educación de la mujer en plena Ilustración española.

188 Como curiosidad quiero señalar que el voto femenino no llegaría a Francia hasta 1944 y en Italia hasta 1946. En Estados Unidos las mujeres negras no podrían votar hasta 1967, y en Suiza nada menos que hasta 1971, a nivel federal, no siendo pleno hasta 1990. Me sigue sorprendiendo que nadie tenga a este país como modelo de democracia...

189 M.ª de los Ángeles Rodríguez Sánchez, «Matilde Cherner y "La Ilustración de la Mujer"», en *Lectora, heroína, autora (La mujer en la literatura española del siglo XIX): III Coloquio de la Sociedad de Literatura Española del Siglo XIX (Barcelona, 23-25 de octubre de 2002)*, V. Trueba et al. (Ed.), Universitat, Promociones y Publicaciones Universitarias, Barcelona, 2005.

Martina Castells.

La fundaría la turolense de Alcañiz, Concepción
Gimeno de Flaquer, una escritora que no sólo publicaría

sino que crearía varias publicaciones además de la aquí referida. En su primer artículo publicado en *El Trovador del Ebro* el 7 de noviembre de 1869 (a tres meses de la proclamación republicana), dejaría ya clara cuál era su postura y leitmotiv vital: la defensa de la educación de la mujer. El artículo se titulaba «A los impugnadores del bello sexo» y desde sus primeras líneas dejaba clara su postura beligerante: *«Decidme ¿por qué hay individuos que censuran a la mujer? Por la ignorante rutina, más que por la sólida convicción del estudio»*. Vamos, ¡por puros prejuicios! Nada más. Tras bosquejar en el artículo muchas de las acciones y actividades ejercidas por la mujer, se pregunta desafiante: *«¿qué sería el mundo sin la mujer? Un páramo, un desierto erial»*. Y, sin negar que haya habido en la Historia también una buena colección de arpías (como, entre otras, cita a Catalina de Medicis), también las hubo admirables. Como colofón, concluye que *«detractores del bello sexo a quienes me he dirigido, no tratéis de menoscabar y deprimir lo que debe ser objeto de vuestro respeto y admiración, pues no podréis hacerlo sin confesar tácitamente que estáis dominados por esa lepra del alma, por ese crimen horrendo llamado ingratitud»*[190].

Gimeno de Flaquer dirigiría brevemente su propia creación, pasándole la dirección de la revista a otra periodista y autora desconocida: la palentina Sofía Tartilán. Escribiría en su «La educación de la mujer» en un artículo publicado en el medio que presidía, que *«La culpable indiferencia con que durante tantos siglos se viene mirando la educación de la*

---

190 Todas las citas de este párrafo son de Concepción Gimeno de Flaquer, «A los impugnadores del bello sexo», *El Trovador del Ebro*, año 1, Nº. 18 (7 de noviembre de 1869), pp. 1-3.

mujer, parte integrante de las sociedades, de los pueblos y de las familias, que puede considerársela, no solo como la mitad del género humano, sino como algo más, puesto que la madre forma al hijo y la esposa al esposo»[191]. Sofía no estaría sola defendiendo y escribiendo sobre lo que era este ariete con que derribar el portón que impedía entrar en la fortaleza masculina en que permanecía la educación desde hacía siglos. Porque, aunque podamos encontrar en la Historia figuras como Luisa de Medrano, que leyera en la Cátedra de Cánones de la Universidad de Salamanca, que había dejado vacante Antonio de Nebrija el 16 de noviembre de 1508[192]. O que la propia hija de Nebrija, Francisca, parece ser que sucediera a su padre en la que tenía de Retórica en la Universidad Cisneriana en 1522[193]. O podamos citar a mujeres como Beatriz Galindo, *La Latina*... el caso es que son excepciones, pues como indicábamos, el papel de la mujer ha estado bastante definido durante siglos. Casi podríamos hablar más bien de milenios.

Como decíamos, Sofía no estaría sola, y contaría también con otras plumas que hoy definiríamos como feministas. Como la de la salmantina Matilde Cherner. Novelista, dramaturga, poetisa... ya había colaborado en otras publicaciones como *El Federal Salmantino*, pues Matilde era una republicana federalista convencida, abogando claramente por el advenimiento de la República[194]. En una serie de artículos publicados en *La*

---

191 Sofía Tartilán, «La educación de la mujer», dentro de la serie de artículos publicada en *La Ilustración de la Mujer*, 1873-1874.

192 Nota real registrada en el *Cronicón* por el que entonces era rector de la Universidad de Salamanca.

193 Así lo afirma sin más que su testimonio, Juan Pérez de Moya, en su *Varia historia de santas e ilustres mujeres de todo género de virtudes*, de 1583.

194 M.ª de los Ángeles Rodríguez Sánchez, op. cit.

Ilustración de la Mujer, recogidos con el título genérico de *«Las mujeres pintadas por sí mismas»*, y dedicados a su compañera Sofía Tartilán, analiza precisamente la falta de instrucción de las mujeres de su tiempo: *«Cuando yacen en la ignorancia las diecinueve vigésimas partes de la población absoluta de España, pues no hace mucho que se decía que de cada cien hombres apenas llegaban a cinco los que sabían leer y escribir; nos parece, más que extraño, anómalo, el furor, desarrollado hoy entre nosotras en pro de la educación de nuestro sexo, y sin que nadie abogue, no ya por la ilustración, por la primera instrucción de toda esa clase o estado»*[195]. Porque la *instrucción* pública (que nada tiene que ver con el concepto de *educación*, referido a formas y maneras, pero no al conocimiento), estaba fuera de la preocupación de los dirigente, máxime si hablamos de las clases populares, por supuesto. ¡Qué necesidad tenían de que aprendieran algo si no iban a poder ejercer de nada!

Concepción Gimeno de Flaquer, (*Feminal*).

---

195 Matilde Cherner, en uno de los artículos de «Las mujeres pintadas por sí mismas», citada por M.ª de los Ángeles Rodríguez Sánchez, *op. cit.*

Como oficio para la mujer, no parecía sino existir otro que no fuera el que, con no sé qué extraña jocosidad, se le ha denominado como «el más antiguo del mundo». Que mucha antigüedad, pero a nadie le gusta que le espeten que su santa madre tenga como honor el ejercer el decanato profesional. Matilde escribiría un libro en estos momentos que tardaría unos años en que se atrevieran a publicarlo, y lo sería pero bajo el seudónimo masculino de Rafael Luna. Me refiero a la novela naturalista *María Magdalena*. En ella plasmaría las supuestas memorias de una prostituta, haciendo que de este modo se reflejara la hipocresía social que sobre la permisividad legal de la prostitución existía. Se leía en el prólogo de esta rompedora obra que «*Hemos pintado a placer nuestra heroína, haciendo de ella, no un ser fantástico, mas sí un ser superior, muy superior, a la situación triste en que la desgracia y los vicios sociales la habían colocado*»[196]. Una hipocresía, en muchos aspectos que, reconozcámoslo, ha llegado hasta nuestros días.

En donde, en efecto, uno de los mayores escarnios públicos, o insultos, es el de *puta*. ¿Recordamos la coplilla que se le cantaba a la reina Isabel II?[197] ¿Recordamos la reflexión de Concepción Arenal *ut supra* sobre que una mujer podía acceder a la Jefatura del Estado, pero sobre a pocos más sitios? ¿Recordamos el porqué de la Primera Guerra Carlista que comentamos en el capítulo en que parafraseábamos aquella obra de Llopis de «Lo malo de

---

196 Rafael Luna, *María Magdalena (Estudio social)*, De la viuda e hijos de J. A. García, Madrid, 1880, p. 6. Se puede cotejar en copia escaneada en la Biblioteca Digital Hispana.

197 En el capítulo 3, «Los periodistas somos gente honrada…», algo atrás en el libro. Gracias.

la guerra es que hace pum»[198]? ¡Pues de todo eso tiene la culpa la mujer! A ver, me explico. En un país en donde la mujer podía incluso llegar a reinar, nos encontrábamos con la paradoja de que, siendo considerada capaz de ejercer la más alta prelatura de un Estado, ¿cómo era posible que otros especímenes de sus sexo no pudieran ser aceptadas en universidades, mandos intermedios, magistraturas… ¡Incluso como miembros del gobierno! ¿Acaso Su Majestad la reina no gobernaba? ¿O es que en el fondo se había hecho una aceptación a regañadientes de su legitimidad al trono ya que no había heredero varón que teniendo esa preeminencia sobre la hembra, pudiera apartarla del trono? ¿Tenían entonces, los carlistas, razón, y su causa tenía que ser vista como justa acorde a la tradición y las leyes que la monarquía había establecido?

Pues no. Al menos en España. Citamos en el capítulo mencionado la Pragmática Sanción que derogaba a Ley Sálica, que había llegado con los Borbón de Francia. Algo que no era aquí costumbre ni ley admitida, pues la mujer podía reinar. Caso de que no hubiera varón. Es cierto. Pero no existía tal tajante disposición. Si en España esto nos llegaba de antaño con las Partidas de Alfonso X, en Francia les venía de los reyes francos salios (de aquí derivará el nombre), originariamente uno de los pueblos germánicos ya romanizados, en el siglo III d.C. Uno de sus reyes, Clodoveo, inició en lo que iba a ser Francia algo que no nos interesa más que en lo tocante a una legislación que se mantendría en el vecino país: la prohibición

---

198 Jorge Llopis, *Lo malo de la guerra es que hace ¡pum!*, Taurus, Barcelona, 1956.

expresa del acceso al trono de una mujer. Que en el siglo XVIII nos llegará de la siempre, no me cansaré de decirlo, *moderna* Francia, esta vez la del Rey Sol, una legislación del siglo V, es como de coña. Pero así fue. Que la nuestra sería añeja, pero se andaban con bastante más viejunas nuestros amigos galos ¡En el fondo todos somos herederos de un pasado de uno u otro modo!

Pero entonces la paradoja viene de que llamamos «tradicionalistas» a los que quisieron ver al rey Carlos, hermano de Fernando VII, en el trono en vez de una mujer. Esto es, son tradicionalistas… ¡franceses! Pues si lo fueran de la vieja legislación castellana, en vez de la franca, a Isabel jamás se le tendría que haber puesto un «pero» en su reinado. Dio igual, y por atacarla en lo político, se acabó en lo personal, derivando todo a su extrema *casquivanidad*. Que ya tuvo cuajo la cosa, que hasta el papa Pio IX dijera de ella que «es puta, pero pía». ¡Caramba con el Santo Padre! Suponemos que el Paráclito no estaría en ese momento inspirándole para hablar *ex cathedra*. Aunque parece ser que fue como reacción respondiendo a las quejas de su cardenal secretario acerca de que cómo iba a homenajearla con la condecoración de la Rosa de Oro vaticana, a esta dama «*putana*» (sic). La catedrática Isabel Burdiel ha señalado que «Isabel II no fue una ninfómana, simplemente estuvo mal casada. Es cierto que tuvo muchos amantes, pero eso era habitual entre la aristocracia y la realeza de la época». Pero la diferencia principal… ¡es que eran hombres! ¿Acaso sabemos algo de la vida sexual de los presidentes del Ejecutivo del periodo republicano?

Apenas. No suele ser un tema siquiera tratado. Convencido estoy de que si alguno hubiera sido mujer, de esa parte íntima sabríamos más. ¡Lo sabríamos todo! De Figueras que si era un pusilánime con su esposa, la cual le tenía bastante dominado, según el Conde de Romanones[199]. De Pi y Margall si su frialdad de carácter extrema lo era también en el ámbito personal... o era sólo una fachada. De Nicolás Salmerón si era de moralidad laxa, ya que intentaría que la amante del que sería rey, Alfonso XII, recibiera dinero a costa de unas cartas para callar los amoríos del monarca con Elena Sanz. De Emilio Castelar, si su enamoramiento con el jovencísimo José Lázaro Galdiano le llevaría a prevaricar con dinero público para contentar a su amante, y que le hará ganar el despectivo mote por parte de los conservadores de «Doña Inés de Tenorio»[200]. Son temas que apenas se conocen, siendo el último tal vez el más escandaloso y conocido para la época, y en ese mismo momento. Pero en modo alguno han hecho correr los ríos de tinta que sobre la anterior Jefa del Estado. Tal vez la malicia para con el luego acabará siendo el quinto presidente, el general Serrano, al que la propia Reina llamaba «*el general bonito*» en sus años mozos. Pero en nada nos encontraremos como algo despectivo el que el general pudiera haber sido otro de los amantes de Isabel de Borbón.

Y es que, volviendo a las reflexiones de Concepción Arenal contemporáneas de este periodo, esta visión comienza con una pregunta que ella plantea desafiante: «*¿A qué edad empieza la superioridad intelectual del hombre?*» Y responde no sin cierta sorna: «*Se puede*

199 Conde de Romanones, *Los cuatro presidentes de la Primera República española*, Espasa-Calpe, Barcelona, 1939.
200 C. Piro, *Invertidos y romepatrias, Socialismo y homosexualidad en el Estado español*, Distri Maligna, Vitoria-Gasteiz, 2011, p. 7.

ofrecer un buen premio al que le resuelva, en la seguridad de que no le alcanzará nadie. La cuestión así planteada, ¿no parece ridícula? [...] La historia, es decir, la experiencia, o calla o dice: La inteligencia de la mujer no es inferior a la del hombre»[201]. Concepción Arenal llega a ser tajante con la visión que hacía que intelectuales y doctores en medicina, llegaran a afirmar que las menores facultades intelectuales femeninas eran como consecuencia de una «inferioridad orgánica». ¡Ahí es nada! Pues lo que denunciaba y quería conseguir era lo que tantas ya querían. ¿Y que querían? Pues «queremos para la mujer todos los derechos civiles. Queremos que tenga derecho a ejercer todas las profesiones y oficios. Nada más. Nada menos»[202]. Creo que queda cristalino.

Pues, exponía también ya nuestra doña Concha, que «Es un error grave y de los más perjudiciales, inculcar a la mujer que su misión única es la de esposa y madre [...]. Lo primero que necesita la mujer es afirmar su personalidad, independientemente de su estado, y persuadirse de que, soltera, casada o viuda, tiene derechos que cumplir, derechos que reclamar, dignidad que no depende de nadie, un trabajo que realizar e idea de que es cosa seria, grave, la vida y que si se la toma como un juego, ella será indefectiblemente un juguete». Y eso es lo que tenía que dejar de ser la mujer que en aquél momento se veía en un siglo de revoluciones. Sociales, industriales, ¿femenina? Puede que fuera el momento de despegue de la misma.

Pues, como decía la tan desconocida (aunque ahora ya no tanto), como interesante Concepción Gimeno de

---

201 Concepción Arenal, op. cit., p. 34.
202 Íbid, pp. 113-114.

Flaquer en la que fue la revista reivindicativa femenina por excelencia durante la Primera República mencionada, «*El siglo XIX, siglo de las aspiraciones generosas, ha preparado el triunfo de la causa de la mujer; el siglo XX coronará la obra de su predecesor*»[203]. Estamos ya en el XXI, pero creo que estamos cerca de conseguirlo definitivamente. ¿No creen?

---

203 Concepción Gimeno de Flaquer, *La mujer intelectual*, Imprenta del Asilo de Huérfanos del Sagrado Corazón de Jesús, Madrid, 1901, p. 271

CUATRO PRESIDENTES CON FRENO Y MARCHA ATRÁS

O CÓMO ACABAR «HASTA LOS COJONES» DE TODOS NOSOTROS

> «Son ustedes cuatro ilusos, cuatro locos.
> Usted mismo dejará algún día de ser republicano»[204]
> JUAN PRIM

¿Qué número de presidentes tuvo la Primera República? Pregunta de nuevo de Trivial para quesito amarillo. Diga lo que diga la tarjeta como respuesta, si a usted se le ocurre responder que «cero», lo mismo hasta acierta. Aunque parezca un poco *boutade*. ¿Por qué? Se dice canónicamente que hubo cuatro presidentes de la República... aunque ni fueron cuatro, ni lo fueron de la

---

204 Frase del general Prim contestando al político canario Nicolás Estévanez en Londres, según cuenta este en sus *Memorias*: «*Eso es un sueño; la República sería posible si hubiera republicanos como los hay hasta en Rusia. Pero en España no los hay ni puede haberlos. Son ustedes cuatro ilusos, cuatro locos. Usted mismo dejará algún día de ser republicano*», citado por Álvaro de Albornoz, *El Partido Republicano*, Biblioteca Nueva, Madrid, 1918, p. 74

república. ¡Pues sí que estamos bien! Y quien encabeza la cita del capítulo, el general Juan Prim, el acérrimo enemigo de los Borbón, el espadón revolucionario por antonomasia, le llegaría a decir un republicano de pura cepa como Estébanez, nada menos que el de Reus «*haría un buen presidente de la República*»[205]. Y ya sabemos que ni para ver la nueva monarquía democrática de Amadeo pudo llegar tras su asesinato en la calle del Turco. Es curioso porque es verdad que hubo quien le animaría abiertamente a que se convirtiera en el presidente de esa posible república, una vez expulsada la dinastía Borbón, en el ínterin que se estaba viviendo.

El historiador Martí Gilabert, ahondando en esta increíble posibilidad presidencial, relata un curioso suceso cuando el Gobierno francés enviara en octubre de 1870 a Madrid al conde de Keratry, con relación a un tema de una posible ayuda militar. Aprovechando la coyuntura, el enviado del gobierno francés le diría a Prim: «*Creedme: ha llegado la hora de que toméis la iniciativa y conservéis la gloria de un movimiento liberal del que ya no podríais ser el dueño ni el regulador de aquí a tres semanas [...] Poneos valerosamente a la cabeza del movimiento; sed el presidente de una República basada sobre la Unión Ibérica, fundada en el consentimiento de dos pueblos. Declaraos presidente de la República y os prometo, debidamente autorizado, el apoyo del Directorio republicano y del Gobierno francés*»[206]. Pero la respuesta de Prim fue sorprendente, habida cuenta como hemos visto

205 Íbid., p. 73.
206 Eduardo Comín Colomer, *Historia de la Primera República*, AHR, Barcelona, 1956, p. 161.

de lo que de sí mismo había pensado, y con su inmodestia habitual le espetó: «Mientras yo viva no habrá República en España»[207]. La verdad es que... ¡así fue!

Aunque, como vimos, la República llegó y a toda prisa. De la mano de unas Cortes de mayoría monárquicas, dos tercios de ellas eran de partidos que representaban esta opción, que se hicieron el *harakiri* de igual manera que, como se dijo en su momento, hicieron las Cortes franquistas para traer la democracia a la muerte de Franco en 1975[208]. Las monárquicas, en esta ocasión, votaron para traer una República. No me digan que al menos, ¡originales sí que somos los españoles! Pronto se tendría que convocar unas nuevas elecciones de tipo constituyente para elaborar una nueva Constitución. Una de tipo republicano que reflejara la nueva forma del Estado, acomodándola de este modo, a lo que se pretendía que fuera... ¡que ya vimos que tampoco estaba claro! Que si unitaria, que si federal. ¡República! Eso era lo importante. Pero el marco legal era necesario, y se siguió con el que se tenía de la Constitución de 1869. Algo *raruno*, pues establecía en su artículo 33 que la forma de gobierno de la Nación española era una Monarquía, pero como era cosa de un rato y en seguida se cambiaría... Por otro lado, en su artículo 35 decía que «el poder

---

207 Citado de la obra de Comín Colomer, por Francisco Martí Gilabert, *La Primera República española (1873-1874)*, Rialp, Madrid, 2017.

208 En conversación con uno de los hijos de uno de esos procuradores, que fuera además Ministro de Trabajo en el 75, don Licinio de la Fuente, comentaría que cuando se popularizó ese término «Nunca les gustó que se le llamara *Harakiri*, no lo consideraban adecuado. Fue una renuncia voluntaria al poder, no un suicidio por deshonor como representa ese término japonés». Quede como curiosidad de un testimonio directo de aquellos protagonistas.

ejecutivo reside en el Rey que lo ejerce por medio de sus Ministros», y en no habiendo monarca alguno, era evidente que debía de ser el presidente nombrado por Las Cortes, como órgano representante de la Soberanía nacional, quien fuera el presidente del Ejecutivo.

¿Esto le convertía en Presidente de la República? Diríamos que *de facto*, sí. Aunque *de iure*, no. Esto es, no existía tal figura legal, pues constitucionalmente no se puede hablar de tal figura. De hecho, en las transcripciones de los diarios de sesiones de las Cortes, o en las firmas efectuadas por ellos, siempre se hablaba de «Presidente del poder Ejecutivo». Con lo que esta es la razón por la que estricta, que no coloquialmente, no deberíamos de hablar de que hubiera *presidentes de la República*. Por otro lado, siempre se han dicho que fueron cuatro. Por orden, Figueras, Pi y Margall, Salmerón y Castelar. Pero tampoco es esto correcto de manera absoluta. Pues hubo un quinto: el general Serrano. De él (y su periodo) hablaremos en un momento. Centrémonos en quienes serían quienes tuvieron que lidiar con esta república federalista, en medio de guerras peninsulares y de ultramar, y con todos los vicios que los años anteriores no habían podido ser extirpados. Sus vidas fueron bastante diferentes, así como su ulterior proyección política, pese a que los cuatro estaban en el mismo Partido Republicano Federal. Vayamos, pues, con una breve semblanza de cada uno.

ESTANISLAO FIGUERAS Y MORAGAS

Figueras ha quedado como el más castizo de todos, pese a ser de Barcelona. Pues no contento con irse, dejo una atribuida frase para la posterioridad que, en cualquier caso, más refleja *el ser* español si me apuran. Que muestra el epítome de este periodo. La imagen más vívida presuntamente expresada por un político, que hoy mismo podría ser dicha por alguno de los que estén en el Hemiciclo del siglo XXI: «*Señores, ya no aguanto más. Voy a serles franco: ¡estoy hasta los cojones de todos nosotros!*»[209]. Y como en el chiste, poco menos que pedir el abrigo, el sombrero, el bastón, y marcharse de donde era imposible vivir. ¡Porque si estaría harto el hombre que se exilió voluntariamente a Francia! Directamente. Pidió a su secretario que le comprara los billetes en la más absoluta discreción, y sin avisar a nadie se plantó en el país vecino harto de la política, de sus conmilitones y del sursuncorda. Pues dijera o no la frase de marras, lo que sí hay constancia es de su hartazgo. Cuatro meses exactos había presidido el Ejecutivo (del 11 de febrero al 11 de junio), y tenido en este exiguo tiempo dos gobiernos. Su salida va a coincidir con la proclamación de la República Democrática Federal el 7 de junio.

Don Estanislao no llegaría a leer en el diario *Crisol* el 9 de septiembre de 1931, otra famosa expresión, que

---

209 La frase, como ya la citamos en el capítulo 4 «Acotaciones de un oyente», de ser dicha, parece que fue en catalán, espetada el 8 de junio de 1873 en el Consejo de Ministros. Así lo recoge Manuel Rolandi Sánchez-Solís, *El republicanismo y el federalismo español del siglo XIX: la búsqueda de un nuevo orden político y social al servicio de los ciudadanos*, Centro de Investigación y Estudios Republicanos, 2009, p. 204. Por otro lado, hay autores como el catedrático Alejandro Nieto García que, cuando menos, la pone en duda ya que no hay registros en los diarios de la época de tan contundente exclamación. Ni en catalán ni en castellano. «No aparece en los diarios, ni hay ninguna referencia a ella. Se pudo generalizar en las cenas políticas de la época, pero que no sabemos de dónde viene», declaró a Manuel P. Villatoro en el ABC, 14 de enero de 2022.

se suele citar incompleta, pero con la que seguramente estaría de acuerdo. La del diputado en la Segunda República por la Agrupación al Servicio de la República, el filósofo José Ortega y Gasset: «No es esto no es esto»[210]. Y es que de aquel idealista que llegaría a pedir en 1871 que las Cortes *«dirigieran una mensaje de felicitación a la Commune de París [...] La Cámara, con excepción de los federales, rechazó indignada tal propuesta»*[211], que tanto había luchado por un régimen republicano, apenas dos años más tarde marchaba indignado. Incluso con quien le iba a suceder en el cargo, Pi y Margall, al que en una tensa reunión en el despacho ministerial le diría: *«Me voy, me voy de España, y así no seré obstáculo para usted ni para nadie»*[212]. Pues la lucha ideológica entre quien apostaba de manera radical por el modelo federal más extremo, y quien lo veía como una forma administrativa de gobierno más, viable, pero sin necesidad de una implementación a la velocidad que se estaba demandando, fue un encontronazo con el que se topó desde el primer momento.

Si el 11 de febrero, fecha en que accedió al cargo junto con la proclamación republicana con 53 años cumplidos, ¡el 24 de ese mismo mes presentaría su dimisión! Lo dicho, ¡comenzábamos bien! Ni dos semanas había durado el primer gobierno de la nueva república, y el gabinete a hacer puñetas y el Jefe del Ejecutivo queriendo

---

210 La frase completa es «¡No es esto, no es esto! *La República es una cosa. El radicalismo es otra. Si no, al tiempo»*, que sin duda fue profética de lo que estaba por venir. ¡Me temo que ambas repúblicas lo fueron!

211 Conde de Romanones, *Los cuatro presidentes de la Primera República española*, Espasa-Calpe, Santander, 1939, p. 26.

212 Palabras que el propio Figueras relata en una carta dirigida a un amigo de la Habana, enviada desde Hendaya, el 3 de septiembre de 1873.

ya irse. Es muy probable que aquí tengamos que ver varias causas, y no sólo la del bando más radical del republicanismo que ansiaba cuanto antes una República Federal. Cuando entre los candidatos a acceder a esa *sui generis* Jefatura del Estado, acabaría imponiéndose la candidatura de Figueras, no porque fuera el más hábil o dotado de los aspirantes, sino, como recuerda el Conde de Romanones, era «*el que inspiraba mayores simpatías y, sobre todo, menos celos, porque su personalidad no se imponía con la fuerza manifiesta de la de sus rivales*»[213]. Lo que es posible que llevara a una confusión que no suele ser poco habitual, la de confundir educación con debilidad. Que para nada.

Estanislao Figueras (*La Ilustración Española y Americana*).

---

213 Romanones, op. cit., p. 27.

Y es que Figueras, siendo un gran orador parlamentario, como venía demostrando desde que accedió por primera vez a un acta de diputado en 1851 por Tarragona con el Partido Demócrata, se le llegaría hasta a tildar de tibio en sus convicciones republicanas como consecuencia de su alegato contra el fallido intento de regicidio por parte del cura Merino, cuando atentó con un cuchillo contra Isabel II. ¡Cuando precisamente él había sido en las Cortes constituyentes de 1854 uno de los 21 diputados que votaría en contra de la Monarquía! Pero en don Estanislao, nobleza obligaba, como dice el dicho. Se le quería mostrar como alguien, en el fondo, sin suficientes arrestos. Cosa que para nada era así. Como demostraría cuando en el Parlamento, gobernando Juan Prim, acusó al Gobierno de amparar a los asesinos del diputado republicano, el gaditano Rafael Guillén. Don Práxedes Mateo Sagasta, que era el titular de la cartera de Gobernación (hoy diríamos de Interior), le respondió enfadado que dijera nombres. Y Figueras, sin cortarse, acusó a un coronel, al coronel Luque para ser más exactos, que desde luego ese sí que no tenía fama de pocos arrestos, de ser el asesino. Añadiendo que se refería a él y no al cuerpo de Carabineros, al que pertenecía, ni ampliando la acusación al mismo, «quedando a disposición de quien acuso». Si eso no es tenerlos bien puestos en los tiempos en que los duelos eran una realidad, por no hablar de un posible trabucazo a la salida del Congreso, ¡no sé qué puede serlo!

Figueras era, sin embargo, una persona que en el fondo quería caer bien. Odiaba que le pudieran tener por autoritario y hasta prefería que le tuvieran por ese miedoso o pusilánime que no era. En general era un tipo que despertaba simpatías. De carácter afectuoso y de un trato llano, aunque escrupuloso y conciso en el uso del lenguaje, que manejaba de manera perfecta. ¡Él mismo se reía de sí mismo cuando recordaba cómo le temblaba todo el cuerpo la primera vez que le tocó hablar en el Congreso! Y por mucho pavor (sic) que le dominara en aquella vez, sus intervenciones, siempre con una «*sonrisa bonachona*»[214], podían ser tan certeras como la más afilada daga florentina, la cual podía llegar a clavar hasta el pomo. Llegó a ser temido por la bancada azul gubernamental cada vez que pedía la palabra, y se llegó a decir que a nadie cansaría con su verbo.

Pero, es cierto, una cosa es estar en la Oposición, y otra tener que ejercer el mando. ¡Cuántas veces no habremos visto esto en nuestros tiempos! Seguramente ahí es donde su natural bonhomía de carácter le jugó mala pasada. Se convertiría en un ejemplo del famoso *Principio de Peter*, enunciado en 1969 por un pedagogo canadiense que lo nomina, de que en una jerarquía se tiende a ascender hasta tu nivel de incompetencia. Algo que parece ser que ya había anticipado José Ortega y Gasset en una frase de 1910 de manera inversa: «*Todos los empleados públicos deberían descender a su grado inmediato inferior, porque han sido ascendidos hasta volverse incompetentes*»[215]. Así parece que fue en este caso, pues todo lo gran parlamentario y azote del Gobierno que era, ante las imprecaciones que tuvo, por ejemplo, de aspirar a una Dictadura, respondería cariacontecido, y parece ser que no en modo de ironía, pues así era

---

214 Íbid., p. 21.

215 Recogida tal frase incluso por la británica BBC, como puede leerse en su «Principio de Peter: ¿por qué todo puesto de empleo tiende a ser ocupado por alguien incapaz de desempeñarlo?», de 20 de mayo de 2021.

en realidad, que: «*Dictador yo, que no mando ni aún en mi casa*»[216]. Y debía de ser grande la ascendencia que tenía su mujer, pues cuando estando él en el poder, fallecería, sería uno de los remaches de la decisión de abandonarlo. No habían tenido hijos, y la pérdida de su esposa ya le terminaría de rematar en lo personal.

En lo político su gobierno de andar transigiendo había sido aprovechada para que el líder de los radicales, a la sazón presidente del Congreso de los Diputados, el granadino Cristino Martos, quisiera dar un golpe de Estado gestado en un complot tenido... ¡el 23F![217] Anda que no nos gusta repetir fechas. Para que luego digan que lo de que la Historia se repite no es más que un tópico. Cierto es que aquí no entrarán guardias civiles al Congreso, pero todo se andaría con el tiempo y un tal Pavía. Pero no adelantemos acontecimientos, pues además, lo que podríamos considerar el golpe en sí, será dos meses más tarde: el 23 de abril. Martos, en connivencia con el general Serrano, Rivero, Topete, y tras la primera crisis de gobierno que hubo, agravada en lo personal por la muerte de la esposa de Figueras, que fue cuando había pensado por primera vez en dejar el cargo, idea que le quitó de la mente Emilio Castelar. Se tomaría unos días de descanso en los que sería Pi y Margall quien tomaría de manera interina el poder. En dos meses más lo ostentaría de manera oficial.

Sin embargo ya nada iba a ser igual para Estanislao Figueras. Se convocarán la elecciones de mayo, que

---

216 Romanones, op. cit., p. 30.
217 Alberto Castilla, «23 de Abril de 1873: El primer asalto a las Cortes», Tiempo de Historia. Año VII, N°. 77 (1 de abril 1981), p. 42-49.

darían la aplastante mayoría a los federales, y aunque Figueras ya de nuevo presidiendo el Ejecutivo, dijera en la apertura de las nuevas Cortes que era el momento de «cerrar el periodo de las revoluciones violentas», y que había que abrir el «periodo de las revoluciones pacíficas»[218], la proclamación de la República Federal española lograría todo lo contrario. La dificultad de nombrar nuevo gobierno, la sensación de que Pi y Margall le estaba haciendo la cama (como suele decirse), y que no había posibilidad de un Gabinete de Conciliación, como pedía Castelar, llevaría a la decisión final e irrevocable (tras no haber sido aceptada dos días antes para lograr evitar la crisis), de que dispusieran su equipaje, se encargara su ayudante de la plaza en un vagón reservado, y con la extraña paz que da el haber tomado una decisión extrema, marchó al parque del Retiro a pasear, *«dejándome caer en la estación [de Atocha] a las ocho de la noche»*[219]. ¡Y a Francia que se fue hasta los tegumentos de todos nosotros! De él, el primero.

FRANCISCO PI Y MARGALL

El hombre de hielo. La austeridad hecha persona. Aquel para quien la risa y la sonrisa eran desconocidas[220]. Siempre vestido de negro: su levita, su corbata, su sombrero de copa... ¡Todo negro! Así de alegre fue el

---

218 Citado como palabras propias de Figueras en Santiago Galindo Herrero, «La Primera República», Temas españoles, Nº. 134, Publicaciones españolas, Madrid, 1954.

219 Figueras, Hendaya, carta citada.

220 Romanones, op. cit., p. 89.

segundo presidente del Ejecutivo. Este filósofo y abogado barcelonés llegaría con 49 años al poder, creyendo que iba a cumplir el que era su sueño político e intelectual: la instauración y consolidación de una república federal, vertebraba de abajo arriba, con las ideas de llevar a cabo reformas inherentes a las promulgadas por el socialismo utópico. Ocuparía la más alta magistratura del Estado... tan sólo 37 días. Poco más de un mes. El que había defendido que el credo marxista era compatible con la democracia. Quien había traducido la obra de su admirado Pierre-Joseph Proudhon, al que había conocido en París en 1866 apenas fallecer este pensador y revolucionario anarquista que tanto le influyera, especialmente *El principio federativo*, una de las obras que traduciría. El joven revolucionario que fuera (incluso llegó a ser detenido como enemigo del régimen de Isabel II) pero que siempre había sido contrario al uso de la fuerza para defender o imponer las ideas, vio como todo aquello se deshacía ante la eclosión del Cantonalismo. Y Cartagena fue el aldabonazo definitivo para su dimisión.

Es posible que la figura de Pi y Margall sea la del político más preparado de los que llegara al poder. Tal vez no tendría la talla de animal político como sería Castelar, ni el elegante verbo de Figueras, o el idealismo extremo de Salmerón (que mucho de todo esto tendría el gran ausente del periodo, Manuel Ruiz Zorrilla, todo un personaje[221]). Pero tenía ciertamente madera de intelectual y manos de obrero. Pues desde muy joven quiso demostrar ambas cosas. Viniendo de familia

---

221 Vid. Capítulo 2, En la esquina del bulevar, donde recordarán está la breve semblanza de este singular político.

humilde, tuvo que iniciarse en las letras mediante la salida más tópica y habitual: el seminario. Siendo un alumno brillante pasaría a la Universidad de Barcelona, donde llevaría a cabo sus estudios en Filosofía, y acabaría obteniendo el doctorado en Derecho en Madrid. Se cuenta que hablaba y escribía, aparte del latín y el griego clásicos, el francés, el inglés y el italiano. ¡Para que luego digan que no hemos tenidos presidentes políglotas en España! Los estudios de sus carreras los alternó trabajando dando clases, como publicista, escribiendo artículos... Con 30 años ya contaba con cuatro obras en su haber de las casi veinte que llevaría a cabo a lo largo de su vida. Sin duda su *La República de 1873*, publicada al año de su dimisión, sería algo más que unas memoria de ese periodo. Casi un lamento justificativo de lo que había sido un fracaso. Sobre todo porque lo escribiría en el momento en que su añorada República se había vuelto unitaria, y estaba comandada por un militar: el general Serrano.

Un intelectual que no quiso quedarse en que sus obras quedaran en escritos, y por eso su compromiso político le llevaría a participar en la llamada Revolución de 1854, en *la Vicalvarada*, y a presentarse ese año al Congreso por Barcelona, quitándole el escaño Juan Prim, curiosamente. Y digo curiosamente pues, aunque estaban en partidos diferentes, terminarían en la misma conspiración antimonárquica de 1864. Si como consecuencia del primer follón político acabaría escondido y protegido gracias a los fueros, en Guipúzcoa, sería allí, en Vergara, donde conocería a la que será su mujer. Y como consecuencia de la última, y de la persecución a los conspiradores del general Narváez, se exiliará en París donde tuvo esa tan influyente revelación ideológica.

¡Nunca se sabe, lo que es tenido por un fracaso y una huida, qué pueda finalmente suponer en la vida personal y profesional de uno!

Pi y Margal 1869.

Pi obtendrá definitivamente su acta de diputado tras las elecciones de 1869 y el triunfo de «La Gloriosa», que le motivó y no antes, el dejar París. Y a lo tonto a lo tonto, acabaría siendo el líder del nuevo Partido Republicano Federal, que venía de una escisión del Partido Demócrata de 1849, que a su vez venía de la del Partido Progresista de 1838[222], de Argüelles. Y no sigamos que nos enfollonamos con la sopa de letras que se montaría en estos tiempos, donde ya les reitero que eso de «las dos Españas», ¡cortas se me quedan! Aunque no consiguió de primeras tanto como ser el Jefe del Ejecutivo, sí que sería designado como poderoso Ministro de Gobernación en los dos gobiernos de Figueras. Y cuando estalló la crisis del 24 de febrero, se hizo cargo de la tambaleante presidencia que ostentaba a trancas y barrancas, su paisano. La personalidad de ambos mandatarios barceloneses no podía ser más diferente. Como parlamentario había demostrado su vasta cultura. Daba igual la materia. No era el tipo de orador que conmoviera, pero sí que convenciera, como recordaba Romanones en la obra que es referencia para conocer el lado humano de estos políticos[223]. Es por eso que sus obras son un compendio de reflexión, pero poco posibles de llevar a la realidad de la política diaria.

Por eso tenía a la razón como supremo ideal en sus ideas panteístas. Por eso no concebía la fuerza que tenía que aplicarse en situaciones como la que el Cantonalismo había provocado. No era un hombre de acción sino de reflexión. Lo que incluso le lleva a seguir pensando que lo de Cartagena tenía que haberse arreglado por vía de la persuasión y no por la fuerza[224]. Y eso que ante el cariz que había tomado la revolución cantonal la Cámara le otorgaría plenos poderes. Podríamos decir que dictatoriales, si no fuera porque venían emanados de un

---

222 Que se venía configurando como reunión de notables desde 1834.
223 Romanones, op. cit. ¡y mucho en este caso!
224 Cfr. Francisco Pí y Margall, *La República de 1873: apuntes para escribir su historia*, Sucesores de Rivadeneyra, Madrid, 1874.

parlamento. A no ser que nos pongamos clásicos y nos trasladémos en el tiempo a la antiquísima Roma. Pero el tener ese poder lo único que sirvió fue para que desde la izquierda se le mirara con recelo, y desde la derecha se le motejara de manera chusca como «el Rey Pi».

Pero Pi no tenía madera ni maneras de dictador. Y se vio desbordado e incapaz de llevar a cabo con mano de hierro lo que había que hacer para salvar a la República. En su obra citada escribiría intentando vindicarse: «*Han sido tantas mis amarguras en el poder, que no puedo codiciarle. He perdido en el gobierno mi tranquilidad, mi reposo, mis ilusiones, mi confianza en los hombres, que constituía el fondo de mi carácter. Por cada hombre leal, he encontrado diez traidores; por cada hombre agradecido, cien ingratos; por cada hombre desinteresado y patriota, cientos que no buscaban en la política sino la satisfacción de sus apetitos*»[225]. Se lamentaba amargamente de que «*Gente inepta ha escalado los más altos destinos. El Estado ha sido verdaderamente pasto de fieras, merienda de negros*»[226]. Sin embargo él no dejará la política aunque abandone el cargo. Seguirá escribiendo y acabará como concejal de Madrid en 1885 (que ya se sabe que en la Villa y Corte da igual la nascencia hasta para ser cargo público), y durante varias legislaturas será elegido diputado por Figueras, desde 1885 hasta 1901, año en que fallece al pie del escaño, como quien dice.

Un hombre de hielo que se quejaba de tal epíteto. «*Me creéis un hombre de exterior frío y creéis que no tengo corazón, y, sin embargo, mi corazón late tal vez con*

---

225 Íbid., p. 5.
226 Íbid., p. 118.

más violencia que el nuestro y en él se levantan tempestades aún más sombrías y pavorosas que las tempestades políticas que corro»[227]. Difícil de creer para quien sufriera en su propio despacho un atentado por parte de un sacerdote[228] , que luego dijeron que perturbado, que le descerrajó dos disparos a bocajarro y, pese a esto, fallando. Aunque no el que se pegara a sí mismo. Don Francisco mandaría a su sirvienta a avisar al Juzgado, y entre que esperaba que llegaran y el consiguiente levantamiento del cadáver, el seguiría en su mesa escribiendo sus cuartillas para entregarlas a la imprenta, que las esperaban con premura. Los que sabemos lo que son los tiempos de entrega a una editorial tenemos experiencia en tener que sobreponernos a cualquier contratiempo para llegar a tiempo. Pero sin duda lo de Pi y Margall sobrepasa el nivel de ningún escritor que conozca. ¡Hay que ver el que no era de *exterior frío*!

NICOLÁS SALMERÓN Y ALONSO

Comencemos por su final. ¡No el eterno! Sino como Presidente del Ejecutivo. Con una frase que se puede leer, en este caso donde sí mora ya para la eternidad. En el Cementerio Civil de Madrid. *«Dejó el poder por no firmar una sentencia de muerte»*. ¿Hay mayor honor eterno? Y es que, el que tuvo que coger el poder de manos de quien no quería poderes extraordinarios,

---

227 Citado por Romanones, op. cit., 1939, p. 89.
228 Siempre se le tuvo por un anticatólico y algunas de sus obras iniciales con Isabel II fueron prohibidas por tal razón.

como hemos visto que fue su predecesor Pi, por más que intentó usarlos de la mejor manera, la realidad fue que se vio ante la terrible tesitura que le obligaría a la renuncia del cargo tras 51 días de mandato. Ni siquiera llegaría a dos meses, tras coger el poder el 18 de julio (¡lagarto lagarto!), abandonándolo el 7 de septiembre de 1873. Tenía 35 años. Había sido un magnífico abogado, un reconocido catedrático de Filosofía en la Universidad Central de Madrid, pero tampoco era el político que la República necesitaba en ese momento.

Nacido en la Alpujarra almeriense en el seno de una familia liberal, a los 21 años ya había conseguido plaza de profesor auxiliar en el castizo Instituto San Isidro de Madrid, institución que se decía había contado entre sus alumnos a Lope de Vega, Francisco de Quevedo y Calderón de la Barca, y que de seguro pasaron por «el San Isidro» otros como Pío Baroja, Pedro Salinas, y Antonio Machado. Influido hondamente por el pensamiento krausista, sería uno de los inspiradores de lo que posteriormente será la Institución Libre de Enseñanza, con la creación del Colegio Internacional un lustro antes. ¿Qué se le perdió a este profesor que había conseguido sus cátedras tras duras oposiciones, en la lucha política? Pues que era lo que el momento pedía contra un régimen, el Isabelino, que día a día cavaba su propia tumba. Tomaría parte actica en los movimientos para derrocar a la Borbón, lo que le llevará incluso a la cárcel y al destierro. Era el más joven de los cuatro presidentes canónicos que aquí tratamos, y por eso su impulso revolucionario parece que es tan fuerte pero tardío. Pensemos que se presentaría a diputado por primera vez con 29 años. Por cierto, que no conseguiría el escaño por Almería, que sí alcanzará dos años más tarde, pero por Badajoz. Lo de los *cuneros* en los parlamentos es algo de hace mucho[229].

Nicolás Salmerón (Congreso de los Diputados, Madrid).

---

229 Según la propia RAE, un cunero es: «*Dicho de un candidato o diputado a Cortes: Extraño al distrito y patrocinado por el Gobierno*». Y es mucho más habitual de lo que se imagina uno, lo que es normal gracias a nuestro sistema electoral por listas de partido, que si fueran en circunscripciones uninominales de listas abiertas.

Apenas si había obtenido su escaño en 1871, dos años más tarde, y proclamada la República, sería nombrado por Figueras ministro de Gracia y Justicia. Allí ya vemos al Salmerón contrario a la pena de muerte, proponiendo a las Cortes en que incluso en situaciones de guerra y pese a lo que era habitual en el Código Penal Militar, fuera suprimida. Ojo que eso puede hacernos creer que don Nicolás era alguien débil o proclive a algún tipo de, por así decir, ideología *woke* decimonónica. Para nada. La muestra es que también se mostró contrario a los indultos. Para Salmerón las penas impuestas por los tribunales «*deben cumplirse inexorablemente, sin distinción de delitos ni de jurisdicciones, yo no admito diferencias entre los delitos políticos y los comunes*»[230]. ¡En estos tiempos quisiéramos ver a don Nicolás! Pero es que él, aunque republicano y federalista, era en el fondo conservador. Pues como comentamos en la inicial reflexión de este libro, parece que sólo se pudiera ser republicano si se es de izquierdas.

Tras los cuatro meses justos como ministro, y tras que Pi y Margall accediera a la presidencia, se ocuparía en el poco más de ese mes en ser el Presidente de las Cortes. Y desde esa posición sería llamado a ocupar un puesto que comenzaba a ser más complicado de ocupar que el Trono de Hierro de la famosa saga literaria convertida en popular serie de televisión[231]. A todos les tocaría lidiar con la guerra civil de la *carlistada*, la situación cubana y el cantonalismo. Pero es que se fue de madre cuando él ocupó el poder. En

---

230 Citado por Romanones, op. cit., p. 94.
231 Serie de libros fantásticos *Canción de hielo y fuego*, de George R. R. Martin, llevada a la televisión por HBO en la serie *Juego de tronos*. Siento la referencia friki.

realidad la situación se había ido ya por todos lados. Le tocó abortar un intento de golpe por parte de los monárquicos alfonsinos (esto es, partidarios de la reinstauración al trono del príncipe Alfonso, hijo de la derrocada reina). Una conspiración donde estaban varios generales: Arsenio Martínez Campos (que al final se saldrá con la suya año y medio más tarde), el conde de Valmaseda, Manuel Gasset, y Manuel de Salamanca. Por otro, la eclosión de la proclamación de Estados en Valencia, Sevilla, Castellón, Toledo, Salamanca, Granada… etc. Un etcétera que estaba minando la República y ante el que se veía impotente.

Él, que creía en la autoridad necesaria del Estado central como imperio de la Ley, tuvo que solicitar la mayor leva vista en mucho tiempo en España. Aumentar el número de la Guardia Civil en 30.000 hombres, y para el Ejército en 50.000. El Congreso no quería concedérselo, la minoría parlamentaria abandonó el hemiciclo, y hubo que presentar una proposición para declarar traidores a la Patria a aquellos diputados que se negaran a votar. Fuera a favor o en contra. Había que tomar decisiones serias en momentos peliagudos, y no era la situación para ponerse de perfil obviando la responsabilidad del voto. Salmerón ya había tenido el escándalo de encontrarse afrentado cuando declarara pirata a la armada insurgente de Cartagena, habiendo publicado ese decreto sin aprobación de las Cortes. Cuando tuvo que aplicar la autoridad, no puede negarse que lo hiciera. Pero cuando que hubo que aprobar la restitución de la pena de muerte para intentar poner orden en las insubordinaciones y revueltas internas dentro del Ejército, el debate acabaría con la aprobación de nuevo por cuatro votos. Salmerón lo tenía claro: «*Reconozco la necesidad pero yo no quiero ser el ejecutor de ella porque durante toda mi vida me he opuesto a la existencia de esa pena en el Código*»[232].

Su posterior decisión de abandonar el poder ante la tesitura de tener que refrendar con su firma una sentencia sobre la que él no creía, para unos fue una acción propia de un cobarde. De un nuevo Poncio Pilatos, como le llamaría el siempre incisivo y mordaz Conde de Romanones. Él no lo creía así (obviamente), y seguramente se le pueda reprochar el que era consciente de que de este modo se tenía que devolver la disciplina a dónde se había esfumado, pero que realmente no se quería involucrar dejando que el trabajo sucio lo hicieran otros con menos escrúpulos morales (con lo que eso lleva implicado de manera soterrada), como lo iba a realizar Castelar. Y la prueba es su declaración en la renuncia: «*Este es el último día de mi vida política, no me reconozco con condiciones para ella. Me retiraré a mi casa, a mi cátedra, a mis libros, sobre todo a la filosofía*». Si eso hubiera hecho sería de descubrirse el sombrero... pero no fue así. Ocuparía el puesto de Presidente de las Cortes a los dos días de su renuncia hasta que fue apeado del mismo por el general Pavía y el cierre del Parlamento. Y sería de nuevo diputado en la Restauración desde 1886 hasta 1908. Como dijo de él Sánchez Albornoz, sería «la sombra de la República que un día habrá de llegar»[233], y siempre quiso ser también, honesto con ella.

---

232 Citado por Luis Araquistaín, «El krausismo en España», Cuadernos, Nº 44, Congreso por la Libertad de la Cultura, París, 1960.

233 Citado por Miguel Ángel Villena, «Salmerón, un presidente olvidado», *El País*, el 19 de enero de 2009

DON EMILIO CASTELAR.

Emilio Castelar, de Alfredo Perea (*La Ilustración de Madrid*).

El monstruo de la política. La segunda mitad del siglo XIX es muy posible que no se puedan entender sin dos ces. La del malagueño Cánovas… y la de Castelar. Dato curioso es que ambos coincidieron como estudiantes de Derecho en la Universidad Central de Madrid. Y que acabarían siendo eternos rivales políticos. El caso es que Emilio Castelar, un gaditano oriundo de Alicante, que tuvo en Elda su auténtica patria chica, ha llegado a nuestros días como epítome del orador más enardecido y florido que nuestras Cortes hayan dado nunca. Por eso, como ya se señaló en otro capítulo, su espectacular monumento en Madrid, extraño por inusual al ser dedicado por entero a un político, es también un altar laico a su elocuencia. Que, seguramente, hoy veríamos y tendríamos por en exceso grandilocuente y hasta ridícula. Pero en aquellos tiempos eran propias de un Zeus tonante que hacía de sus palabras jupiterinos rayos con que hacer cenizas a sus contraponentes. ¿Ven? ¡Ha sido citar a don Emilio y ya me he imbuido de su arcaico estilo!

Pero es que es muy difícil ser indiferente al verbo, en contenido y continente, de quien sin duda no dejaba nunca indiferentes. Las palabras de un republicano convencido por cuyas ideas incluso llegó a estar condenado a muerte igual que lo había estado su padre, amigo de Rafael Riego, y contrario al absolutismo de Fernando VII. Un artículo contrario a la hija de este tan deseado como luego poco querido rey, le costaría su cátedra en la Universidad (la verdad es que ser tan díscolo le costaría la misma ¡en tres ocasiones!); y su participación en el motín de 1866 contra la reina Isabel, le supondría la sentencia capital de la que se libraría huyendo a París. Por eso sus palabras creo que contienen una legitimidad añadida, tanto por su probada talla intelectual, como por su más que probado republicanismo. Cuando muchos diputados llegaron incluso a ser los que dejaban sus escaños para liderar movimientos cantonales en sus circunscripciones, y ante las restricciones que le estaban poniendo al presidente Salmerón para luchar contra ellos, echaría Castelar en cara en el mismo Congreso, a los diputados más escorados a la izquierda, a los radicales federalistas, con estas palabras: «¿*Creéis que con vuestra conducta, con vuestro procedimiento, con vuestros cantones, que vuestra sublevación militar, con esa demagogia sin nombre, a sin título, sin responsabilidad, nos salvaréis? No, no, con esas criminales violencias con esas insensateces de suicidas solo nos espera la destrucción pronta y la deshonra irremisible de la República*»[234]. Palabras proféticas, sin duda.

Castelar llegaría con unos enérgicos 40 años cumplidos a ocupar la primera cartera del Ministerio de Estado (lo que vendría a ser el actual de Exteriores) con el gobierno de Figueras, de la nueva República. Pese al poco tiempo en el cargo como consecuencia de la caída del Presidente, lograría hitos como la abolición de la esclavitud en Puerto Rico. Que ya vimos con qué ahínco incluso intentó lo mismo con la de Cuba, para evitar una causa añadida al independentismo en pleno conflicto, de la Perla de las Antillas. Un idealista que comenzara a destacar siendo ya un joven licenciado. Con 22 años dio su primer mitin con el Partido Demócrata, tomando atrevido la palabra ante oradores ya experimentados, lo que sería recogido por la prensa del momento sorprendidos de la calidad de este joven Demóstenes[235]. Por delante le esperaban casi

---

234 Sesión del 30 de julio de 1873. (Alusión personal del Sr. Cala.)» (1874) Discursos íntegros pronunciados en las cortes constituyentes de 1873-1874 pp. 111-121.

235 Célebre orador griego de la época de Alejandro Magno. Castelar, tras una intervención años más tarde en el Congreso, cuando le preguntaron

veinte años de lucha hasta la llegada de la República, con la pluma de sus escritos y artículos en prensa, sus discursos, clases y conferencias, y su comprometido activismo político. Cuando le tocó el turno para dar el paso y tomar la riendas del poder, lo tomó sin escrúpulo o vergüenza alguna.

Emilio Castelar era un republicano sin ambages. Como señala un estudioso de esta época, el republicanismo que podemos encontrar en el pensador político que también fue don Emilio, estaba centrado en finalizar lo que no dejaba de ser la Revolución Española, cuya idea estaba encaminada en agrupar «a todos los liberales en torno a una República común». De este modo se iba a permitir el progreso con orden (recordemos que el concepto del orden lo tenía muy claro este ilustre prócer), con algo que debía de ser tan elemental como la alternancia entre los partidos leales con el régimen republicano y entre sí, asegurando, de este modo, la libertad[236]. ¿No parecía mala idea, ¿verdad? Pues no. No hubo forma. La necesaria autoridad que tenía que venir aneja con los poderes necesarios para implementarla, serían exigidos por Castelar como se los otorgaron a otro de los presidentes precedentes, como Pi y Margall. Él no iba a tener problemas de conciencia con esto. Como no los tuvo firmando las sentencias de muerte que Salmerón se negó a firmar. Y el soldado Carlos Pérez y el sargento

---

qué tal, respondería: «Ni Demóstenes llegó a tanto», refiriéndose a sí mismo.

236 Cfr. Jorge Vilches García, «Castelar y la República posible. El Republicanismo del Sexenio Revolucionario, 1868-1874», Revista de Estudios Políticos, Nº 99, Madrid, 1998, p. 134.

González serían pasados por las armas y la disciplina reestablecida sobre su sangre. Triste. Efectivo.

Pero la figura de Castelar, paradójicamente, se volverá incómoda. Y una conspiración contra él iba a aparecer que, cuando poco, resulta sorprendente. Los conspiradores iban a ser el presidente de la Cortes Nicolás Salmerón, quien no quiso o no supo usar los poderes que le concedió el Congreso (los mismos que ahora parecen negar al actual presidente Pi y Margall); y un retornado de Francia, al que parece que su inflamación escrotal le había bajado bastante: Estanislao Figueras. ¡Los tres antecesores en el cargo conspirando para que lo abandonara el que estaba logrando acabar con el cantonalismo, poner orden en el Ejército en su lucha contra el Carlismo, y estaba intentando encauzar la crisis cubana! Llegaron a acusarle de connivencia nada menos que con el Vaticano. Lo que era pecado de lesa patria laica. Daba igual que no fuera verdad. Una moción de confianza se planeaba teniendo en contra Castelar, a todo el federalismo radical, que era mayoría en la Cámara. No pintaba nada bien. La derrota parlamentaria se daba por hecha. Y esto iba a provocar algo que no habían imaginado los conspiradores...

Pero ese final va a ser materia para el siguiente capítulo. El presente creo que tiene que acabar dándole la palabra a don Emilio, recordando uno de sus discursos más aplaudidos en la Cámara. Y donde deja claro su patriotismo sin ambages: «*Yo quiero ser español y solo español; yo quiero hablar el idioma de Cervantes; quiero recitar los versos de Calderón; quiero teñir mi fantasía en los matices que llevaban disueltos en sus paletas Murillo y Velázquez; quiero considerar como mis pergaminos de nobleza nacional la historia de Viriato y el Cid; quiero llevar en el escudo de mi Patria las naves de los catalanes que conquistaron a Oriente, y las naves de los andaluces que descubrieron el Occidente; quiero ser de toda esta tierra, que aún me parece estrecha, sí, de toda esta tierra tendida entre los riscos de los montes Pirineos y las olas del gaditano mar»*[237]. Mucho quiso ser don Emilio. El final de la República y su final como Presidente no lo sería como político, pues volvería como diputado en la Restauración desde 1876 hasta 1899. Fallecería en San Pedro del Pinatar siendo diputado por Murcia. Hombre de Estado hasta el final. Literalmente.

---

237 Emilio Castelar, «Sesión del 30 de julio de 1873. (Alusión personal del Sr. Cala).», Discursos íntegros pronunciados en las cortes constituyentes de 1873-1874, 1874, pp. 111-121.

PAVÍA O EL HONOR DE UN GENERAL

EL CABALLO QUE NUNCA ENTRÓ EN EL CONGRESO DE LOS DIPUTADOS

«¡Fuera, esto se ha acabado!»
COL. JOSÉ DE LA IGLESIA Y TOMPES

Cuando hablamos de golpes de Estado en España, creo que a la cabeza se nos viene la imagen de un teniente coronel de la Guardia Civil subiendo a la tribuna de oradores del Congreso de los Diputados con una pistola en mano, para ordenarles a grito a los que pasmados le observaban desde sus escaños, un «¡quieto todo el mundo!». Desde luego para toda una generación en España así es. A los llamados «Boomer»[238] desde luego. Para alguna otra, incluso más viejuna si eso es posible, a la mente le vendrá algo presuntamente estudiado en sus años mozos, sobre un general

---

238 Se puede uno encontrar unos límites mayores o menores de esta *Generación Baby Boom*, pero los más habituales son los de aquellos nacidos entre 1950 y 1968. Hay quien la retrocede algo más entre 1946 y 1964. En cualquier caso, me pilla. ¡Sí, yo soy *Boomer*!

entrando a caballo en ese mismo Congreso sito en la madrileña Carrera de San Jerónimo. En este caso sería la imagen del capitán general Manuel Pavía. El problema es que esto es otro de los topicazos de la Historia, por no decir un bulo de los gordos. Pues jamás entraría a caballo nadie en el Hemiciclo. ¡Ni a las escaleras donde acababan de poner en 1872 los dos famosos leones Daoíz y Velarde[239] se aproximaría equino alguno! Es más. El general Pavía ni siquiera llegaría a entrar dentro del Congreso, permaneciendo en la hoy Plaza de Cortes mientras que mandaba a los que sí que entraron para parar la sesión que estaba en marcha y dar cerrazón al Parlamento.

¿Por qué la patraña del caballo de marras? La verdad es que es difícil encontrar el origen de este mito contemporáneo. Hay quien asegura que es una forma de convertir aquella acción en algo chusco. Y de esa manera poner «en ridículo nuestra contemporaneidad y [así] sirve para barbarizar a unos y ensalzar a otros»[240]. Puede que sea así. Tal vez aquello no fue sino una exageración popular que se quedara ya como expresión sin saber cómo empezó y por quién. Como los famosos huevos del caballo (que lo mismo era yegua) del general Espartero, que ya referimos[241]. O lo de la bandera turca de Cartagena, que comentamos, y que parte es novela mezclada tal vez con

---

239 También conocidos por el pueblo como Benavides y Malospelos, nombres hoy en día tan olvidados como los que les pusieron oficialmente en tiempos de Isabel II a su inauguración, como homenaje a los dos famosos artilleros del Parque de Monteleón y su defensa el 2 de Mayo de 1808, ya que el bronce del que están hechos es de cañones ganados al enemigo en la Batalla de Wad-Ras de 1860, en la Guerra de África de 1859.

240 Jorge Vilches, «El caballo de Pavía en las Cortes», Libertad Digital, 7 de octubre de 2009.

241 Vid. capítulo 2, en la parte dedicada al Príncipe de Vergara.

exageración o pretendida equivocación. Pues hasta Emilio Castelar usaría el incidente para meterse con el diputado Antonio Gálvez «Antonete», exclamando indignado cómo se había ido «*a sublevar las provincias, que rompe la Patria, [poniendo] una bandera odiosa y odiada sobre el tope de las naves de D. Juan de Austria y del Marqués de Santa Cruz*»[242]. ¡Qué mejores referencias contra el turco que los vencedores de Lepanto! Quizá la expresión equina del general quedó con la intención de ser usada como arma arrojadiza para hacer un símil y llamar así golpista al adversario político. Como cuando Alfonso Guerra llegó a decir que «si el caballo de Pavía entraba en el Parlamento, don Adolfo Suárez se subiría a la grupa»[243].

El caso es que no hubo caballo. Quede dicho y aclarado. Nada aparece al respecto en el Diario de Sesiones del Congreso, auténtica crónica viva de lo que ocurre y ha ocurrido en el mismo, y en el que se deja constancia de los discursos, pero también de expresiones o situaciones que se viven en el transcurso de los plenos. Esto es así desde las Cortes de Cádiz, cuando en 1810 establecen el Periódico de Cortes, y desde hace ya más de dos siglos el Cuerpo de Redactores Taquígrafos y Estenotipistas de las Cortes Generales[244] se encargan de que nada quede

---

242 Emilio Castelar, «Sesión del 30 de julio de 1873. (Alusión personal del Sr. Cala).», Discursos íntegros pronunciados en las cortes constituyentes de 1873-1874, 1874, pp. 111-121.

243 Jaime Campmany, «El caballo de Pavía», Hoja del Lunes, Madrid, 1 de octubre de 1979. ¡Anda qué vaya ojo tuvo don Alfonso en este caso a año y medio del 23-F!

244 Cfr. Javier Núñez Hidalgo y Encarnación Ramos Villajos, *Historia del Cuerpo de Redactores, Taquígrafos y Estenotipistas de las Cortes Generales: 1810-2012*, Congreso de los Diputados, Departamento de Publicaciones, Madrid, 2012.

sin ser plasmado para la posterioridad. Cuando tras el discurso hay aplausos; cuando le interrumpen al orador con voces; cuando hay risas o pateos... ¿También una situación como la de un golpe de Estado? ¡También! Qué mejor ejemplo que la transcripción de los sucesos del 23 de febrero de 1981 cuando la Transición, inevitable comparación con los protagonizados en la República.

De este modo el citado Cuerpo dejaría transcrito aquellos hechos: «*En este momento, y cuando eran aproximadamente las dieciocho horas y veinte minutos, tras escucharse en el pasillo algunos disparos y gritos de ¡fuego, fuego!, y ¡al suelo todo el mundo!, irrumpe en el hemiciclo un número elevado de gente armada y con uniforme de la Guardia Civil, que se sitúa en lugares estratégicos, amenaza por la fuerza a la Presidencia y, tras un altercado con el Vicepresidente Primero del Gobierno, Teniente General Gutiérrez Mellado, conmina a todos a tirarse al suelo, sonando ráfagas de metralleta. Queda interrumpida la sesión*». ¡No me digan si no es una magnífica y sucinta narración de lo ocurrido! Y de lo más completa. Sin florituras y al grano. Exponiendo los hechos y dejándolos claros. ¡El sueño de cualquier ensayista, sin duda!

Las anotaciones recogidas en el Diario de Sesiones de las Cortes Constituyentes de la República Española, del viernes 2 de enero de 1874, son el sueño de cualquier guionista de series de televisión. ¡Qué material! Creo que es necesario que conozca el lector lo que no es material habitual, ya que desgraciadamente lo transcrito del 23F es cosa vista de sobra por televisión, los más veteranos en vivo, y cuántas veces no se habrán vuelto a ver en reportajes, documentales o recordatorios de la efemérides, en informativos de todas las cadenas. Pero de este momento, sólo nos queda la magnífica y profesional labor de estos profesionales que vemos tan bien reflejados en los cuadros del palentino Asterio Mañanós de principios del siglo xx. En sus mesas en medio del hemiciclo, entre los escaños de los diputados y la presidencia, cerca del atril de orador. Un lugar privilegiado entre las dos puertas que dan acceso al salón de plenos. Pero antes de que dejemos que sean ellos quienes nos cuenten qué pasó en la última sesión de Cortes de esta breve República, en la madrugada del 2 al 3 de enero de 1874, justo cuando comenzaban a asomar las luces del alba por detrás de las copas de los árboles del no lejano Parque del Retiro madrileño, veamos los antecedentes y el porqué de lo que está a punto de ocurrir.

Presidía en esos momentos Emilio Castelar. Pero la realidad que seguía envolviendo a la República con los conflictos cantonal, carlista y cubano, seguían minándola poco a poco. En menos de un año se llevan cinco gobiernos y cuatro presidentes del Ejecutivo. Y miles de muertos. La mano dura es exigida que sea apoyada de medios por parte de quien se creyó el mejor hombre, o al menos el más decidido, para acabar con esta situación. Para imponer definitivamente la autoridad Castelar lo tenía claro: «*Para sostener esta forma de gobierno necesito mucha infantería, mucha caballería, mucha artillería, mucha guardia civil y muchos carabineros*»[245]. Así de claro y contundente. ¿Era don Emilio un dictador realmente como se le quiso hacer ver? ¿Las diferencias surgidas entre el anterior presidente,

245 Luis Carandell, *Las Anécdotas De La Política. De Keops A Clinton*, Planeta, Barcelona, 1999.

y en esos momentos Presidente de las Cortes, Nicolás Salmerón, eran tan abisales para que la segunda autoridad del Estado confabulase contra la primera?

Pues sí. Y como no se dice en el Quijote, «con la Iglesia hemos topado». Salmerón había sido un firme defensor de la laicidad del Estado y de la separación con la Iglesia, hasta el punto de permitir publicaciones como El Pensamiento Español donde, en una sección titulada con bastante mala baba «Orden Público», se publicaban las noticias de cuanta persecución religiosa se estaba haciendo. Desde asesinatos, profanaciones, destrucción de templos… Se llegaría incluso a negar la administración del viático a los moribundos. Castelar, al querer ser más posibilista, intenta llegar a un acuerdo con la Santa Sede, no queriendo llevar la cuestión religiosa hasta extremos tan revolucionarios. Lo que le supondría enseguida que se le tachara de traidor a la República. Pensaba que era necesario un acuerdo con la Iglesia para afianzar la democracia. Y aunque había sido defensor de la separación de ambos estamentos, acabó admitiendo el nombramiento de los obispos por parte del Estado. Todo para alcanzar el restablecimiento de la paz religiosa: «Hemos herido el sentimiento nacional; cicatricemos esta herida, pues aliviando a la Nación salvamos a la República»[246]. ¡Pues la Nación estaba ciertamente en peligro! Y, por ende, la República.

No lo vio así Salmerón, secundado por Pi y Margall y Figueras. Y don Nicolás estalló ante lo del nombramiento de obispos: «*¡Guerra sin cuartel! ¿Qué nos queda*

---

246 Citado en Francisco Martí Gilabert, *La Primera República española (1873-1874)*, Rialp, Madrid, 2017, p. 150.

de la República?»[247]. La situación en que se encontraba el Presidente era de una inestabilidad, que el ruido de sables ante la posibilidad de que cayera el gobierno con él al frente, comenzaba a ser más escuchada que ocarina de afilador. Y los sables se estaban afilando. «El golpe de Estado de Pavía, o de cualquier otro, se veía venir, no porque se tuvieran noticias de su preparación, sino porque tenían la evidencia de sus necesidad en un país donde los pronunciamientos eran una medicina tan usada como las sangrías en otro tiempo [...] Un mes antes del golpe de Pavía, el periódico del Conde de Toreno[248], *El Tiempo,* anunciaba, sin que fuera desmentido por nadie, que se produciría un golpe de Estado»[249]. Una cosa así como cuando se empezó a oír en la Transición cosas parecidas, con hechos como la conocida como «Operación Galaxia» (por el nombre de la cafetería madrileña en donde se juntaron los conspiradores), que se decía que era cosa aislada, y acabó en lo que acabó un 23 de febrero.

Emilio Castelar quiso apaciguar los ánimos. Llamó a las Capitanías Generales para ver qué estaba ocurriendo. Más que llamar, que no eran tiempos de WhatsApp y faltaban tres años para que Graham Bell presentara la patente del hoy ubicuo teléfono, les escribió a los generales en jefe para tranquilizarles en cuanto a sus

---

247 Íbid., p. 151.
248 Hijo del famoso Conde de Toreno que participaría en las Cortes de 1812, sería Presidente del Consejo de Ministros, y fue el autor de una obra de referencia como es su *Historia del levantamiento, guerra y revolución de España* (Madrid, 1835-1837. 5 vol.).
249 Carmen Llorca, *Emilio Castelar, precursor de la democracia cristiana,* Institut de Cultura «Juan Gil-Albert», Diputació Provincial d'Alacant, Alicante, 1999.

proyectos para con el Ejército, como el restablecimiento de la disciplina y la dotación de medios, pero les hacía un claro ruego: «No nos salgamos de la legalidad». Así se lo pidió al general José López Domínguez, sitiador y vencedor sobre el Cantón de Cartagena, y liberador de Bilbao de los Carlistas. Un *militarote* con claro mando. Porque Castelar se lo olía. En fin, seamos claro. ¡Lo sabía! El propio capitán general de Madrid, a la sazón don Manuel Pavía, ya le había dicho en una entrevista privada que «disolvería las Cortes para salvar la sociedad amenazada por la demagogia». Y Castelar se llevaría bien con Pavía en particular y con los militares en general, pero no quería salvadores de Patria. Con razón o sin ella.

En la carta citada queda claro su compromiso con la República: «*Cerremos el período de los pronunciamientos militares, como debemos cerrar el periodo de las sublevaciones populares. Una vez rota la legalidad, ¿dónde iríamos a parar? Iríamos a parar hasta la más exagerada reacción. ¡Qué vergüenza! ¡Qué ignominia! Sería cosa de morirse y de dejar un nombre horrible en la historia. Yo creo que por el espíritu de mi siglo que me anima, yo creo que la legalidad lo regulará todo y la Asamblea no desoirá a la voz de la opinión pública. Los diputados que llegan de provincias vienen animadísimos, y todos están decididos a sostener mi política. Legalidad, legalidad aunque nombren a Pi y Margall. Yo se lo ruego a usted en nombre de lo más sagrado; yo lo espero de su conciencia, de su amistad, de su patriotismo*»[250]. Pero la respuesta del general no tenía pinta de ser tranquilizadora.

---

250 Eduardo Comín Colomer, *Historia de la Primera República*, AHR, Barcelona, 1956, pp. 482-483.

«*Desgraciadamente nuestra querida Patria atraviesa un período de desventuras, en el que no se aprecian aquellas nobilísimas cualidades y en el que todo es de temer en la Cámara dominada por pasiones que pueden ocasionar el triunfo de la demagogia, que sería el de los sitiados en Cartagena. ¿Podría consentir este bizarro y sufrido Ejército, que me enorgullezco de mandar, la ignominia de ver triunfantes a los insurrectos que hace más de cinco meses combate? [...] Me exhorta usted en nombre de los más caros sentimientos a obrar por y para la legalidad: con mucho gusto escucho y siento sus exhortaciones, aunque me temo que la Cámara pueda tomar un camino, que la legalidad sea la deshonra de la Patria, y entonces ¡cuánta responsabilidad podrá cabernos a los que hayamos tenido medios de volver por los fueros de la honra y de la dignidad de la patria!*»[251].

No sé si con retranca cristiana por aquello de «aparte de mí este cáliz», ya le auguraba que la decisión de ponerse en confianza ante las Cortes podían «serle ingratas», aunque le deseaba y hasta pedía a Dios el general Domínguez que los diputados sean inspirados por «sentimientos patrióticos» que le dieran el triunfo parlamentario a Castelar. Pues así lo esperaban... pero también eran conscientes de que las matemáticas parlamentarias de las mayorías difícilmente estaban de parte del Presidente del Ejecutivo, a no ser que su proverbial capacidad de oratoria lograra convencer a los radicales enfrentados que era, cuando menos, el

---

251 José López Domínguez, *Cartagena: Memoria y comentarios sobre el sitio de Cartagena*, Est. Tip. de J. C. Conde y Compañía, Madrid, 1877, pp. 171-172.

mal menor sobre lo que se podía cernir sobre la propia República. Toda la prensa hablaba con una sorprendente naturalidad de la posible asonada militar. Pavía le había prometido que no intervendría... mientras hubiera un mando. Con este panorama comenzó la sesión del 2 de enero de 1874 en la Carrera de San Jerónimo.

Salmerón y Castelar se enfrentarían desde lo más alto en verdadero duelo parlamentario en la cumbre. El presidente del Ejecutivo tiene que echar el resto. Y avisa sobre lo que es un secreto a voces: «*Fatídicas predicciones se habían divulgado sobre la llegada de este día*». Con una inusitada modernidad hasta para nuestros días, les recuerda que «*las generaciones contemporáneas, educadas en la libertad y venidas a organizar la democracia, detestan igualmente las revoluciones y los golpes de Estado, fiando sus progresos y la realización de sus ideas a la misteriosa virtud de las fuerzas sociales y a la práctica constante de los derechos humanos. Tal es el carácter de las modernas sociedades*». ¡Nada mal para estar en 1874! El discurso[252] sin duda es de los de más fuste que nunca pronunciara y no deja tema que tratar sobre la situación en que se encuentra la República.

Como el Cantonalismo: «*Desgraciadamente la criminal insurrección que ha tendido a romper la unidad de la patria [...] todavía extiende sombras de muerte sobre el suelo de la República y esperanzas de resurrección en las pasiones de la demagogia*». Sin dejar de recordarles un hecho: «*No olvidéis, pues, que estamos en*

---

252 Que, aparte de estar disponible en el Diario de Sesiones, se puede consultar en la Biblioteca Virtual Cervantes: Emilio Castelar, *Discurso del 2 de enero de 1874*. ¡Merece la pena leerlo por completo!

guerra; que debemos sostener esta guerra», con relación a la Carlistada. Unas tropas carlistas que eran fuertes como nunca enseñoreadas en el País Vasco y Navarra, y que comenzaban a serlo por La Rioja y otros frentes. Y aunque pidió política para enfrentarse a ella, no sólo era cuestión de armas, también necesitaba la comprensión de la realidad de guerra que la República vivía. Y por eso hizo llamamiento a nuevas reservas.

Pero lo importante del discurso de Castelar es cuando presenta un programa de gobierno y de progreso, sabiendo que es el tiempo de las repúblicas en cuanto a lo que ofrecen para «unas generaciones educadas en la libertad y en la democracia». Casi es un ruego sus palabras de que *«es necesario cerrar para siempre definitivamente, así la era de los motines populares, como la era de los pronunciamientos militares. Es necesario que el pueblo sepa que todo cuanto en justicia le corresponde puede esperarlo del sufragio universal, y que de las barricadas y de los tumultos solo puede esperar su ruina y su deshonra. Es necesario que el ejército sepa que ha sido formado, organizado, armado para obedecer la legalidad, sea cual fuere: para obedecer a las Cortes, dispongan lo que quieran; para ser el brazo de las leyes. Los hombres públicos debían todos decir, así a los motines populares como a las sediciones militares».* Y el que sepa entender, ¡que entienda!

Castelar seguiría perorando, apelando cada vez más incluso a los sentimientos de los presentes, haciendo resumen de lo conseguido y de todo lo que se podía conseguir. De lo absurdo de una situación que nadie quería e incluso, finalmente, poniendo su cargo a disposición si eso era lo mejor para la República. Los discursos se sucedieron. Y no precisamente a favor de

Castelar. Que, sin arredrarse, recordaba que si contaba con el agradecimiento de la Cámara (de la confianza, diríamos hoy), la dimisión del Gobierno sería irrevocable. Como un nuevo César, ya que tantos le llamaban dictador, tiró los dados sobre el Rubicón en un nuevo «¡la suerte está echada!». ¡Todo o nada! La votación era exigida. Eran ya las cinco de la mañana del 3 de enero. El resultado fue 100 favorables para dar el voto de gracias, y 120 en contra. ¡Castelar había perdido el envite!

El mismo Castelar, consciente de lo que podía ocurrir tras serle aceptada la dimisión, le rogó al Presidente de las Cortes y vencedor de la pugna, Salmerón, que no levantara la sesión. Que «en nombre de la salud de la Patria, en nombre de la salud de la República», quedara nombrado en esta misma el nuevo Gobierno. «Es el último favor que solicito de vosotros». Se pide votar en papeletas cerradas. No hay consenso para un nuevo candidato, y todos prefieren que no sean visibles las preferencias de cada uno. Los nombres barajados son, ciertamente, de segundo nivel. No hay figuras que quieran dar el paso y tomar las riendas del Ejecutivo. Han pasado casi dos horas y son cerca de las siete de la mañana. Sin acabar el escrutinio se dice que sale como nuevo presidente el valenciano Eduardo Palanca Asensi. Un diputado por Málaga, del Partido Republicano Federal, afín a Salmerón (había ocupado el puesto de Ministro de Ultramar en su Gobierno), que ocupaba el centro del republicanismo[253]. No llegará a ser proclamado, pues algo estaba a punto de ocurrir…

---

253 Así lo asegura el profesor Gregorio de la Fuente Monge, en el Diccionario Biográfico de la Real Academia de la Historia.

Manuel Pavía y Rodríguez de Alburquerque
(Instituto de Historia y Cultura Militar).

A las siete de la tarde del 2 de enero, el capitán general de Madrid, el gaditano don Manuel Pavía y Alburquerque, artillero (¡que hay que ver lo protagonistas que fueron los artilleros en este periodo del Sexenio Revolucionario!)

había invitado a cenar en su sede a varios militares. A esa cena en la sede del Ministerio de la Guerra, donde tenía Pavía la Capitanía, actual Cuartel General del Ejército en el Palacio de Buenavista, cercano a la plaza de Cibeles, a 800 metros del Congreso de los Diputados. Ahí estarían el teniente general José de Santa Pau, el general Eusebio Ruiz Salaverría, el teniente coronel Luis Cubas, el coronel de la Guardia Civil Valencia, y algunos pocos más, a los que les había indicado que vinieran vestidos de campaña. Según cuenta el Conde de Romanones[254], la cena había estado bien regada de vinos y licores, y parecía todo menos algún tipo de conspiración política, ya que no saldría esta materia en la misma. A los copiosos cafés, Pavía de vez en cuando salía para despachar con quien le traía noticias de lo que estaba ocurriendo en el Parlamento.

Cuando le llegó la confirmación de que Salmerón había proclamado su voto en contra del Gobierno, previó el resultado. Eran ya altas horas de la noche. Pero sin mediar más palabras que un «Señores, ha llegado la hora», cursó a los presentes las respectivas órdenes para desplegarse por varios puntos estratégicos de Madrid. Cuando Castelar acaba su discurso, informado de ello, fue cuando decide marchar lentamente hacia la Carrera de San Jerónimo, acompañado de su Estado Mayor, ¡a caballo, eso sí! Porque una cosa es que el caballo no entrara en palacio alguno, y otra que todo un Capitán General de Madrid no tuviera rocín con que montar y trasladarse, faltara o faltase. Junto al viejo cuartel de infantería de Guardias Walonas esperó más noticias. Y

---

254 Conde de Romanones, *Los cuatro presidentes de la Primera República*, Espasa-Calpe, Santander, 1939.

llegaron. La votación de confianza se iba a producir. Picó espuelas a su todavía no tan famoso caballo y, encaminándose por la calle Libertad (paradojas nominales del callejero madrileño), tomó ya dirección recta hacia las Cortes. Frente a ellas descabalgó, recibiendo mensaje del Ministerio de la Guerra para que acuartelara las tropas que había desplegado por Madrid. «*Si he sacado a las tropas no ha sido por el gusto de que madruguen*», parece ser que le respondería al enviado del ministro del ramo que le competía, haciéndole comprender que era inútil la orden recibida. Tenía muy claro que, como dijo tras la reunión con Castelar, no iba a permitir que estallara la anarquía[255], según así pensaba Pavía en que podía devenir todo aquello.

El coronel Valencia fue a presentarse ante quienes custodiaban el Congreso, a la sazón una compañía de la Guardia Civil y una sección de Guardias de Orden Público (un cuerpo establecido en 1870 que, para entendernos, podríamos asimilar a una especie de Policía Nacional de entonces), que se pusieron a sus órdenes y disposición. En el interior la votación seguía con la posibilidad de otorgar la presidencia al diputado Palanca. Para Pavía ya era tiempo de actuar. Manda a su ayudante al interior con una escueta nota dirigida al Presidente de las Cortes: «Desaloje el local». Eran las siete menos cinco minutos de la mañana del 3 de enero. Nicolás Salmerón se dirige al Pleno. El Diario de Sesiones nos narra mejor que un episodio de El ala oeste de la Casa Blanca, el histórico momento:

---

255 Cfr. José Barón Fernández, *El movimiento cantonal de 1873 (Primera República)*, Ediciós do Castro, Sada, 1998.

«**El señor Presidente** [de las Cortes]: Señores diputados: Hace pocos momentos que he recibido un recado u orden del capitán general, creo que debe ser ex capitán general de Madrid, por medio de dos ayudantes, para decir que se desalojara el local en un término perentorio. (*Varias voces*: Nunca. Nunca). Orden, señores diputados: la calma y la serenidad es lo que corresponde a ánimos fuertes en circunstancias como ésta; para que desalojara el local en un término perentorio, o de lo contrario lo ocupará a viva fuerza. Yo creo que es lo primero, y lo que de todo punto procede. (*El tumulto que se levantó en el salón interrumpió al señor presidente. Se oye decir*: Esto es ofensivo a la dignidad de la Asamblea.) Señores diputados: sírvanse oír la voz… (*Continúa el tumulto*). Orden, señores diputados. (*Mucha calma, mucha calma, se grita por algunos*) Yo recomiendo a los señores diputados la calma y la serenidad… (*Continúa la agitación. El señor Chao*: ¡Esto es una cobardía miserable!). Señores diputados: vuelvo a recomendar la calma y la serenidad.

» Entiendo que bajo esta presión no puede, no debe continuar, la votación que estaba verificándose. En los momentos en que este recado se había recibido, aún no había terminado, sino que se estaba comenzando el escrutinio.

» El gobierno presidido por el ilustre patricio don Emilio Castelar es todavía Gobierno; no hace mucho tiempo que os decía que tenía una perfecta conciencia del sentimiento de su deber, por el valor y por la energía con que sabía inspirarse para defendernos, y acaba de darme su palabra de ello pocos momentos hace con la lealtad que está fuera de toda duda; y toda vez que bajo esta presión no podemos continuar verificando la votación, y puesto que todavía es Gobierno, sus disposiciones habrá adoptado ya. Entre tanto, yo creo que debemos de seguir en sesión permanente, y seremos fuertes para resistir hasta que nos desalojen por la fuerza, dando un espectáculo que, aun cuando no sepan apreciarlo en lo que vale, aquellos que sólo pueden conseguir el triunfo por ciertos medios, las generaciones futuras sepan que los que éramos adversarios, ahora todos hemos estado unidos para defender la República». (*Varios señores diputados*: ¡Todos, todos!)

Un señor diputado: ¡Viva la Soberanía Nacional! ¡Viva la República! ¡Viva la Asamblea! (*Estos vivas fueron contestados por todos los lados de la Cámara*)

El señor Presidente: No esperaba yo menos, señores diputados. Ahora seremos todos unos. (*Varios señores diputados*: ¡Todos! ¡Todos!) Se han borrado en este momento todas las diferencias que nos separaban, hasta tanto no quede reintegrada esta Cámara en la representación de la Soberanía Nacional (*Muy bien*), y que se le podrá arrancar por la fuerza de las bayonetas, pero no se le arrancará el derecho que tiene.

El señor Presidente del Poder Ejecutivo, señor Castelar: Pido la palabra.

El señor Presidente: la tiene S.S.

El señor Castelar: Yo siento no participar de la opinión de S.S. respecto al escrutinio, porque yo creo que el escrutinio debe continuar como si no sucediera nada fuera de esta Cámara. Puesto que aquí tenemos libertad de acción, continuemos el escrutinio, sin que por eso el presidente del Poder Ejecutivo tenga que rehuir ninguna responsabilidad. Yo he reorganizado el Ejército, pero lo he reorganizado, no para que se volviera contra la legalidad, sino para que la mantuviera. (*Aplausos*). Y, señores diputados, no puedo hacer otra cosa que morir el primero con vosotros... (*Bravo, bravo*)

El señor Benot: ¿Hay armas? Vengan. Nos defenderemos.

El señor Presidente: Señores diputados: inútil sería nuestra defensa y empeoraríamos nuestra causa. (*Un señor diputado*: no se puede empeorar). Digo que nosotros nos defenderemos con aquellas armas que son las más poderosas en estos momentos: las de nuestro derecho, las de nuestra dignidad y las de nuestra resignación para recibir semejantes ataques.

El señor Castelar: Pero una cosa hay que hacer... (*Un señor diputado*: Que se dé un voto de confianza al Ministerio que ha dimitido). De ninguna manera; aunque la Cámara lo votara, este Gobierno no puede ser Gobierno, para que no se dijera nunca que había sido impuesto por el temor de las armas a una Asamblea Soberana. Lo que está pasando me inhabilita a mí perpetuamente para el Poder. (*Un señor diputado*: ¡No, que te creemos leal!) Así es, señores diputados, que a mí me toca demostrar que yo no podía tener alguna parte en esto. Aquí, con vosotros, los que esperéis, moriré y moriremos todos.

El señor Benot: Morir, no; vencer.

El señor Chao: Me atrevo a hacer una declaración y una petición a la Cámara y al señor presidente del Poder Ejecutivo, y es que, si lo tiene a bien, expida un decreto declarando fuera de la ley al general Pavía y otro decreto sujetándole a un Consejo de guerra, y si es necesario desligándole del deber de la obediencia al soldado. (*Muchos señores diputados*: Sí, sí).

El señor Ministro de la Guerra: Señores Diputados: en este mismo momento, cumpliendo con la voluntad soberana de las Cortes, voy a extender el decreto destituyendo al general Pavía de sus honores y condecoraciones. (*Aplausos; muy bien*)

El señor Fernández Latorre: Y que se haga saber a la parte del ejército que está a las puertas del Congreso.

El señor Canalejas: Tan sólo para indicar a la Cámara, si lo cree conveniente, a fin de ganar tiempo, que en estas ocasiones el tiempo es precioso, que la Cámara, comisionando desde luego a dos o tres Diputados, vayan a llevarle el decreto que acaba de dictar esta Asamblea, al general rebelde.

El señor Castelar: Yo no puedo consentir que ningún Diputado al llevarle pueda exponerse... (*Un señor diputado*: Yo voy. *Varias voces*: Yo también).

El señor Chao: Venga el decreto exonerándole, y yo le llevo. (*Otros señores diputados*: Y yo también)

El señor Calvo: La Guardia Civil entra en el edificio preguntando a los porteros la dirección de este salón y diciendo que se desaloje de orden del capitán general de Madrid.

El señor Benítez de Lugo: Que entre, y todo el mundo a su asiento.

El señor Presidente: Ruego a los señores diputados que se sirvan ocupar sus asientos y que sólo esté en pie aquel que haya de hacer uso de la palabra.

El señor Benítez de Lugo: He pedido la palabra para rogar a los señores diputados de la izquierda y del centro que han votado conmigo, yo que no puedo ser sospechoso, porque he consumido un turno en contra de la política del señor Castelar, que en este momento la

Cámara entera dé un voto de confianza al señor Castelar. (*Muchos señores diputados*: Por unanimidad)

El señor Castelar: Ya no tendría fuerza, y no me obedecerán.

El señor Presidente: Ruego a los señores diputados que ocupen sus asientos. No tenemos más remedio que ceder ante la fuerza, pero ocupando cada cual su puesto. Vienen aquí y nos desalojan. ¿Acuerdan los señores Diputados que debemos resistir? ¿Nos dejamos matar en nuestros asientos? (*Varios señores diputados*: Sí, sí, todos.)

El señor Castelar: Señor presidente, yo estoy en mi puesto y nadie me arrancará de él. Yo declaro que me quedo aquí y que aquí moriré.

Un señor diputado: ¡Ya entra la fuerza en el salón! (*Penetra en el salón tropa armada*).

Varios señores diputados: ¡Qué escándalo!

El señor Castelar: ¡Qué vergüenza!

Varios señores diputados: ¡Soldados! ¡Viva la República Federal! ¡Viva la Asamblea Soberana! (*Otros señores diputados apostrofan a los soldados, que se repliegan a la galería, y allí se oyen algunos disparos, quedando terminada la sesión en el acto*).

Eran las siete y media de la mañana[256].

La Guardia Civil había terminado de entrar en el Palacio del Congreso de los Diputados y, antaño como en 1981, varios tiros disparados al aire harán desaparecer en la gran mayoría de los Diputados, el valor que acaban de proclamar. Como recordaría un tiempo más tarde el diputado canario Nicolás Estévanez, «*todos nos portamos*

---

256 Diario de Sesiones, serie histórica, Legislatura 1873-1874, 02 de enero de1874, Nº 99, pp. 2518-2519.

como unos indecentes»[257]. Se atribuye a Pavía la frase chusca de «*¿Pero señores, ¿por qué saltar por las ventanas cuando pueden salir por la puerta?*», ante la visión de varios diputados que al oír los tiros, optaron por esa deshonrosa opción, aunque en mi opinión tiene más lógica que la pronunciara el coronel Iglesia encargado del desalojo del hemiciclo. El diputado barcelonés Eusebio Pascual y Casas, se lamentaría de «*¡Cuán tarde, cuán horriblemente tarde se ha acordado de su unión el Partido Republicano!*»[258], ante el arrebato de cerrar filas ante un Castelar al que se le acababa de negar la confianza, y que se negaba a dejar el banco azul, y habría que sacarle arropado por varios Diputados ante su empeño de quedarse. Salmerón, como un buen capitán de barco, no saldría hasta que no lo hubiera hecho el último diputado.

Cuando Pavía hizo llamar a un fuera de sí, ex presidente del Ejecutivo, Castelar, el hombre de las palabras medidas y dios de la oratoria, rechazó el llamado del emisario con un «*¡Dígale al General que se vaya al carajo!*»[259]. Sea frase atribuida o no, Castelar desde luego tenía la papeleta de dejar claro que nada tenía que ver con esta acción. Por más que lo supiera o esperara. Ese mismo día sí que dejó constancia de una recogida en la prensa del momento: «*De la demagogia me separa mi conciencia; de la situación que acaban de levantar las*

---

257 Nicolás Estévanez, *Fragmentos de mis memorias*, Madrid, 1903, p. 460.
258 Citado por Comín, op. cit., p. 551.
259 Citado por Romanones, op. cit., p. 157. Para serles francos, Romanones hace una elipsis hablando de palabras gruesas, y escribiendo «Dígale al General que se vaya al c…», dejando el venablo a interpretación. Ha sido deducción lógica *insultiva* la mía de rellenar con el resto de vocales y consonantes, la palabra presuntamente espetada por don Emilio.

bayonetas, mi conciencia y mi honra»[260]. Sinceramente creo que así fue.

La República Federal había acabado... pero no la Primera República.

La guardia civil, por orden del general Pavía, dispersa
a los miembros de las Cortes después de la sesión
del 2 de enero. (Dibujo de Daniel Vierge).

260 Citado por Alfonso Carlos Saiz Valdivielso, «Don Emilio Castelar en las
      Cortes Constituyentes de 1869 (Apuntes para conmemorar un centena-
      rio olvidado)», Estudios de Deusto Vol. 47/2, Julio-Diciembre, 1999.

NO HAY QUINTO MALO

EL PRESIDENTE QUE NADIE RECUERDA

> «De aquí en adelante, el Ejército
> es dueño de toda la situación en España»
> CÁNOVAS DEL CASTILLO

La República conservadora se había impuesto. Unitaria y de derechas, por así decir. El experimento federal había naufragado en un mar en donde Madrid, como capital, no fue *el enemigo*, sino que lo fue el poder más cercano. Los enfrentamientos cantonalistas enfrentaban más a los pueblos con las ciudades capitales de provincias, que a la del Estado. Los gobiernos se sucedieron, las Constituyentes no lograron aprobar una constitución, y al final se lio parda. Tan parda que la Primera República acaba de una forma extraña. Que es continuando, pero convirtiéndose en una república unitaria, con un Jefe del Estado que no es elegido por las Cortes, las cuáles son cerradas a cal y canto. Pero si la Federal había aguantado siquiera once meses, la Unitaria estaría... ¡casi un año! Doce meses menos tres días. ¿Cómo es posible que este periodo mayor del momento *primusrepublicano* español se haya dejado aún más de lado que el que se conoce con sus cuatro presidentes del Ejecutivo?

Francisco-Serrano (Museo del Prado, Madrid).

Sin duda lo sería por el hecho de su ausencia de legitimidad democrática. Pero, ¡caramba!, no lo es menos que para mayor paradoja, a todo el mundo le suene más quien será este presidente nombrado tras un golpe a la Cámara, que a los designados por las Cortes: el general Francisco Serrano. El de la calle pija del barrio de Salamanca, ese mismo. ¡Serrano! El «General Bonito» que le decía la reina Isabel II cuando tenía 38 años el militar y la reina era una jovencita de 18 años. El oficial de caballería del que jamás imaginaría su padre, diputado en las Cortes de Cádiz doceañistas, militar también pero liberal, que acabaría ostentando y detentado el mayor poder posible en España. En 1869 ostentándolo como Regente del Reino de España. En 1874 detentándolo como Presidente del Poder Ejecutivo de la República Española. Como poco resulta pelín esquizofrénico. Sólo en la familia Bonaparte podremos encontrar casos parecidos de revolucionarios que acaban coronándose, como hizo Napoleón en su momento. O su sobrino Luis Napoleón, que de ser presidente de la Segunda República francesa, pasaría a ser emperador del Segundo Imperio. ¡Sin duda a los franceses le da todo por hacerlo a lo grande!

Francisco Serrano iba a ser más modesto, no cabe duda, pero sin duda más práctico, evitando tener que morir en exilios como los dos megalómanos franceses citados. Pues será el gaditano, nacido en la Isla de San Fernando, una constante en este siglo XIX del que fue protagonista, nada de *a su pesar*, como dice la frase hecha. ¡Más bien muy a su acomodo y ganas! Sus inicios estaban encaminados a la vida en la milicia para hacer allí carrera. Cosa que en tiempos revueltos es siempre de provecho si una bala tonta no te deja como abono para campos de amapolas. La Primera Guerra Carlista, donde sería ayudante del héroe de la Guerra de 1808, el general

Francisco Espoz y Mina, le ayudaría a obtener ascensos, pero por méritos de combate. El hecho de que también acabara siendo ayudante del General en Jefe de Cataluña, y que éste fuera su padre, no tiene que hacernos pensar mal, pues conseguiría la Cruz Laureada de San Fernando, que es la más alta distinción a la que puede aspirar un militar. Si ya se la dan vivo, es lo más de lo más.

M. Pi y Margall proclamé dictateur dans les Cortès de Madrid.

«Pi y Margall proclamado dictador en las Cortes de Madrid». (Dibujo de Daniel Vierge).

Pero era ambicioso, y en un tiempo en donde hemos visto que el estamento militar podía tener una gran influencia en lo político, a punto de cumplir los treinta años conseguiría su primer acta de diputado por Málaga. Y aquí nacería el político sin escrúpulos que le daba igual todo lo que no pudiera ser, sin duda, el medrar para su beneficio. ¿Pensaba también en el de su Patria, en la Nación, en España? Podemos ponerlo como se indicaba el valor en las cartillas militares de no hace tanto: «se le supone». Pero poco más. Señalaba un estudioso de la época que Serrano «era un oportunista político, un intrigante inveterado, vacilante y dominado por su mujer, cubana criolla»[261]. Sin duda la última parte del análisis resulta pelín políticamente incorrecta hoy en día, pero lo de que era un oportunista creemos que no cabe duda alguna. Siempre a la sombra de Espartero, que le nombraría mariscal de campo, cuando vio la oportunidad interesada se sumó a Narváez, que sería quien *derrocaría* a don Baldomero como regente, y así se ganó el mariscal su primera vez como Ministro de la Guerra.

A Serrano se le podía definir como *el hombre para todas las estaciones*, emulando el título de la obra de Robert Bolt que luego se haría popular en una inolvidable película sobre Tomás Moro[262]. Pero si aquí la expresión quería reflejar al hombre de conciencia que se mantiene fiel a sus principios, sea la circunstancia en la que se encuentre, lo más parecido con el militar español es que

---

261 Charles A. M. Hennessy, *La república federal en España: Pi y Margall y el movimiento republicano federal, 1868-1874*, Los Libros de la Catarata, Madrid, 2010.

262 *A Man for All Seasons (Un hombre para la eternidad)*, Fred Zinnemann, Columbia, 1966.

desde luego siempre se mantuvo fiel a unos principios: los que comenzaban y terminaban en él mismo.Serrano lo fue todo. Lo sería todo. ¡Menos rey coronado! Que regente, ya vimos que también. Por serlo, fue hasta un golpista. ¡Lo tuvo, definitivamente, todo pero todo! Con esa idea de estar sobrevigilando la recién nacida República, tras el fracaso del primer gobierno de Figueras y el temor al resultado de las Constituyentes, donde radicales y conservadores compartían la misma aprensión de un mal resultado en ellas[263], el general Serrano en connivencia con otros civiles y militares, estuvo detrás del fallido golpe de Estado del 23 de abril de 1873. Ahí estuvieron el radical Nicolás Rivero, el siempre intrigante Cristino Martos, el almirante Topete, el general Pavía haciendo entrenamientos para el futuro, y el sibilino Sagasta, entre otros. Pi y Margall reconocería que tuvo que hacer frente, desde el Ministerio de Gobernación, a esta intentona, mediante un contragolpe *desde* el Estado.

Como sabemos ya, la asonada cívico-militar de Serrano no sólo no impidió la llegada de la República Federal, sino que seguramente la anticiparía. Este golpe frustrado le llevaría a tener que huir al extranjero. Y eso tras haber estado a punto de ser nombrado Presidente del Ejecutivo por la Comisión Permanente del Congreso, formada en espera de la elección de las Cortes Constituyentes. Comisión que disolvería Pi efectuando lo que para algunos autores fue un acto contrario al Imperio de la Ley[264]. ¡Estaban las cosas como para andar

263 Cfr. Jorge Vilches García, «Castelar y la República posible. El Republicanismo del Sexenio Revolucionario, 1868-1874», Revista de Estudios Políticos, Nº 99, Madrid, 1998, p. 150.
264 Cfr. Jorge Vilches García, *Progreso y libertad. El Partido Progresista en la*

con remilgos, pensaría el político catalán! Y menos con espadones de por medio. Y que era más que conocido en ese momento la peligrosidad del ambicioso general Serrano, siempre queriendo emular y hasta superar al general Espartero, sin conseguirlo. Que hasta en lo del Abrazo de Vergara de la Primera Guerra Carlista quiso lograr un acuerdo similar para acabar con la Segunda (o Tercera, ya saben), con el Convenio de Amorebieta. Un acuerdo, donde se reconocía el régimen foral para Vizcaya, que no sería respaldado en su momento, ni por las Cortes, ni por el rey Amadeo. Un *éxito* perfectamente descriptible, vaya.

Los exilios a Francia, un leitmotiv para tantos políticos, reyes y presidentes españoles de este momento, eran con billete de ida y vuelta en la mayoría de las ocasiones. Y con Serrano no iba a ser diferente. Y de Biarritz (que ya puestos a exiliarse vamos a hacerlo con clase) que se vino poco antes del golpe del general Pavía y del cierre de las Cortes Federales (¡qué casualidad!). Pavía era un tipo pragmático y alejado de la erótica del poder, como suele decirse. Efectista y efectivo, en ningún momento quiso quedarse el mando para él. Incluso quiso llegar de primeras a un acuerdo con el airado Castelar, que lo mandó al guano con cajas destempladas. Lo sorprendente es que no se puso de inmediato la cuestión del modelo de Estado en entredicho. Había que recuperar ese orden que había sido un desiderátum desde el inicio mismo de la proclamación republicana. Acabar los conflictos en curso. E intentar una estabilidad mediante un gobierno de concentración.

revolución liberal española, Alianza, Madrid, 2001.

El abrazo de Vergara (Ilustración de Pablo Béjar Novella).

Como don Emilio Castelar se negó a encabezarlo, ahí que apareció la figura del general Serrano para convertirse en el nuevo Presidente del Ejecutivo de la República Española. Unitaria, eso sí. Los federales no estuvieron siquiera invitados a formar parte de ese gobierno, donde sí que hubo republicanos radicales, constitucionalistas y hasta alfonsinos partidarios del Príncipe de Asturias, don Alfonso, hijo de Isabel II. El siempre atento Cánovas del Castillo se mantendría al margen, conocedor astuto que aún no era el momento de levantar liebre (monárquica) alguna. Pues la realidad republicana, sin Cortes, con la Constitución democrática de 1869 a medio uso, era un hecho. El siempre importante Ministerio de Gobernación lo ocuparía el palentino de Amusco, Eugenio García Ruiz. Un republicano de pura cepa que había luchado contra la monarquía desde tiempos del reinado de Isabel II, estando involucrado en el Pacto de Ostende. Un acuerdo tenido en dicha localidad de Bélgica entre progresistas y demócratas en 1866, con Prim a la cabeza, para derrocar a la reina. Y que acabaría siendo el punto detonante para *La Gloriosa* y el inicio del Sexenio Revolucionario. Y al que Serrano, por cierto, quiso adherirse por haberse sentido vejado por un arresto que le hicieron al pedir a la Reina la apertura de Cortes… y también por sus intereses como presidente de Ferrocarriles del Norte, donde no tenía más que pérdidas. ¡Este Serrano siempre tan al quite!

El caso es que la primera idea que puso sobre la mesa el golpista Pavía, en el mismo Congreso que había desalojado, era que había que terminar con la rebelión de Cartagena, y acabar de una vez por todas la guerra carlista. ¡Eso era perentorio! Y que, quedándose como se iba a quedar al margen, cosa que sorprendió a todos, que se repartieran el gobierno como quisieran, ¡pero que García Ruiz ocupara una de las carteras! Que ya hemos visto que se la dieron, pese a que nunca fue (¡ni sería!) un político de los de campanillas. Pero es sintomático esta petición obligada (o sea, de obligado cumplimiento) que creo que la podemos entender como un guiño para dejar claro que la república seguía. Eso sí, para Pavía, tener en el gobierno a monárquicos declarados como el limeño Juan de Zavala, era preferible a seguir con federalistas como Salmerón o Pi y Margall, los cuales habían fracasado estrepitosamente ante el caos de la revolución cantonal. ¡Cuando no dándole alas! Ante la curiosa laxitud y paso al lado de Pavía, algunos lo interpretaron como debilidad y estuvieron a punto de no permitir el acceso a las carteras ministeriales al amigo recomendado, a lo que Sagasta se opuso con pragmático cinismo: «*Lo menos que podemos hacer con el General es darle una*

propina, bien se lo merece por lo que acaba de hacer»[265].
¡Ah, la política y los extraños compañeros de cama!

¡Cómo no estaría de confusa la cosa que tuvieron que preguntarle directamente al que había dado el golpe qué es lo que finalmente se pretendía! Porque esta mezcla no terminaba de convencer a tirios y troyanos. Cánovas del Castillo pensaba en un Gobierno Provisional, como el que se había hecho al inicio de *La Gloriosa*, y ver qué pasaba (tiempo y estabilidad parecía que buscaba el fino político malagueño). Otros, como el granadino Cristino Martos, que siempre fue un político más de tipo posibilista (él era un republicano unitario que no le hizo ascos a ser ministro con Amadeo o presidente del Congreso con Alfonso XII), prefería el sistema de que fuera un presidente del Ejecutivo fuerte el que eligiera el gabinete. Uno de los militares llamados en primer momento, el influyente don Manuel de la Concha, Marqués del Duero[266], requirió volver a emplazar al general Pavía a consulta y directamente preguntarle si la intención de la asonada había sido acabar con la República y preparar así una nueva Restauración monárquica. Lo que, si me lo permiten, ¡no deja de tener su gracia la situación! Manuel Pavía dejaría las cosas claras: él era un acérrimo enemigo

265 Conde de Romanones, *Los cuatro presidentes de la Primera República*, Espasa-Calpe, Santander, 1939, p. 168.
266 Un militar de los de película, que se haría famoso en su lucha durante toda su vida contra el Carlismo. En este mismo año de 1874, apenas seis meses más tarde del suceso aquí narrado, moría en combate cerca de Estella (Navarra) en la última *Carlistada*. Su estatua ecuestre en pleno paseo de la Castellana de Madrid es una de las más conocidas en cuanto a imagen, y más desconocida hacia quién es el personaje representado. Descansa en el aún más ignorado y desconocido Panteón de Hombres Ilustres capitalino (que pasará en breve a ser Panteón de España), junto a Sagasta, Cánovas, Canalejas, Dato… y pocos más.

de la República... pero de la Federal. Es más, abogaba por una República Unitaria. Poniendo de ejemplo a Francia en cuanto a la necesidad de un gobierno nacional de unidad. Más cristalino ni las aguas de su Cádiz natal.

Las palabras del general las tenemos de hecho, transcritas por los taquígrafos de las Cortes pocos años más tarde, ya que fue elegido diputado por Madrid para esas Cortes que él cerró, en 1876: «*Sres. Diputados, yo no hice el acto del 3 de enero con la espada, sino con el bastón de mando. Yo ni rompí, ni aumenté, ni destruí, ni hice nada más que entregar el Poder integro a la representación de los partidos. Entonces me dirigí a todos ellos, a todos los representantes. y les dije que tuvieran el patriotismo de imitar la conducta de otras Naciones cuando se han visto en casos semejantes: y presenté como ejemplo de actualidad la Francia, en que legitimistas, orleanistas, imperialistas y republicanos recogieron después de [la batalla de] Sedán el poder tal como lo encontraron, y luego formaron el Gobierno nacional y salvaron la Nación*»[267]. ¿Era en el fondo un ingenuo idealista el general Pavía? Pudiera ser. Para la Historia más parece que ha quedado como epítome de golpista más que de salvador de la Patria.

Pero a lo que estamos. Pues pese a todo, parece ser que no se tenía clara la denominación que para el Estado y para España se tenía que dejar establecida. Uno de los juristas más importantes de la época, el burgalés Alonso Martínez, que será uno de los padres de la Constitución de 1876 y, sobre todo, del Código Civil de 1881, iba a bautizar este periodo como el de la *Res-Pública*, con

---

267 Diario de Sesiones, Congreso de los Diputados, Serie histórica, Legislatura 1876-1877, Nº. 25, 17 de marzo de 1876, pp. 479-480.

una retranca sobria pero acertada. La verdad sea dicha, cuando el Jefe del Estado es un militar no elegido de ningún modo democrático, ya le podemos llamar república o reino, que la cosa tiene todas las pintas de haber devenido (o de ser), una dictadura. Sin más. Es curioso comprobar que, mutatis mutandis, algo parecido ocurriría cuando el general Francisco Franco se hizo con el poder. Las Leyes Fundamentales que rigieron durante su mandato declaraban que «*España, como un unidad política, constituida en Reino*»[268], así lo era. Un reino, extraña cosa, donde no hubo rey durante treinta y seis años nada menos[269]. También fue definido el régimen como de «democracia (sic) orgánica», ya ven.

Lo cierto es que la dictadura republicana de Serrano ni siquiera maquilló la suya, como hiciera incluso Franco con sus procuradores en Cortes, reabriendo las cámaras del Congreso y del Senado. Prometería que llegarían unas Cortes constituyentes en su momento... que nunca llegaron. E intentaría que el Gobierno fuera lo más representativo posible como era la petición de Pavía, viendo que tenía apoyo de todo monárquico que no fuera alfonsino. Esto, es, de aquellos que no siendo realmente republicanos, mantenían el rechazo a los

---

268 Ley Orgánica del Estado, Preámbulo, 10 de enero de 1967.
269 Seguramente el problema del régimen franquista es que metidos en la discusión entre si fue un régimen de tipo fascista, autoritario, dictadura fascistizada, o qué, tal vez nos perdamos en que puede que, tal vez, Francisco Franco fuera el último espadón del XIX (aunque no era constitucionalista como tampoco lo sería Miguel Primo de Rivera en su dictadura de 1923), ya que el militar ferrolano más que fascista o monárquico, lo que fue sobre todo ¡es franquista! Y perdónenme la digresión ...y la boutade.

Borbón y el regreso de esa dinastía[270]. Los objetivos también eran claros: hay que acabar de una vez por todas con el tema de Cartagena. Prioritario. Ni federalismo, ni cantonalismo, ni autonomismo que valga. ¡Esto hay que arreglarlo aunque sea a cañonazos! Que es como se hizo, tristemente. Lo del conflicto carlista no era cosa menor. Recordemos que Serrano, espadón y dictador, venía de familia liberal y que él mismo acabaría siendo el presidente del partido de Unión Liberal a la muerte de quien la conducía, el general Leopoldo O'Donnell. Y que pese a sus cambios algo veletas, por el tradicionalismo carlista, ¡por ahí sí que no pasaba! Lo podemos ver claramente en el telegrama que le mandará a su ídolo y en cierto modo, mentor, Baldomero Espartero, nada más tomar la Presidencia del Ejecutivo:

«*Acabo de tomar posesión de la presidencia del poder ejecutivo de la república. La Junta de hombres políticos de los partidos liberales, convocada por el capitán general de Madrid, me ha confiado este puesto de honor y de peligro y el patriotismo y el honor me han puesto en la inexcusable obligación de aceptarlo. Cumplo gustoso con uno de mis primeros deberes, saludando en la persona de V.A. al patriarca de la libertad y al glorioso pacificador de esta pobre patria, ahora afligida de nuevo por los sectarios del carlismo. El gobierno que presido tiene la firme resolución de librar a España de esa desdicha y de esa vergüenza, y para lograr su noble empeño no perdonará medio ni sacrificio, seguro de verse alentado y secundado en su obra*

---

270 Cfr. Julián Toro Mérida, *Poder político y conflictos sociales en la España de la Primera República: la dictadura del General Serrano*, Universidad Complutense de Madrid, Madrid, 2003.

por el esfuerzo del país liberal cuya estrecha unión cree lo mismo que VA., que es condición indispensable y lazo de segura victoria. Reciba VA, en mis sentimientos de respeto y consideración los de todos mis compañeros de gobierno»[271].

La tarea no era fácil. Pero en esto había una clara unanimidad. El Ministro de Gobernación, el *ahijado* de Pavía, Eugenio García Ruiz, declaraba que el Carlismo *«se obstinaba en traer sobre la Nación la noche del absolutismo»*[272]. Ya, ya sé que era parte de un gobierno no democrático en una dictadura militar. Pero es muy posible que el espejo de la siempre referente, Francia, lo fuera también para los políticos españoles en la que sería la Tercera República francesa, surgida el año anterior, el mismo que la española, 1873, y tras enfrentarse a sus propios conflictos, como el de *La Commune* y el intento de restauración monárquica[273]. La paradoja les vendría a nuestros vecinos en que el nuevo Presidente de la República francesa, sería el general monárquico Patrice de Mac Mahon. ¡Un monárquico Jefe del Estado de una república! Aunque es evidente las diferencias, ya que no llegó éste por mor de un golpe de Estado, sino con el refrendo de una Asamblea parlamentaria.

¿Quiso mirarse el general Serrano en el espejo del general Mac Mahon? Parece ser que así fue. Pese a que, la verdad, la biografía del borgoñés y su palmarés es, cuando menos, discutible, tras la forma en que aplastó a

---

271 Publicado en el periódico conservador *La Época*, el 4 de enero de 1874.
272 Toro Mérida, op. cit., p. 133.
273 Como varias veces he señalado a lo largo de la obra, decir que el siglo xix español fue movidito, que lo fue, es desconocer que en comparación casi fue una balsa de aceite viendo lo ocurrido al otro lado de los Pirineos.

los bereberes en Argelia o a los parisinos de la Comuna. Por no hablar de que fue el general derrotado por los prusianos en la decisiva batalla de Sedán en la guerra Franco-prusiana. Pero si como militar era dudosa su competencia, como político la verdad es que no tuvo gran ojo. El caso es que el siempre zumbón Cánovas del Castillo sí que denominaría este periodo español de interinidad evidente, como de mac-mahonismo. O sea, la «*aspiración perpetua al poder supremo de un soldado de fortuna*»[274]. Serrano (el citado por Cánovas de manera tan despectiva), quedaría impresionado, así parece, por el hecho de que el entonces mariscal francés fuera elevado a presidente con un mandato de siete años. En España los radicales querían concederle un tiempo indefinido nada menos. Cánovas, en un escrito enviado a la exiliada Isabel II, le hacía saber que el propósito de Serrano no era otro sino el de «*consolidar la República unitaria con su presidencia vitalicia*», y aunque receloso de él, abogaba por no abrir «*abismos innecesarios*»[275]. Por lo que pudiera ocurrir. ¡Que nunca se sabe! Al fin y al cabo Serrano le debía a la reina la dote de tres millones de reales con la que se casó. ¡Lo que es la vida!

Una vez que logró Serrano acabar con el cantonalismo abanderado (con bandera turca, roja o la que fuera[276]) por el Murciano de Cartagena, esto suponía más tropas disponibles con que enfrentarse al pretendiente carlista[277], y sin duda que 1874 sería el año decisivo para

---

274 Francisco Martí Gilabert, *La Primera República española (1873-1874)*, Rialp, Madrid, 2017, p. 123.

275 Íbidem.

276 Ya saben, repasen el capítulo 6 anterior del libro sobre el tema.

277 Tratado en el capítulo 5, que todo lo tienen a mano para repasar.

la guerra, pese a que finalizará oficialmente dos años más tarde. Sobre todo con el sitio (en febrero) y la liberación de Bilbao, en mayo. Serrano, que sería el Presidente pero que no olvidaba que también era militar y por eso participaría activamente en diferentes campañas y batallas, le arrebataría también el éxito al general de la Concha, verdadero artífice de la victoria liberal. Ya que el propio Serrano tuvo un traspiés en la parte que le correspondía en su acción militar de San Pedro Abanto, en Somorrostro. El desterrado general Martínez Campos había sido llamado para nombrarle Jefe del Estado Mayor del Ejército del Norte. Y la influencia monárquica cada vez empezaba a ser más visible en la composición de un gobierno cada vez menos nacional en cuanto que menos de concentración plural, y más homogéneo… de parte. Lo que casi lleva a que cuando se percató de la situación, el general Pavía, Jefe del Ejército del Centro, amenazara con otro golpe. Pero ya no era su momento. Acabaría a la postre, dimitiendo como Capitán General de Madrid. El político madrileño Francisco Silvela llegaría si me apuran, a anticipar el efecto Dunning-Kruger[278] con relación a Pavía, señalando que «*cuando la fortuna ciega coloca a los hombres en situación superior a su capacidad, se evidencia siempre su incapacidad*»[279]. Aunque, para ser justos, Pavía era consciente de sus capacidades hasta el punto de no querer ambicionar todo lo que otros sí que hicieron, como es evidente que hizo Serrano.

Lo que no hizo fue darse cuenta de la habilidad de

---

278 Con relación al sesgo cognitivo, el efecto Dunning-Kruger es aquel por el cual las personas con baja habilidad en una tarea sobrestiman su habilidad.
279 Romanones, op. cit., p. 171.

políticos profesionales, de los que su denuedo no es otro que la política. Vivir por y para ella. Personas que tienen ese ánimo en sus corazones y ese ansia vital. ¡Que no digo que sea malo! Pero que hay que valer para esto. El general Serrano, con todo lo que consiguió, no supo ver lo que se iba cociendo lentamente sin ser consciente. De manera callada, aparentemente al margen, por parte de Antonio Cánovas del Castillo. Por la otra, de manera abierta, por Práxedes Mateo Sagasta, desde el mismo Ministerio de la Gobernación del que fue titular en los dos últimos gobiernos republicanos. No en vano iban a ser los dos protagonistas de la nueva realidad política que se cernía sobre una república que, ¡tiene perendengues la cosa, comenzaba a tener el reconocimiento internacional que llevaba esperando durante tanto tiempo, y que en su anterior fase, cuando era Federal, no logró[280]. Le sirvió de tanto como le había servido al Carlismo el que el Papa Pío IX llamara *rey* al pretendiente don Carlos. Nunca lo sería. Y la República, estaba a punto de dejar de existir.

Unas noticias llegadas desde Sagunto a Serrano en diciembre de 1874, cuando estaba en pleno sitio de Pamplona queriendo acabar la puñetera y pesadísima guerra civil, cambiaría de nuevo el rumbo de la Historia de España. La presidencia del quinto presidente olvidado de la Primera República llegaba a su fin junto a ella. Al final, y pese al taurino dicho, sí que hubo quinto malo.

---

280 Cfr. María Victoria López-Cordón, *La revolución de 1868 y la I República*, Siglo Veintiuno Editores, Madrid, 1976.

MÁS GRITAMOS CUANDO
ECHAMOS A LA MADRE

O QUE AL FINAL... ¡VUELTA A EMPEZAR!

«¡Al fin!,
la pesadilla ha terminado»
GENERAL MARTÍNEZ CAMPOS

Me van a permitir que cuente completa la anécdota, que se da por buena, que encabeza y hace de título de este capítulo final (epílogo mediante) del libro. Los más veteranos lectores, o los más entusiastas del cine español, seguramente incluso la recuerdan haber visto en una película ya clásica[281]. El caso es que entraba en Madrid de vuelta triunfante el que será Alfonso XII, hijo de Isabel II como sabemos, proveniente del exilio. El bullicio y la algarabía con el que se recibió por las calles era más que patente. Uno de los que le vitoreaban lo hacía a voz en grito desgañitándose: «¡Viva el Rey! ¡Viva el Rey!», a lo

---

281 *¿Dónde vas, Alfonso XII?*, Luis César Amadori, Pecsa Films, 1958, basada en la obra de Juan Ignacio Luca de Tena.

que otro vecino que se encontraba a su lado le dijo: «No grite usted tanto, que se va a quedar afónico». A lo que el paisano le contestaría: «¡Más grité cuando echamos la madre!».

Sin duda pocas anécdotas puedan representar de mejor manera al pueblo español. Terco, soberbio, orgulloso… A veces ininteligible[282]. Pero sólo a veces. No nos dejemos atrapar por los tópicos. Pues como gusta de recordar el profesor Daniel Aquillué, *«España fue en el siglo XIX "un país tan extraño como cualquier otro"»*[283]. ¡Cuánto daño hizo Fraga y su maldito lema de los Sesenta![284] Y con perdón por la autocita: *«Queremos rehuir de los clichés, pero llevamos más de un siglo aceptando ser vistos por los ojos de los Washington Irving, Richard Ford o Próspero Merimée»*[285]. ¿O no es así?

El caso fue que nuestro XIX iba a cerrar este episodio de su Sexenio Revolucionario de esa manera que pareciera chusca. Pero no fue realmente así, ya que se intentaba de nuevo el que España estuviera a la altura de una Europa en la que no le iba tan a la zaga pese a todo. Tras una mezcla de experimentos fallidos: el derrocamiento de la monarquía y de una dinastía que había reinado más de siglo y medio, con seis reyes y una reina; una regencia que quería instaurar un régimen constitucional lo más

---

282 Recomiendo sin duda la lectura del libro de Julián Marías, *España inteligible. Razón histórica de las Españas*, Alianza Editorial, Madrid, 2014 (publicado originalmente en 1985).

283 Daniel Aquillué Domínguez, parafraseando al historiador Ferrán Achilés en «La España del siglo XIX: más contexto y menos tópicos», La mirada histórica 2.0 Blog sobre Historia, 22 de diciembre, 2019.

284 Como así denuncié en el Colofón de *Fake News del Imperio Español*, La Esfera de los Libros, Madrid, 2021

285 Íbidem.

parlamentario posible (con todas las taras que ya vimos); un rey demócrata elegido por las Cortes; una República Federal; otra, Unitaria; y ahora, una Restauración. La monárquica y con la misma dinastía tan vilipendiada. La Borbón. Pero no en la rama Carlista, eterna pretendiente y provocadora de guerras civiles a causa de la sacrosanta tradición... que no era exactamente tal. Restauración que vendría en la persona del Príncipe de Asturias o, mejor sea dicho, del partido alfonsino encabezado por el malagueño Antonio Cánovas del Castillo, y gracias a una proclamación, cuando menos, poco usual.

La *Dictarrepública* (si me permiten el palabro) del general Serrano contaba en su gobierno con cada vez más figuras abiertamente monárquicas. El gabinete lo capitaneaba el riojano Práxedes Mateo Sagasta, que ya lo había presidido con otro rey: Amadeo de Saboya. Como otros ministros que le acompañaban lo habían sido igualmente con el anterior monarca: como el de Gracia y Justicia, el navarro Eduardo Alonso Colmenares; y el de Hacienda, el gaditano Juan Francisco Camacho. O incluso con Isabel II, como el caso del ministro de Estado, el compostelano Augusto Ulloa. Pero republicanos, lo que se dice republicanos... ¡ni uno! Extraño gabinete para una república, sin duda. Y que auguraba lo que en la sombra seguía haciendo el protagonista en la sombra en este momento: el citado Cánovas. Un político monárquico, sin duda, pero de corte liberal, y que desde muy temprano buscó una, por así decir, regeneración de la institución.

Él fue quien redactaría dos manifiestos que tendrían una *real* importancia, si me permiten el juego de palabras. El primero fue el Manifiesto de Manzanares, de 7 de julio de 1854, donde se buscaron cambios para alejar esa camarilla que parecía deshonrar el Trono, y para ello se produjo la llamada *Vicalvarada* que citamos en capítulos anteriores. Ya recordarán, con el general Leopoldo O'Donnell al frente, que provocaría la Revolución de 1854 que acaba la Década Moderada, dando paso a lo que se conoció como Bienio Progresista. El general Baldomero Espartero acabará tomando las riendas y convocando Cortes constituyentes. Un Espartero que había estado detrás de un Cánovas apoyándole, y que en aquél momento apenas contaba 26 años. ¡Ya despuntaba maneras, sin duda!

La biografía de este sin duda, y siento de nuevo caer en el cliché, animalazo político, es de lo que necesitan ser estudiado aparte[286]. Pero su momento político será en plena madurez y con el sistema que él logra traer: la Restauración. En 1874 tendrá 46 años, pero para que veamos, más que una semblanza, lo que supondrá este político en la Historia española, es bueno señalar que será seis veces Presidente del Consejo, habiendo sido dos veces ministro con Isabel II, y que incluso será también en una ocasión Presidente de las Cortes, además del cargo que ejerciera como ministro-regente en el interín entre Serrano y la proclamación formal de Alfonso XII. Sin duda la política le gustó más que el periodismo con el que comenzara, o el darse a la novela histórica, como intentó, con escaso éxito[287]. Pero, ah, su amor por la Historia (que

---

286 Por mi parte recomiendo una biografía que se ha convertido ya en clásica. La de José Luis Comellas, *Cánovas del Castillo*, Ed. Ariel, Barcelona, 1997.

287 Porque a usted, querido lector que seguro que es aficionado al género, ¡me da que pocas se habrá leído de don Antonio!

dejaría plasmado en numerosas obras), y en el quehacer político, le convertirían en más que un pragmático. Pues iba aprendiendo de sus experiencias y por las que España iba pasando. Lo que le serviría para este momento que tenía que acabar en una nueva Constitución, pero de consenso, flexible y con una amplia base de apoyo. ¡Que no se puede estar cambiando de Carta Magna cada dos por tres, hombre! ¡Que llevamos ya cinco en medio siglo! O al menos eso pensaba Cánovas[288].

Antonio Cánovas del Castillo (Ilustración de Santiago Llanta y Guerin).

---

288 Cfr. Comellas, op. cit.

Como también le quedó claro, con la experiencia de la cerrilidad que Isabel II había demostrado, que el rey ha de ser lo más neutral posible, sin apoyarse en uno u otro partido. Pero que una jefatura de Estado no se improvisa o puede salir de la nada, como quiso hacerse con el bueno de Amadeo. Gran tipo. Pero que ya vimos lo que duró el pobre reinando sin entender nada. Cánovas estudió todo el Sexenio Revolucionario para ir desarrollando la teoría política que creía que aportaría estabilidad política a la nación. Y esta estabilidad vendría con algo en cierto modo tradicional, donde concurriera la legitimidad, como era la monarquía y la dinastía Borbón, pero de un modo completamente novedoso a como se había hecho hasta entonces. Poner en duda el si don Antonio era monárquico o no, casi parece un anatema. Pero estudiando su forma de proceder, más parece que se anticipa a lo que ya vimos en el Prólogo y la figura del *monarquicano*.

Como otros no hace tanto que se decían en su momento, antes de Corinas y elefantes, como *juancarlistas* con relación a la figura del rey padre Juan Carlos, para no decir que eran realmente monárquicos, algo parecido hizo en su momento Cánovas, declarándose realmente *alfonsino*. *«Dentro de mi conciencia no hay más que una simpatía, y esa simpatía es para el príncipe Alfonso»*[289]. Porque hemos de recordar que la reina estaba en el exilio ¡pero seguía viva y coleando! No fallecería hasta 1904 en París. Si se quería una restauración, desde luego que no podía ser en la figura de la de los tristes destinos. Y ese mismo año en que Cánovas daba su abierto apoyo

---

289 Diario de Sesiones de las Cortes Constituyentes, 21 de diciembre de 1870.

al Príncipe de Asturias, su madre renunciaría a los derechos al Trono que le pudieran corresponder. Como curiosidad, acabaría viendo reinar, no sólo a su hijo, sino también a su nieto Alfonso XIII. Aunque siempre desde una Francia que nunca abandonaría.

Cánovas se iba a hacer indispensable a los monárquicos, a su causa, y a la propia reina madre, mal que le pesara. ¡Que le pesaba! Imaginemos. Cuando le presentó en su momento O'Donnell su nuevo gobierno en el que estaba Cánovas, la reina exclamaría «¡*Hombre, por Dios, quítalo y pon a otro. ¡No lo puedo resistir!*». Pero si la República Unitaria de Serrano tenía que dar paso a un auténtico rey, dejando de lado la experiencia republicana, no había otro modo que pasar por el habilísimo político malagueño. El 4 de agosto de 1874 en París, Isabel II le iba a conceder por completo carta blanca para hacer y deshacer a su antojo, convirtiéndose en el líder de la causa restauradora. El, según dinastía, ya Alfonso XII (aunque no había sido proclamado obviamente como rey ante Cortes para añadir a la legitimidad de su título, la legalidad y validez de este), que estaba presente en el acto, alegraría mucho a Cánovas viendo su simpatía y carácter despejado que mostraba. «*Es el príncipe, a su edad, más inteligente de Europa, y el más apto para ser un buen monarca constitucional*»[290]. Contaba con 16 años tan solo.

Lo que no es un dato baladí, pues para que pudiera volver Alfonso como rey, debía de tener la mayoría de edad. Pero estaba a punto de caer, y su cumpleaños

---

290 Marqués de Lema, *Cánovas o el hombre de Estado*, Espasa-Calpe, Madrid, 1931, pp. 98-99.

ayudaría a dar el empujón para que la Restauración se convirtiera en una realidad. ¿Recuerdan cuando les comenté la importancia de dos manifiestos redactados por Cánovas? Si uno fue el de Manzanares, el que tendría por fecha de firma el 1 de diciembre de 1874 será el otro. Y será firmado al oeste de Londres, a unos 60 kilómetros de la capital del Reino Unido. En la academia militar de Sandhurst donde se estaba formando el príncipe Alfonso. Y que nominará al Manifiesto de Sandhurst, como le conocemos. ¿Y en qué consistió? Pues en algo aparentemente de lo más trivial: el contestar y agradecer las felicitaciones por el cumpleaños del joven príncipe, que alcanzaba en esta fiesta, su mayoría de edad[291]. Obviamente, la nota contenía mucho más que las gracias por las felicitaciones recibidas. Obviamente también, no la había escrito Alfonso de Borbón, aunque así la firmara. Y en ella estaba todo lo que Cánovas quería dar a conocer a la opinión pública española, y aún mundial.

«... *sólo el restablecimiento de la monarquía constitucional puede poner término a la opresión, a la incertidumbre y a las crueles perturbaciones que experimenta España. [...] Por virtud de la espontánea y solemne abdicación de mi augusta madre, tan generosa como infortunada, soy único representante yo del derecho monárquico en España. Arranca este de una legislación secular, confirmada por todos los precedentes históricos, y está indudablemente unida a todas las instituciones representativas [...] Huérfana la nación ahora de todo derecho público e indefinidamente privada de sus libertades, natural es que vuelva los ojos a su acostumbrado derecho constitu-*

---

291 Que era a la edad de 17 años, ojo.

cional y a aquellas libres instituciones que ni en 1812 le impidieron defender su independencia ni acabar en 1840 otra empeñada guerra civil. [...] Lo único que inspira ya confianza en España es una monarquía hereditaria y representativa, mirándola como irremplazable garantía de sus derechos e intereses desde las clases obreras hasta las más elevadas».

«La monarquía hereditaria y constitucional posee en sus principios la necesaria flexibilidad y cuantas condiciones de acierto hacen falta para que todos los problemas que traiga su restablecimiento consigo sean resueltos de conformidad con los votos y la convivencia de la nación No hay que esperar que decida yo nada de plano y arbitrariamente, sin Cortes no resolvieron los negocios arduos de los príncipes españoles allá en los antiguos tiempos de la monarquía, y esta justísima regla de conducta no he de olvidarla yo en mi condición presente, y cuando todos los españoles estén ya habituados a los procedimientos parlamentarios. Llegado el caso, fácil será que se entiendan y concierten las cuestiones por resolver un príncipe leal y un pueblo libre. Nada deseo tanto como que nuestra patria lo sea de verdad. A ello ha de contribuir poderosamente la dura lección de estos últimos tiempos que, si para nadie puede ser perdida, todavía lo será menos para las hornadas y laboriosas clases populares, víctimas de sofismas pérfidos o de absurdas ilusiones. [...] Sea la que quiera mi propia suerte ni dejaré de ser buen español ni, como todos mis antepasados, buen católico, ni, como hombre del siglo, verdaderamente liberal»[292].

292 «El Manifiesto de Sandhurst (1 de diciembre de 1874)», Biblioteca Virtual Miguel de Cervantes, Alicante, 2011.

Ahí estaba toda la idea canovista. Una monarquía que aunase lo tradicional (como la religión católica, cosa que al Carlismo o a los más conservadores, agradaría), el aspecto de la garantía constitucional, y la realidad liberal imperante en Europa. Cánovas estaba en el momento para convertirse en un hombre de Estado, pero moderno, dejando atrás ideales románticos y veleidades parecidas. No quiere improvisar ni hacer que el idealismo acabe en revolución como ha visto que ha ocurrido en varias ocasiones. Una nueva concepción de realismo político positivista, en la línea de los Bismarck, Disraeli, Gladstone y Jules Ferry[293]. La Restauración no pretendía ser lo que en principio se entendía de una manera básica: la vuelta de los Borbón. O no era en lo que Cánovas se quedaba. Era un paso más pero para conseguir un bien mayor para la nación. Esto no iba a hacer que desaparecieran caciques o el clientelismo, o que fueran atendidas las reclamaciones de las clases más humildes u obreras así, de primeras. Pero al menos era la intención de afianzar un régimen, como se dice hoy en día a veces con absurdo complejo de inferioridad, homologable al resto de Europa. Donde también tenía cada uno lo suyo, y en donde no es fácil encontrar Arcadias felices llenas de progreso, paz, y perros atados con longanizas.

¿Pero cómo conseguir que don Alfonso accediera al Trono y acabar con ese remedo de República sin Parlamento ni Constitución? Pues de la manera que menos le gustaba y quería hacer Cánovas. Mediante los militares. Si se dice popularmente que para limpiar la mancha de una mora con otra verde se quita, pues ¡qué

---

293 Comellas, op. cit., p. 164.

mejor que para quitar a un militar del poder hacerlo con otro militar! No tengo claro que a don Antonio Cánovas se le pasara por la cabeza esta ocurrencia mía, pese a su conocido salero malagueño, pero algo similar le rondó, siendo como hemos dejado constancia, hombre práctico donde los hubiere. El militar en cuestión sería un monárquico convencido, eso era obvio. Aunque, para el gusto de Cánovas, iba a resultar demasiado lanzado e impaciente. Estamos hablando del segoviano Arsenio Martínez Campos. Un veterano que había estado en África y México con Prim; en Cuba durante la Guerra de los Diez Años, y en Cataluña luchando contra el Carlismo; incluso contra el cantonalismo de los de Almansa y Valencia.

Tras el Manifiesto firmado por don Alfonso, pero que todos conocían obra de la pluma de Cánovas, a los militares monárquicos más tradicionales no les gustó la morosidad con que parecía llevarse a cabo la instauración (implantación más bien) de la Monarquía. Y eso del «... *restablecimiento consigo sean resueltos de conformidad con los votos...*», como que no terminaban de verlo[294]. Varios de ellos, junto con otros civiles afines a la causa, se reunían de modo habitual en casa del conde de Valmaseda en Madrid, un militar que ya había estado en la *Vicalvarada*, y donde parece ser que el general Martínez Campos ya dejó claro sus intenciones en la despedida de la velada ante el comentario de la condesa de que «hasta el domingo que viene en que se repetirá una vez más el estudio de planes que no se realizarán»,

---

294 Cfr. Manuel Espadas Burgos, *Alfonso XII y la Restauración,* CSIC, Madrid, 1990.

contestándole que «*el domingo que viene se hablará aquí no de lo que se va a hacer, sino de lo que se habrá hecho*»[295]. Y es que parece ser que ya habían tenido alguna otra reunión que, como curiosidad serendípica, fue en una casa en la actual calle que hoy se llama de Serrano, donde ya habían conspirado para una acción conjunta los generales Martínez Campos, el citado Valmaseda, y el general Luis Dabán, que había alcanzado el grado de mariscal durante la Guerra Carlista, tras venir de la de los Diez Años de Cuba.

Cánovas, estaba siendo informado de todos estos movimientos por parte del Duque de Sesto, mentor del príncipe Alfonso, y muñidor de la abdicación de su madre en su hijo. Responsable de su educación y de que asistiera a los mejores colegios europeos como el Stanislas de París, y la Real e Imperial Academia Teresiana de Viena, acabando en la inglesa Sandhurst, y que había sido, además, el que sustentó a la familia real en el exilio a costa de su propio peculio. ¡Más monárquico y alfonsino, imposible! Pero junto con Cánovas deseaba que la ansiada restauración no fuera sostenida sobre la punta de sables. ¡Y él era asimismo militar! Iba a dar igual. Y ni siquiera el mosqueo que tenía Serrano para con Martínez Campos iba a lograr que éste hiciera lo que tenía ya en mente. Así se lo hizo saber por medio de una carta a Cánovas: «*Cuando reciba usted ésta habré iniciado el movimiento en favor de Alfonso XII...*»[296]. Y el movimiento se movió.

---

295 Juan Nido y Segalerva, *Historia política y parlamentaria del Sr. D. Antonio Cánovas del Castillo*, Tip. de Prudencio P. de Velasco, Madrid, 1914, p. 405.
296 Citado en Melchor Fernández Almagro, *Cánovas, su vida y su política*,

La dirección: Sagunto. El mensaje en clave para comenzarlo: «*Naranjas en condiciones*»[297]. La fecha: 27 de diciembre de 1874. El general Dabán ya había desplazado parte de la tropa en dirección a Valencia. Sobre Martínez Campos pesaba una orden de destierro del amoscado Serrano, y haciendo una envolvente al Gobierno haciéndole creer que marchaba hacia Ávila, llegaría a Valencia a bordo de una tartana y vestido de civil. Al día siguiente, por la tarde, marcharía de igual modo al lugar donde se había previsto que fuera hecho el que será conocido como Pronunciamiento de Sagunto o, siguiendo la tradición nominal, *la Saguntada*. Es el martes 29 de diciembre. Apenas si contaba con 1.800 hombres del Regimiento de Infantería *La Lealtad* y del batallón de Reserva de Madrid, más tres escuadrones y algo de artillería. Tras la diana general, Martínez Campos daría a conocer a los capitanes sus intenciones ese día. Sólo un capitán de artillería, que aunque proclive a la Restauración no lo era ante la forma de un pronunciamiento, se negaría a participar. Tras una brevísima marcha de un kilómetro, junto al olivar de Alquerietas, se formarían los cuadros de la tropa ante los que Martínez Campos arengaría proclamando rey a Alfonso XII entre los vítores de la milicia.

Nunca tan exigua tropa lograría tanto sin disparar un solo cartucho. Martínez Campos le había dejado claro a Cánovas, en la misiva enviada previamente, que no tenía intención de meterse en política, y que era consciente de

Tebas, Madrid, 1972, pp. 254-256.

297 Fernando Puell de la Villa, «Luis Dabán Ramírez de Arellano», Diccionario biográfico, Real Academia de la Historia.

que el apoyo militar con el que podía contar era insignificante en ese momento. No obstante se lanzaba a la piscina *«por la fe y la convicción que tengo»*, eso sí, exigiéndole que *«sea Vd. el que se ponga al frente del Gobierno; ruego que si es posible, se encargue del Ministerio de la Guerra el general Valmaseda, persona dignísima y muy competente, y que haya además de éste tres Ministros del antiguo partido moderado, los otros cuatro del partido más liberal; es necesario que haya conciliación, al menos en los primeros momentos»*[298]. Una exigencia sin duda curiosa, cuando menos, y que también decía mucho del ojo político del general. Tanto que acabaría incluso siendo Presidente del Consejo en pocos años, entre otros cargos. Pero esa es otra historia...

Proclamación del rey Alfonso XII por la brigada Daban, al mando del general Martínez Campos, el 29 de diciembre de 1874. (*La Ilustración Española y Americana*).

---

298 Citado por Espadas, op. cit.

Lo arriesgado del Pronunciamiento era ver si contaba con apoyos. Pues más sencillo de que se quedara en aguas de borrajas, no podía ser. Sin embargo los telegramas se fueron sucediendo. Como los del teniente general, el mallorquín Joaquín Jovellar, Jefe del Ejército de Centro, que había sido capitán general de Cuba con Castelar, y que acabará como el primer Ministro de Guerra con Cánovas. O el fundamental del Capitán General de Madrid, el sevillano Fernando Primo de Rivera, tío del famoso Miguel, y que acabaría siendo nombrado Marqués de Estella tras la toma de esta localidad en los estertores de la Carlistada, por el nuevo rey. Más generales se fueron sumando, como el santanderino Genaro de Quesada, el limeño Juan de la Pezuela... El Ministro de Guerra que, casualmente también se llamaba Francisco Serrano, informaría a su homónimo y Jefe del Ejecutivo: «*Esto no tiene remedio*». El Presidente del Consejo, Sagasta, despachó con Serrano (con el Jefe, no con el Ministro) a base de telegramas, ya que se encontraba en plena operación contra el Carlismo en Tudela. Reaccionar era abrir un nuevo frente de guerra: el Alfonsino. No tenía sentido. Toda resistencia era fútil[299]. La República estaba definitivamente derrotada.

No fue la manera en que Cánovas hubiera querido pese a todo. Había intentado hasta el último momento que no fuera de este modo, «*debida a un golpe de fuerza. Sólo delante del hecho consumado bajaré la cabeza. Aspiro a que el príncipe Alfonso sea proclamado Rey por*

---

299 Y que me perdonen los lectores esta referencia friki que sólo los trekkies entenderán.

unas Cortes o por un plebiscito»[300]. ¡Y bajó la cabeza! No hubo otra. La *Saguntada* siempre fue una espinita en su haber, según siempre dijo, pero el ser un pragmático como lo era le hizo tener que aceptar como *fait accompli* lo que no fue sino una realidad. Y una realidad que hizo posible la Restauración. Aunque Cánovas siempre se arrogó el protagonismo en todo este evento. «*En España yo, yo he hecho la Monarquía con los republicanos*»[301]. Pues sin duda entre unos y otros la Primera República había dejado de existir. El 9 de enero de 1875 el rey Alfonso XII llegaba de vuelta, ante el júbilo general, a España. Desembarcaría en Barcelona entre aclamaciones entusiastas[302], donde firmaría el decreto que ratificaba el Gobierno Provisional constituido por Cánovas como Ministerio-Regencia, tras haber pasado por la catedral barcelonesa donde se cantaría un *Te Deum*. El nuevo monarca apenas reinaría diez años, muriendo prematuramente a punto de cumplir los 28 años, como consecuencia de la tuberculosis. ¿Hubiera sido un buen rey evitando que cayera la Regencia en unos errores sólo superados por el hijo que nunca llegaría a conocer, el que será Alfonso XIII «el Africano», que acabará trayendo una Segunda República? ¡Quién sabe!

Pero esta sí que es, definitivamente, otra historia…

---

300 Citado por el fuera gran amigo de Cánovas, el sevillano Antonio María Fabié, en su biografía, Cánovas del Castillo, Gustavo Gili, Barcelona 1928, p. 91.

301 En francés en original, traducción propia. Declaraciones en Francia recogidas por la prensa, y citadas por Comellas, 1997.

302 Francisco Martí Gilabert, *La Primera República española (1873-1874)*, Rialp, Madrid, 2017, p. 157.

EPÍLOGO MONÁRQUICO

O POR QUÉ EL PRÓLOGO NO SIRVIÓ DE NADA

> «La triste realidad ¿cuál es?…
> Que España no es un país republicano»
> EMILIO CASTELAR

Estando en la revisión del manuscrito, y habida cuenta de que siempre se deja para el final (como no puede ser de otro modo), la escritura del epílogo como reflexión de lo escrito, he tenido que recomponerlo para comenzar el mismo con las declaraciones controvertidas de quien fuera vicepresidenta del Gobierno de España, doña Carmen Calvo: «*España no es ni republicana ni monárquica, los españoles somos fundamentalmente anarquistas*»[303]. Muchos se lo tomaron como una de las habituales boutades de la ministra. Pero el caso es que… ¡algo de razón me temo que tiene! No, no es cuestión de ponerse a citar a Proudhon o a Bakunin, y que si el

---

303 «Carmen Calvo se sale del guion al hablar así del debate de monarquía o república», Huffpost, 13 de septiembre de 2022, recogiendo las declaraciones hechas en Hora 25 de la Cadena SER.

anarcosindicalismo de la CNT y la AIT tal y cual. No. Dejemos academicismos aparte, que esto va de algo más sencillo. Y es que, como se dice de manera también a la pata la llana, los españoles somos muy de nuestro pueblo. De darnos de comer aparte. Pero eso sí, juntándonos a la primera de cambio para celebrar lo que corresponda. A nuestra manera.

Que hasta para esto... «Oye, que ya sé que dijiste que trajera postre, pero que he traído vino... No he preguntado qué hacía falta y he comprado un marisco ¡ah! ¿Qué ya había? ¡Pues así más!... No, que ya me he encargado yo de... ya, ya sé que me apuntaste que...». Y así todo. Que me dirán que esto es un planteamiento más simple que el mecanismo de un chupete. Pero si quieren les cito el principio de la Navaja de Ockham donde «en igualdad de condiciones, la explicación más simple suele ser la más probable». Y en este caso es que a la hora de la verdad somos 47 millones de presidentes del gobierno, 47 millones de entrenadores de fútbol, 47 millones de cocineros[304], 47 millones de expertos en todo, y 47 millones de contertulios de «si a mí me dejaran...». Y creo sinceramente que esto también nos ha condicionado en el carácter tanto como la geografía inusual de la Península (¡y que me perdonen las preciosas islas mediterráneas y atlánticas el dejarlas de lado!). No para ser ni mejores ni peores. Diferentes, pero sin que debamos tener esto como un marchamo para darnos al cilio ni para ponernos absurdas medallas.

---

304 La única lucha de las dos Españas, no lo duden, está entre los *sincebollistas* y los *concebollistas* en la tortilla, porque en lo único que hay unidad, es que no hay nada como unas croquetas hechas por tu madre.

España, como *constructo* (me perdonen el palabro) a lo largo de su Historia durante los milenios que terminarán convirtiéndola en esto, ¡en España!, es innegable que acabarán forjando su carácter colectivo; como igualmente ocurrirá en cada país o nación, es evidente. Dotándolas de sus particularismos e idiosincrasia. No nos vamos a poner estupendos citando a Heráclito y su *panta rei*[305], ni a Hegel en su definición del devenir histórico, y está claro que ni Viriato ni Trajano eran españoles don DNI[306]. Y Pelayo no ondeaba la bicolor, bandera que tampoco tiene que ver con Franco. Que Abderramán, Maimónides y Almanzor son tan parte de Al Al-Ándalus, Sefarad, Spania, Hispania o España, denominémosla del modo preferido en cada época, como lo son Recaredo, El Cid o Alfonso X. Que cuando hablamos de «*nosotros*» referidos a tiempos y hombres y mujeres pretéritos, como los que integraban los Tercios del XVII, o los marinos de la Armada Ilustrada del XVIII, los historiadores nos regañan a los divulgadores haciéndonos ver que no es correcto. Y que aquellas gentes eran otras. No les digo yo que no. Seguramente es verdad que ya nada tenga que ver con mi tatarabuelo que creo que le tocó guerrear en África con Prim. Pero esa idea colectiva es la que crea naciones y fragua pueblos. Incluso tan variopintos como el español.

Por eso cuando aparece y se proclama la República, también se cae en la imagen colectiva. Leemos en la revista *La Flaca* apenas unos días más tarde de dicha proclamación, en su número del 14 de febrero: «*La forma de gobierno*

---

305 Del griego clásico: «*todo fluye*».

306 ¿Les he citado ya mi *Fake News del Imperio español*, La Esfera de los Libros, Madrid, 2022, donde también hablo sobre esto, y con el que seguro que se pasan un buen rato si no lo han leído? Canela fina.

ha cambiado, la revolución (insangrienta) se ha hecho, pero ¿será eso suficiente? ¿Ha cambiado, también, el modo de ser intrínseco del país y de los españoles?». ¿Tenemos de eso? Parece ser. Tal vez por eso el político y filósofo extremeño, don José Donoso Cortés, señaló que «*La República es la forma necesaria de gobierno en los pueblos que son ingobernables*»[307]. Aunque, ojo al truco de la frase. ¡Se refería a Francia! Ya ven qué cosas… (guiño guiño). Es normal que monárquicos como el referenciado Conde de Romanones persistiera en señalar que: «*La República como forma de gobierno no se adapta, es inadecuada para España*»[308]. Leñes, ¡siendo conde ya imaginarán que muy proclive a esa forma de gobierno, no era! Un tipo interesante el madrileño Álvaro Figueroa y Torres, no obstante… Pero no tenemos más tiempo para él.

¿Fracasó la República porque, como llegó a quejarse el propio Pi y Margall, «*en España no hay republicanos*»[309]? Seguramente no, pues si no hubiera habido republicanos difícilmente se hubieran podido cubrir instituciones y hacer viable el funcionamiento del Estado. Hay quien piensa que después de los diferentes ensayos tras *La Gloriosa*, sólo quedaba por probar la forma republicana. ¡Ya puestos! El oportunista político granadino Cristino Martos, en un momento dado justificó el paso que habían dado las Cortes de mayoría monárquica, haciendo un apunte de la Historia clásica. De este modo recordaba,

---

307 José Donoso Cortés, «Discurso sobre la situación general de Europa,» en *Obras Completas de Donoso Cortés*, Madrid, 1904, recogiendo el discurso dado en el Congreso de los Diputados el 30 de enero de 1850.

308 Conde de Romanones, *Los cuatro presidentes de la Primera República*, Espasa-Calpe, Santander, 1939, p. 173.

309 Citado por José Luis Comellas, *Historia de España en el siglo XIX*, Rialp, Madrid, 2017, p. 223.

citando al historiador romano Publio Cornelio Tácito, que los antiguos cimbrios (un pueblo de origen germánico) se inclinaban por uno u otro sistema, por la monarquía o la república, según vinieran las circunstancias dadas[310]. Lo que conseguiría que tanto él como su grupo fueran denominados como «los cimbrios» con evidente retranca por parte de sus adversarios políticos. Hay quien piensa que su inicial apoyo a la Monarquía fue bastante circunstancial pues, como declararía en 1869 uno de los líderes cimbrios, el político sevillano de Morón, Nicolás María Rivero, «*la República no está más que aplazada, y yo tengo la seguridad de que el día que los españoles sepan usar con mesura de todas las libertades, la República está hecha*»[311]. Vamos, ¡que se venía venir!

ROBERTO IL DIÁVOLO.

¡Pietá. pietà di me!

Roberto il diavolo. España entre la modernarepública o la añeja monarquía (*La Flaca*).

310 Íbidem.
311 Citado por Jorge Vilches, *Progreso y Libertad. El Partido Progresista en la Revolución Liberal Española*, Alianza Editorial, Madrid, 2001, p. 93.

Entonces, ¿qué falló? Hay autores que han señalado que la revolución cantonal fue «*el último movimiento romántico social de España. Y en él quemó el federalismo todas sus fuerzas. La República federal se suicidó, y murió a manos de los propios federales*»[312]. Pues, desde luego, sí que sería el gran motor de inestabilidad de un nuevo régimen que no necesariamente tenía que haberse escorado hacia ese tipo republicano concreto. Pero el problema fue que para los republicanos la Monarquía era sinónimo de centralización, creyendo este aserto «*como una verdad histórica evidente*» achacando a este sistema ser «*la responsable de todos los males de España desde la ascensión al trono de Carlos I*»[313]. La República federal, por tanto era la solución para este mal endémico que sufría. Ya no puedo hacerles destripe alguno. Ya saben bien que no lo fue. ¡Más bien la agravó! Pues si seguimos sin tener claro aún hoy en día, las diferencias entre descentralización y desconcentración, ¡imaginen entonces! Como entre lo federal y lo confederal. Como en que no todo es cuestión maniquea con principios contrarios luchando entre el bien y el mal, como se reflejó en una ilustración de la época[314]. Error. Pues ni la monarquía (¡máxime en el siglo XXI!) tiene que ser algo propio de sociedades atrasa-

---

312 Juan Fernando Badía, *La Primera República española*, Cuadernos para el Diálogo, Madrid, 1973, p. 240.

313 Charles A. M. Hennessy, *La república federal en España: Pi y Margall y el movimiento republicano federal, 1868-1874*, Los Libros de la Catarata, Madrid, 2010.

314 «Roberto il Diávolo», publicado en *La Flaca* el 16 de mayo de 1869, haciendo referencia a una ópera muy popular entonces, de Giacomo Meyerbeer. En la revista se decía que se representaría en cierto coliseo (haciendo referencia al Congreso), con gran afluencia de público, donde «habrá palos y hasta tiros».

das (ahí están países como Luxemburgo, Suecia o Países Bajos, que nos gustarán más o menos, pero ya nos gustaría sus PIB, ya), como que el ser república no es garantía de nada, como podemos ver con los casos de Sudán (da igual cuál de los dos), Corea del Norte (aquí sí que es importante el punto cardinal), Yemen o el Congo. ¡Como para no hacerse monárquico citando estos referentes!

Recordaba don Álvaro de Albornoz, que fuera presidente del Consejo de Ministros de la Segunda República en el exilio, sobre los juicios formulados por monárquicos y republicanos acerca de la Primera, que tal fuera el más sensato el emitido por el coetáneo Nicolás Estévanez[315]: «*Se ha dicho, y es verdad, que la República del 73 devoró seis gobiernos en un año; pero se olvida que la monarquía tuvo también seis ministerios en el año 72. La República no tuvo más que una asamblea; durante el efímero reinado que la precedió hubo no sé cuántas disoluciones de Cortes con las correspondientes elecciones generales, por cierto las más escandalosas que se recuerdan en España y en el mundo. Las diferencias que en tiempo de la República pudieran existir entre Figueras y Pi o entre Castelar y Salmerón no fueron tantas ni tan hondas como las que hubo en plena monarquía entre Martos y Rivero, entre Zorrilla y Sagasta. Fueron éstos los que mataron la revolución, cuya hija, la República, fruto de un cadáver,*

---

315 Nicolás Estévanez Murphy fue un político canario, miembro del Partido Republicano Federal que llegaría a ser Ministro de la Guerra durante la Primera República… aunque sólo durante 18 días. Sus *Memorias* son un referente de la época que le tocó vivir y en la que fue también un actor activo.

nació muerta»[316]. Porque, como vemos, muchas veces las responsabilidades no están en el qué, sino en el quiénes.

Etapas del Sexenio Revolucionario (*La Flaca – La Madeja*).

Nuestro (¿ven?, ¡ya lo he vuelto a hacer), aragonés universal, Baltasar Gracián, decía que *«errar es humano, pero más lo es culpar de ello a otros»*. Y no parece sino que estemos buscando justificación para afianzar nuestros principios, tengan o no prejuicios. Da igual que sea sobre personas que sobre países o instituciones. Y la pena es que, como consecuencia de esto, cuando logramos lo que durante tantos siglos se persiguió, que costó guerras civiles y revoluciones, no sepamos verlo. Es mi opinión. ¡Y la de la socialista Carmen Calvo! En las declaraciones con las que comenzábamos este Epílogo,

---

316 Álvaro de Albornoz, *El partido republicano*, Biblioteca Nueva, 1918, Madrid, pp. 94-95.

ella siguió señalando a sus contertulios en antena que *«los españoles estamos bastante escarmentados históricamente»*, pues teniendo en cuenta los precedentes históricos, y uno de ellos lo hemos ido viendo a lo largo de este modesto libro, en este momento de la película *«lo que pretendemos es que la alta magistratura, que es la Jefatura del Estado, cumpla con las funciones que le convienen al país»*[317]. Y eso lo tenemos ahora con creces con el tipo de Monarquía constitucional y parlamentaria existente en España.

Citando al que fuera Presidente del Gobierno de España, Felipe González, que ya que fue mencionado en el Prólogo es justo que también lo sea en el Epílogo, *«la República se identifica en el pueblo con libertad y democracia»*. ¿Acaso no es eso lo que representa la España del siglo XXI? La reinstauración monárquica durante la Transición fue necesaria apoyarla, según este mismo mandatario socialista, *«para que no volviéramos a las andadas»*[318], lo que para quien reconoce que lo dice *«sin ser monárquico»* da el valor extra al preferir *«esta monarquía que yo califiqué de republicana y que tiene un comportamiento de presidencia que no gobierna, y es representativa. La prefiero a una republiqueta como la que algunos pretenden, que llaman plurinacional y con derechos de autodeterminación»*[319]. Parece tener lógica don Felipe (González, no el VI de su nombre, que es rey).

En cualquier caso, ya decía Cicerón que la Historia

---

317 Carmen Calvo, entrevista citada, 2022.
318 «Felipe González, "sin ser monárquico", suelta esto sobre el rey emérito», Huffpost, 27 de octubre de 2022.
319 «Felipe González: "Prefiero una monarquía a una republiqueta plurinacional"», Cambio 16, 24 de septiembre de 2020

es maestra de la vida. República o Monarquía, en nuestro pasado común poco tiempo hemos tenido la forma que parece más democrática, con relación a la que prima la sangre para acceder a ser un Jefe de Estado sin más elección que el ADN. Aunque esto hoy en día no suponga más que estar al servicio de la nación. Pues soberano ya será y es, siempre, el pueblo. Como lo es el español que debería de aprender de esta maestra, con las lecciones aprendidas, y evitar no cometer más errores. Sea Vd., amable lector que ha llegado hasta el final de esta obra sin más pretensiones que fomentar la curiosidad por esta época no tan conocida pese a ser tan cercana, republicano o monárquico (¡tal vez ácrata!), en modo alguno mi intención es hacerle pasar por buena o mala su postura o idea. ¡Líbreme Dios! Pero espero que la lectura le haya sido de interés y provecho. No pide un autor más. Historiadores de más fuste y prestigio han escrito y escribirán sobre este periodo que sería bueno que conociéramos más. Por mi parte, si en algo le he hecho conocer más de este apasionante siglo XIX, más que satisfecho quedo. España, monárquica o republicana, seguirá su camino en el futuro, parafraseando a Ortega y Gasset cuando hablaba de la salvación de la Segunda República, esperando que lo haga pensando en grande, sacudiéndose de lo pequeño y proyectando hacia lo porvenir. Ya sabemos que no hacerlo de este modo no conduce a nada bueno, ¿no creen?

Vale.

CRONOLOGÍA

19 Marzo 1812 - Constitución liberal de Cádiz: *La Pepa*.

4 Mayo 1814 - Fernando VII deroga la Constitución de Cádiz.

Septiembre 1814 - Pronunciamiento de Espoz y Mina.

5 Abril 1817 - Pronunciamiento del general Lacy.

1 Enero 1820 - Pronunciamiento de Riego
en Las Cabezas de San Juan.

21 Febrero 1820 - Se proclama la Constitución en La Coruña.

7 Marzo 1820 - Fernando VII acepta la Constitución.

25 Abril 1820 - Formación de la Milicia Nacional.

9 Julio 1820 - Convocatoria de Cortes.
Fernando VII jura la Constitución de 1812.

7 Abril 1823 - Invasión de los «Cien Mil hijos de San Luis».

1 Octubre 1823 - Restablecimiento del Absolutismo.

7 Noviembre 1823 - Ejecución de Rafael del Riego.

29 Marzo 1830 - Promulgación de la Pragmática Sanción.

10 Octubre 1830 - Nacimiento de la princesa Isabel.

18 Octubre 1830 - Pronunciamiento de Mina.

28 Enero 1831 - Pronunciamiento de Torrijos.

26 Mayo 1831 - Ejecución de Mariana Pineda.

11 Diciembre 1831 - Fusilamiento de Torrijos.

18 Septiembre 1832 - Decreto de derogación de la Pragmática Sanción.

20 Junio 1833 - Se jura heredera a la princesa Isabel.

29 Septiembre 1833 - Muerte de Fernando VII.

3 Octubre 1833 - Rebelión carlista queriendo
proclamar rey a Carlos María Isidro

13 Agosto 1836 - Motín de los Sargentos de la Granja.

24 Diciembre 1836 - Victoria del general liberal
Baldomero Espartero en Luchana.

18 Junio 1837 - Constitución de 1837.

31 Agosto 1839 - Tratado de Vergara.
Abrazo entre Espartero y el carlista Maroto.

7 Octubre 1839 - Ley de confirmación de
los Fueros Vascos y Navarros.

9 Mayo 1841 - Espartero nombrado regente.

2 Septiembre 1841 - Mendizábal extiende al clero
secular las medidas desamortizadoras.

27 Septiembre 1841 - Rebelión de O'Donnell en Pamplona.

15 Noviembre 1842 - Barcelona se pronuncia contra Espartero.

3 Diciembre 1842 - Bombardeo de Barcelona.

27 Mayo 1843 - Pronunciamiento del general Juan Prim.

11/12 Junio 1843 - Pronunciamientos contra Espartero.

18 Mayo 1845 - Abdicación de Carlos María
Isidro en su hijo Carlos Luis.

24 Mayo 1.845 - Constitución de 1845.

1 Marzo 1848 - Las Cortes conceden plenos poderes a Narváez.

28 Junio 1854 - Pronunciamiento de O'Donnell.

30 Junio 1854 - Batalla de Vicálvaro, La Vicalvarada.
Comienza el Bienio Progresista.

4 Julio 1855 - Huelga general en España.

15 Agosto 1856 - Disolución de la milicia nacional.

15 Septiembre 1856 - Retorno a la Constitución de 1845.

28 Noviembre 1859 - Inicio de la guerra de África.

31 Octubre 1861 - Tratado de Londres.
Expedición de Prim a Méjico.

10 Abril 1865 - Noche de San Daniel.
Junio Pronunciamiento de Prim.

5 Noviembre 1867 - Muerte de O'Donnell.

20 Abril 1868 - Muerte de Narváez.

18 Septiembre 1868 - Pronunciamiento del
almirante Topete en Cádiz.

19 Septiembre 1868 - Gabinete Gutiérrez de la Concha.
Publicación del Manifiesto revolucionario:
«España con honra». Revolución *La Gloriosa*.

25 Septiembre 1868 - Insurrección en Puerto Rico.

27 Septiembre 1868 - Batalla de Alcolea.

10 Octubre 1868 - Grito de Yara. Comienza la
Guerra de los Diez Años en Cuba.

19 Octubre 1868 - Se establece la peseta como unidad monetaria.

25 Octubre 1868 - Manifiesto del Gobierno Provisional.

9 Noviembre 1868 - Establecimiento del Sufragio Universal.

1 Junio 1869 - Aprobación por las Cortes
de la Constitución de 1869.

16 Junio 1869 - El general Serrano es nombrado Regente del reino.

18 Junio 1869 - Gabinete del general Prim.

20 Junio 1869 - Ley de libertad de imprenta.

Marzo 1870 - Manifiesto de los Republicanos Unitarios.

Mayo 1870 - Manifiesto de los Republicanos Federales.

16 Noviembre 1870 - Amadeo de Saboya, rey de España.

27 Diciembre 1870 - Atentado contra Prim.

30 diciembre 1870 - Fallecimiento de Prim.
Amadeo I llega a Cartagena.

2 Mayo 1872 - Comienza la tenida por segunda guerra carlista.

Diciembre 1872 - Inicio de la última Guerra Carlista.

7 Febrero 1873 - Cuestión Artillera.

11 Febrero 1873 - Abdicación de Amadeo.
Figueras presidente de del Ejecutivo.

11 Junio 1873 - Pi y Margall presidente del Ejecutivo.

12 Julio 1873 - Levantamiento cantonal en Cartagena.

17 Julio 1873 - Proyecto de Constitución federal.

18 Julio 1873 - Salmerón presidente del Ejecutivo.

7 Septiembre 1873 - Castelar presidente del Ejecutivo.

3 Enero 1874 - Golpe del general Pavía.

13 Enero 1874 - Fin de la revuelta cantonalista.

26 Febrero 1874 - Francisco Serrano Presidente de la
República unitaria. Gabinete Zavala y de la Puente

3 Octubre 1874 - Gabinete de Sagasta.

28 Diciembre 1874 - Manifiesto de Sandhurst, de Alfonso XII.

29 Diciembre 1874 - Pronunciamiento del
general Martínez Campos.

30 Diciembre 1874 - Proclamación de Alfonso
XII como rey de España.

31 Diciembre 1874 - Ministerio-Regencia de Cánovas del Castillo.

14 Enero 1875 - Alfonso XII llega, como rey, a Madrid.

Viñeta satírica de la época. En palabras del autor, y como colofón irónico a la presente obra, podría titularse «La República dando lo que se merece a quienes tanto la perjudicaron».

AGRADECIMIENTOS

QUE QUEDA FEO NO DAR LAS GRACIAS

> «Quien espera gratitud inmediata por
> sus servicios reales y posibles
> no merece llamarse hombre de Estado»
> ANTONIO CÁNOVAS

Para mí, todos quienes han aportado, ayudado y soportado (con esto último quiero decir a los que lo han hecho conmigo, ¡no al libro!), merecen más que una *gratitud inmediata*, ¡merecen la eterna! Por mi parte así será y quede aquí transcrito para la posteridad, siempre efímera. Este pequeño libro que has tenido a bien leer ha sido, curiosamente, el que más tiempo me ha costado de cuantos he escrito hasta la fecha. Pues ha sido una gran responsabilidad el que tuvieras en tu mano un libro ameno y riguroso al mismo tiempo, sobre un periodo tan breve como intenso, y que no se puede comprender sino es en el marco de todo un siglo tan movido como el XIX. En cualquier caso, mi esfuerzo ha sido de corazón, esperando que haya sido de tu agrado, estimado lector y querida lectora, quedando claro que cualquier fallo o error sólo es imputable al autor y no a las personas ahora citadas.

Como mi admirado profesor Daniel Aquillué, historiador experto en el apasionante siglo XIX, que tuvo a bien revisar historiográficamente el texto, hacerme ver los errores y matizar conceptos. ¡Aunque a veces discrepemos, que es lo divertido! Recomiendo sin duda su obra para los interesados en este tiempo. Muchas gracias al Teniente Coronel Fernando Pasquín por solventarme las dudas de aspecto castrense y logísticas que tenía, y el debate vexilológico sobre la bandera turca. Gracias a Soly González por resaltar y preguntar sobre las dudas que le provocaba la lectura del manuscrito, ayudándome a reflexionar sobre lo que yo veía tan claro… y no era así. A Pilar Rodríguez Martínez por sus comentarios en la lectura de los capítulos, siendo tan entusiasta con los mismos. Gracias mil a Daniel Laks por la profesionalidad en la revisión ortotipográfica del texto en tiempo récord.

Sin duda imposible no citar a la bibliotecaria Elisa Pérez Blanco por sus consejos y guía para encontrar documentos y bibliografía, tanto física como digital, en nuestras poco conocidas bibliotecas y redes al uso. Como el apoyo para que el texto fuera una realidad gracias al impulso de las collejas de Carlos Vázquez Pérez; las de mi buena Pandilla Basurilla (ellos ya saben quiénes son, ¡y menudos son!); y el espíritu de mi inolvidable Elia Rodríguez que siempre creyó en este libro, e incluso en mí como escritor. Esta vez también ha tenido la exclusiva pues estoy convencido de que lo ha ido leyendo sobre mi hombro, empujándome con su ya eterna sonrisa, a que llegara a buen fin.

Por último y no menos importante, gracias a mi editora Ángeles López, que sin duda tiene bien puesto su nombre, y ha tenido una paciencia angelical conmigo, con mis bloqueos y retrasos (¡alguno que tengo ya es irreversible, pero a ella le da igual!), y sin cuya comprensión y decidido apoyo, hubiera sido imposible la salida de este libro y ver la luz de las librerías. Y que, finalmente, esté hoy en tus manos, esperando que haya sido para bien. Por ello, ¡gracias sobre todo a ti, lector, gracias!

BIBLIOGRAFÍA
SELECCIONADA

ALBORNOZ, Álvaro de. *El partido republicano*, Biblioteca Nueva, Madrid, 1918.

ANGUERA, Pere. *El general Prim*, Edhasa, Barcelona, 2014.

AQUILLUÉ DOMÍNGUEZ, Daniel. *Armas y votos. Politización y conflictividad política en España, 1833-1843*, IFC, Zaragoza, 2020.

BADÍA, Juan Fernando. *La Primera República española*, Cuadernos para el Diálogo, Madrid, 1973.

BARÓN FERNÁNDEZ. José, *El movimiento cantonal de 1873 (1ª República)*, Edicios do Castro, Sada (A Coruña), 1998.

BURDIEL, Isabel. *Los borbones en pelota*, Institución «Fernando el Católico», Zaragoza, 2012.

CANAL, Jordi. *El Carlismo*, Alianza Editorial, Madrid, 2004.

CARR, Raymond, *España 1808-2008*, Ariel, Barcelona, 2009.

COMELLAS, José Luis. *Historia de España en el siglo XIX*, Rialp, Madrid, 2017.

COMÍN COLOMER, Eduardo. *Historia de la Primera República*, AHR, Barcelona, 1956.

DICCIONARIO BIOGRÁFICO, Página Web Real Academia de la Historia, https://dbe.rah.es/

ESPADAS BURGOS, Manuel. *Alfonso XII y la Restauración*, CSIC, Madrid, 1990.

ESTÉVANEZ, Nicolás. Fragmentos de mis memorias, Tip. de los Hijos de R. Álvarez, 1903.

FERNÁNDEZ-RÚA, José Luis. *1873. La Primera República*, Tebas, Madrid, 1975.

HENNESSY, Charles A. M. *La república federal en España: Pi y Margall y el movimiento republicano federal, 1868-1874*, Los Libros de la Catarata, Madrid, 2010.

LÓPEZ-CORDÓN, María Victoria. *La revolución de 1868 y la I República*, Siglo XXI, Madrid, 1976.

MARTÍ GILABERT, Francisco. *La Primera República española (1873-1874)*, Rialp, Madrid, 2017.

MARTÍNEZ LÓPEZ, Fernando (Ed.). *Nicolás Salmerón y el republicanismo parlamentario*, Biblioteca Nueva, Madrid, 2007.

NIETO, Alejandro. *La Primera República española. La Asamblea Nacional, febrero-mayo 1873*, Comares Historia, Granada, 2021.

PEYROU, Florencia (Coord.). El primer republicanismo español, Historia y Política, Nº. 25, Centro de Estudios Políticos y Constitucionales, Madrid, 2011.

PÍ Y MARGALL, Francisco. *La República de 1873: apuntes para escribir su historia*, Sucesores de Rivadeneyra, Madrid, 1874.

ROMANONES, Conde de. *Los cuatro presidentes de la Primera República española*, Espasa-Calpe, Santander, 1939.

SERRANO GARCÍA, Rafael (dir.). *España, 1868-1874. Nuevos enfoques sobre el Sexenio Democrático*, Junta de Castilla y León, Valladolid, 2002.

SHUBERT, Adrián. Espartero, el Pacificador, Galaxia Gutenberg, Barcelona, 2018.

VILCHES GARCÍA, Jorge. *Progreso y Libertad. El Partido Progresista en la Revolución Liberal Española*, Alianza Editorial, Madrid, 2001.